추자도 바당

제주바당총서 001

추자도 바당

초판 1쇄 발행 2012년 10월 29일

지은이 | 조성윤 · 허남춘 · 주강현 · 정광중 · 양성필 · 정희종 · 윤순희 · 김윤정 · 고미

발행인 | 김은희
발행처 | 블루앤노트

등 록 | 제313-2009-201호(2009.9.11)
주 소 | 서울시 마포구 마포동 324-1 곶마루 B/D 1층
전 화 | 02)718-6258 팩스 | 02)718-6253
E-mail | bluenote09@chol.com

ISBN 978-89-967462-4-9 94300
ISBN 978-89-967462-3-2 (세트)

정가 20,000원

제주바당총서 001

추자도 바당

조성윤 · 허남춘 · 주강현 · 정광중 ·
양성필 · 정희종 · 윤순희 · 김윤정 · 고미

BN 블루&노트

|서 문|

추자도는 어디로 가고 있는가

조성윤(제주대 · 사회학)

섬을 이해하는 방식

한국인들은 섬을 어떻게 생각하는가? 섬 하면 어떤 이미지가 떠오르는가? 교통이 불편한 사방이 물로 막힌 감옥 같은 쓸쓸하고 적막한 곳이 생각나는가, 아니면 드넓은 백사장과 파라솔 밑에서 연인과 여름 해수욕을 즐길 수 있는 낭만이 가득 찬 피서지가 떠오르는가? 가끔 시인들이 매우 낭만적인 어투로 섬을 노래하기도 하지만 아마 대부분은 섬에 대해서 관심이 없고 떠오르는 이미지도 별로 없을 것이다. 그럴 정도로 섬은 한국인들의 일상에서 자신들과 별로 상관없는 곳이고, 관심을 떠나 있는 곳이다.

그러나 한국인들의 커다란 관심을 끄는 섬도 있다. 독도가 그렇다. 서유석의 '독도 아리랑'이나 정광태의 '독도는 우리 땅'이라는 가요가 잘 알려져 있고, 가수 김장훈의 독도 사랑도 유별나다. 이제는 정말로 수많은 사람들이 독도에 관심을 보이고 있고, 독도에 가보고 싶어 한다. 그렇다면 한국인들은 왜 독도에 관심을 갖는가?

사실 독도는 사람이 살만한 조건을 갖추고 있지 못한 아주 작은 섬이다. 배를 댈만한 곳도 찾기 힘들고 집을 짓거나 농사를 지을 땅도 없고 비바람이 몰아치면 숨을 곳도 마땅치 않다. 그런 점에서는 정말 쓸모없는 섬이다. 반면 좋은 점도 있다. 독도 주변 어장은 아주 풍부한 어족자원을 보유하고 있다. 그래서 울릉도는 물론이고 동해안 속초 지역에서 많은 어선들이 출어하는 큰 어장이다. 사람들이 독도에 대해 관심 갖는 것은 단지 그 때문일까? 아니, 그런 이유 때문만은 아니다. 요즘 독도가 한국인들의 관심을 끄는 가장 큰 이유는 한일 간 영토 분쟁의 대상지이기 때문이다. 다른 섬에는 관심도 없으면서 독도 이야기만 나오면 독도를 사랑한다고 강조하고 흥분하는 사람들도 있다. 그런 점에서 독도는 한국인이 한국이라는 국가의 영토를 수호하는 자존심의 상징이다.

그렇다면 언제부터 섬이 영토 분쟁의 대상이 되었을까? 1차시기는 배를 타고 바다를 누비던 해상 세력들이 활발하게 활동하던 시기였고, 2차시기는 최근 들어 해양자원 개발에 대한 관심이 높아지면서부터였다. 독도에 대한 분쟁은 그 2차시기에 해당된다. 하지만 섬이 영토 분쟁의 대상이 되어 주목을 받는다고 하여 정작 그 섬에 사는 주민들의 삶에 대해서까지 관심을 기울이는 것은 아니다. 섬을 영토의 경계로 삼아 그로 인해 확보되는 넓은 바다와 해저자원의 부존량에만 관심이 쏠릴 뿐이다. 인권에 대한 관심이 높아지면 높아질수록 소수자 인권이 중요해지듯이, 국민들의 삶의 질에 관심이 높아지면서 자연스럽게 작은 섬에 사는 이들의 삶에 관심을 기울이게 되는 그런 자연스러운 추세는 아닌 것이다. 섬에 대한 이해에서 정작 중요한 사람이 빠져있다는 것이다.

어쨌든 독도는 섬 중에서도 대표적인 관심 대상이고 한국인들의 사랑을 받는 섬이다. 그 바로 옆에 울릉도가 있다. 울릉도는 독도와 비교하면 아주 큰 섬이고 주민들도 많이 살고 있지만 우리는 울릉도 주민이 누구인지 섬에서 사는 사람들의 생활은 어떠한지에 대해서는 별로 관심을 갖지 않는다. 아마도 이런 것이 오늘날 우리가 섬을 이해하는 방식을 말해주는 대표적인 보기가 아닐까 싶다.

우리의 섬 이해 방식이 이처럼 관념적이고 왜곡된 형태로 자리 잡고 있다 하더라도 현실의 섬들은 여전히 존재한다. 그리고 한국사회에서 벌어지는 변화의 물결에 휩쓸리면서 섬 역시 빠른 속도로 변화해 가기도 한다. 섬에 사는 주민들도 크게 변해가고 있다. 독도만큼 관심을 받지는 못하지만 추자도는 한국에서 무척 유명한 섬이다. 우선 낚시꾼들에게 최고의 낚시터로 유명하고, 일본 어민들에게는 최고의 어장으로 알려진 적도 있다. 추자도에 사는 어민들은 한 때는 멸치잡이로 살았지만, 지금은 조기잡이로 살아간다. 이런 추자도의 모습은 영토분쟁으로 관심을 끄는 섬과는 전혀 다른 모습을 하고 있다.

추자도를 만나러 가다

그동안 전국의 섬 지역에 대한 조사는 목포대학교의 도서문화연구소(島嶼文化硏究所)가 주로 담당해 왔다. 해마다 팀을 꾸려 섬을 방문하여 역사, 민속 등 여러 분야를 조사하고, 그 결과를 기관지 『도서문화』에 실어 발간해 왔다. 이 보고서들의 공통된 특징은 주민들의 구체적인 삶의 모습을 생생하게 기록해 두었다는 점이다. 물론 조사가 개별 섬의 특정 시기에 한정된 조사결과를 담고 있고 조사지역이 전라도 지역에 편중된 한계는 있으나 그 선구적인 노력은 높이 평가해야 한다.

그런데 최근 도서문화연구소가 제주대학교 탐라문화연구소에 추자도 공동조사를 제안해 왔다. 추자도는 지리적으로 목포와 제주도의 한 가운데 있고 행정적으로도 조선시대 내내 전라도 관할이었다가 근대에 들어와 제주도로 소속되었는데, 주민들은 대부분 전라도에서 건너간 사람들이라 전라도 문화가 강하게 영향을 미치는 지역이다. 그런 점에서 추자도는 전라도의 영향권과 제주도 영향권이 서로 겹치는 지점에 자리 잡고 있다고 해도 좋을 것이다. 아마도 이런 점을 염두에 두고 도서문화연구소가 탐라문화연구소에 제안을 했다고 생각된다. 제주대학교 교수들은 그동안 제주도에 가까이 붙어 있던 우도, 가파도, 마라도, 비양도 등을 여러 차례 조사한 경험이 있었지만, 추자도를 조사한 적은 없었다. 때문에 우리는 아주 좋은 기회라고 생각해서 찬성했고, 그래서 공동조사가 시작되었다. 1차 조사는 2006년 여름에 진행되었다. 이때의 1차 조사가 소수 인원이 참가한 예비적 성격을 띠었다면 2010년의 조사는 많은 인원이 참여한 본격적인 형태로 진행되었다고 할 수 있다.

나는 2010년 여름의 2차 조사에 참여했다. 나로서는 첫 추자도 방문이었다. 최근 몇 년 사이에 제주도의 부속섬인 마라도, 가파도, 우도 등에 대한 조사가 진행 중이었고 그 조사를 하면서 섬의 운명, 섬의 미래에 대해 생각해 보고 있던 차였기 때문에 궁금한 점도 많았고 한 번도 가보지 못했던 추자도 조사에 크게 기대하고 있었다.

제주대학교에서는 교수 3명과 석사 · 박사 과정의 대학원생들 7명이 동행했다. 돌핀호로 제주항을 출발해 1시간쯤 걸려 도착한 곳은 상추자도 대서리의 대서항이었다. 낚시꾼들을 주로 받는 민박집에 여장을 풀고 점심 식사를 한 다음부터 이틀 동안 섬을 돌아다녔다. 목포대학교 도서문화연구소에서는 교수와 박사급 연구원, 그리고 석 · 박사 과정 학생들을 모두 합쳐 20명이 넘는 대식구가 왔다. 둘째 날 오후 늦게 면사무소 2층

회의실에 모여 각자의 관심사와 조사 결과를 발표하는 모임을 갖기도 하였다.

추자도는 크게 2개의 섬으로 이루어져 있는데, 북쪽이 상추자도, 남쪽이 하추자도라는 이름이 붙어 있었다. 섬을 일주하는 시내버스가 있어 마을 조사를 하다가 조금 걷다 보면 이 버스를 만나는 것은 어렵지 않았다. 또 필요하면 택시를 부를 수도 있었다. 그렇게 상추자도와 하추자도를 번갈아 돌아보면서 다니다 보니 추자도 곳곳이 쉽게 눈에 익었고, 만나서 이야기를 나눈 사람들을 통해 섬의 분위기를 하나둘 파악해가게 되었다.

추자도에 처음 방문해서 2박 3일 동안 가장 크게 느낀 점은 제주도라는 큰 섬과 추자도라는 작은 섬의 차이였다. 나는 제주도에 살고 있지만 때때로 섬에 살고 있다는 사실을 잊어버리곤 한다. 제주도에는 한국의 다른 어느 도시나 마찬가지로 기반 설비를 갖추고 빌딩이 즐비한 제주시라는 도시가 있다. 차를 몰고 한 시간 이상을 달려 다른 도시인 서귀포를 방문할 수도 있다. 어선을 보려면 일부러 어항을 찾아가 보아야 한다. 때문에 한 달 내내 바닷가에 가보지 않고 살다보면 내가 섬에 살고 있다는 사실을 까맣게 잊을 때가 많다.

반면 추자도에서는 내가 섬에서 지내고 있다는 사실을 언제나 느끼며 느낄 수밖에 없다. 거의 모든 주택이 바닷가에 있고 창문만 열면 언제 어디서나 바다를 볼 수 있으며 부두에 배가 드나들면서 내는 뱃고동 소리를 들을 수 있다. 다른 지역과 연결되는 교통수단은 오로지 배인데, 정기선이 하루 2차례 들어오지만 기상이 악화되고 파도가 높아지면 배 운항이 중단된다. 그러면 관광객과 방문객들은 계획했던 일정을 뒤로 미루고 하루든 이틀이든 날씨가 좋아질 때까지 기다릴 수밖에 없다. 이럴 때는 자신이 섬에 있다는 사실을 확연하게 체감하게 된다.

이처럼 날씨에 민감할 수밖에 없기 때문에 매일매일 그날 날씨에 귀를 기울인다. 섬 밖으로 나갈 수 있을지 없을지 언제나 불안하고, 또 육지 다른 지역과 단절되어 살고 있다는 느낌을 계속 갖고 살아가는 것, 이것이 곧 섬이 주는 고립감이다.

추자도 사람들과 어업

추자도는 남해안에 있는 비교적 큰 섬이다. 물론 하나로 이루어진 섬은 아니다. 크게 두 섬이 있어 상추자도와 하추자도라고 부르고, 그 둘레에 추포도와 열 몇 개의 무인도가 있어 모두 묶어 추자도라고 부른다. 추자도는 남해안 다도해의 가장 바깥쪽, 즉 남해안과 제주도의 중간에 자리 잡고 있다. 그래서 제주도에 가는 배들은 날씨가 나쁘면 추자도로 피했다. 고려 말기에 군사들이 탐라총관부를 관할하던 몽골 출신 목자(牧子)들을 토벌하려고 제주도로 가다가 기상이 악화되는 바람에 추자도에서 여러 날 피해 있었다는 이야기는 유명하다.

이런 기상 조건 때문에 추자도를 '후풍도(候風島)'라고 부르기도 한다. 행정구역으로 보면 추자도는 조선시대 내내 제주도와 마찬가지로 전라도 관할 지역이었고, 제주도와는 별개로 영암군에 소속되어 있었다. 그러다가 1914년 조선총독부의 행정구역 개편에 따라 제주도가 도사(島司)가 관할하는 특별행정구역이 되자, 제주도의 부속섬으로 변경되었다. 해방 후에는 제주도가 도(道)로 승격되고, 추자도는 그 산하의 면(面)이 되어 지금에 이르고 있다.

그렇지만 문화적으로 보면 추자도는 오래 동안 전라남도의 영향을 강하게 받고 있었다. 추자도에 정착한 주민들 대부분이 전라남도에서 이주했을 가능성이 크다. 그들의 음식문화, 주거 양식, 모든 면이 그렇다.

뱃길은 섬과 섬 사이로 이어지는 파도가 적은 잔잔한 길이었지만, 추자도에서 제주도까지는 망망대해에 의지할만한 지형지물이 전혀 없었기 때문에 아주 험한 바닷길이다. 그러니 추자도 사람들이 굳이 험한 바닷길을 헤치고 제주도를 왕래해야 할 이유가 없었다. 모든 행정, 경제의 중심이 남해안 바다 쪽에 있었다.

조선시대 내내 제주도 사람들은 교통로의 중간 지점에 있는 추자도를 자신들의 필요에 따라 이용하였다. 그런 점에서 아주 요긴한 섬이었다. 하지만 제주도 사람들이 굳이 추자도로 이주해서 살려고 하지는 않았다. 조선시대 추자도에 들어와 살던 사람들은 다른 지역에서 이주한 사람들이었다. 그들이 추자도를 선택한 것은 이 섬이 가장 살기 좋은 섬이기 때문이 아니었다. 다른 지역에 거주하다가 경쟁에 밀리거나 가혹한 세금을 견디기 어려워 도망치듯 세금 없는 이 섬으로 밀려왔던 것일 뿐이었다.

이런 추자도에 변화의 바람을 몰고 온 것은 일본에서 온 어민들이었다. 한말부터 조금씩 제주도를 비롯한 한국 남부 해안으로 원정 나온 일본 어민들은 풍부한 어장에 큰 매력을 느꼈다. 어족자원이 점점 줄어들고 있던 일본 근해와 비교하면 한국의 어장은 무주공산이었다. 그들은 다투어 배를 한국으로 몰고 왔다. 일본 정부 역시 이를 장려했다. 1910년 정식으로 일본 정부가 조선을 병합하여 식민지로 삼자, 일본 어민들 중에 적극적인 사람들이 제주도와 남해안 주요 섬으로 이주하여 자리 잡았다. 거제도, 거문도, 추자도 등이 그런 예였다.

그들을 위한 행정기관이 들어섰고, 우체국, 학교, 병원 등 각종 지원 시설도 세워졌다. 그들은 배를 몰고 왔을 뿐만 아니라 잠수기선도 동원해서 소라, 전복 등의 바다 밑 자원들을 마구 잡아들였다. 잡아들인 생선을 포함한 각종 해산물은 소금에 절이거나 말리고 때로는 통조림으로 만들어 일본으로 보냈다. 전쟁 때는 내내 군용 식품으로 제공하기도 했다.

그들의 어업활동은 식민지 지배를 당하게 된 주민들이 볼 때 억압이요 착취일 수 있었다. 하지만 일본 어민들은 동시에 조선의 섬 주민들에게 새로운 경제 활동인 수산업 영역을 열어 주었다. 주민들을 선원으로 고용하고 수산물 가공공장을 세워 직원으로 채용했다. 제주도에서는 어업조합을 조직하여 해녀들이 소라, 전복, 미역, 감태를 채취하면 이를 사주었다. 물론 고생하며 채취한 수산물을 제 값을 주지 않고 값싸게 사들여 해녀들의 노동력을 착취한 것은 틀림없다. 하지만 과거에는 전혀 직업이라 할 수 없었던 해녀를 직업으로 만들고, 수산물을 상품화해 본 적이 거의 없었던 섬 주민들에게 수산물의 상품화가 가능하다는 것을 일깨워 준 것은 사실이다.

그러한 자극이 가해지면서 제주도와 남해안 주요 섬 주민들은 너도나도 수산업에 뛰어들었다. 조선시대 내내 바다는 섬 주민들에게 장애물이었다. 가장 중요한 자연 조건인 바다가 삶의 터전이자 자원의 보고가 되어야 하는데, 그렇지 못했다. 섬에 살면서도 농사를 주로 지으며 살았던 주민들에게 바다는 육지와 거리를 떼놓는 장애물이자 세금을 요구하는 관리로부터 떨어져 있게 해주는 보호 장치였을 뿐이다. 이렇게 조선시대 내내 철저하게 버림받았던 섬 주민들은 새로운 가능성을 향해 적극적으로 움직였다.

해방 이후에는 멸치 액젓으로 유명해지면서 사정이 좀 나아졌고 지난 10여 년 사이에는 조기잡이로 명성을 얻게 되면서 추자도 주민의 삶의 변화 속도는 엄청나게 빨라졌다. 때문에 추자도에는 지난 10년 동안 모든 것이 달라지고 있다고 말할 정도로 큰 변화가 몰아치고 있다. 물론 이러한 변화는 길게 보면 일제시기부터 줄곧 진행되고 있는 서구식 근대화의 영향이지만, 더 직접적으로는 멸치 위주의 어장에서 조기 중심으로 어장이 바뀌면서 어업 소득이 크게 증가한 때문이다.

추자도와 제주도

추자도 사람들과 대화를 나누어 보면 그들이 구사하는 단어와 말하는 투는 물론 어조도 전라도 식이다. 민박집에서 내주는 식사도 영락없는 전라도 음식이다. 그런 점에서 추자도의 문화는 전라도권에 속해 있다. 물론 조선시대 내내 제주도도 전라도의 행정구역에 속해 있기는 마찬가지였지만, 제주도는 전라도와는 전혀 다른 독자적인 문화적 특성을 갖고 있다.

뿐만 아니라 추자도 사람들의 경제도 제주도가 아닌 전라남도 권역에 연결되어 있었다. 답사 도중에 목포대학교 도서문화연구소 교수와 연구원들과 만나 토론하는 모임을 가지면서 놀랐던 것은 목포대학교 교수와 연구원들의 관심과 태도에 추자도가 서남해안 일대의 다른 섬들과 마찬가지로 전라도 권역이라는 점을 은근히 강조하는 것이었다. 추자도의 문화적 전통을 보면 충분히 이해가 갈만 했다. 그런 점에서 보면 추자도와 제주도는 지리적으로 가깝기는 하지만 두 섬의 역사적인 특성은 크게 달랐다고 생각된다. 고려시대 이전은 말하기 어렵지만 적어도 조선시대 오백년 내내 그런 특징이 이어져 왔다고 본다.

그런데 이러한 특성은 근대로 들어오면서 바뀌기 시작했다. 추자도와 제주도를 이어주는 연결고리가 점점 늘어나면서, 한마디로 추자도는 전라도로부터 제주도로 이사를 온 셈이 되었다. 이런 양상을 잠깐 생각해 보자. 우선 행정기구가 제주에 속해 있었다. 그래서 추자면사무소 직원은 제주시(군제가 실시되던 시기에는 북제주군)가 파견하는 공무원들이었다. 그들은 거의 모두 제주도 출신들이었고, 그들이 사용하는 제주어는 주민들이 사용하는 전라도말과는 달랐다. 추자도 관공서를 드나들면서, 공무원들과 접촉하면서 조금씩 제주도와 만나게 되었을 것이다.

그리고 추자도에 설치된 초등학교는 하추자의 신양소학교와 상추자의 추자심상소학교가 있었다. 추자심상소학교는 주로 일본인 자녀들이 다니던 학교였고 신양소학교는 추자도 아이들이 다니던 학교였다. 그 아이들을 가르치는 교사를 파견하는 교육청은 제주도 교육청이었다. 이는 해방 후에도 그대로였다. 제주도 교육청은 계속해서 제주교육대학을 졸업한 제주도 출신 교사들을 파견하였고, 아이들은 초중학교를 졸업하면 제주도로 진학하는 비율이 늘어났다. 제주도에서 고등학교를 나온 추자도 출신들은 제주시에 거주하면서 대학을 다니고 졸업하면 취직하고 살았다.

추자도 주민들은 오랜 세월 동안 섬이라는 조건에 맞추어 살 수밖에 없었다. 땅도 척박했고 좋은 배를 갖출 경제력이 없었으니 어업도 제대로 하기 어려웠다. 그렇지만 가장 큰 문제는 역시 교통의 불편이었을 것이다. 추자도 사람들은 가끔 육지에서 제주도로 가는 길목의 피난처 정도로만 인식되었을 뿐, 조선시대 내내 중앙정부의 무관심 속에서 살아왔다. 그런데 최근 제주도 당국이 추자도 주민을 위해서 적극적으로 마련한 교통비 보조정책이 큰 영향을 미치게 되었다. 이는 제주도와 추자도를 오고가는 정기 여객선 운임 중 일부를 보조해 줌으로써 왕래를 쉽게 하려는 것이었다. 게다가 새로 배를 한 대 더 다니게 하여 하루 한 차례밖에 없었던 교통편을 하루 두 차례로 늘렸다. 이런 정책에 힘입어 추자도 주민들은 목포나 완도로 다니던 뱃길을 서서히 제주로 바꾸게 되었다.

예전에 서울 가는 사람들은 목포로 배를 타고 가서 기차를 이용했다고 한다. 그러던 것이 요즘은 제주로 배를 타고 가서 비행기로 서울을 간다고 한다. 학생들은 제주시의 학교로 진학하고, 성인 남녀가 계모임을 할 때는 으레 제주시 노래방에서 놀다가 찜질방에서 자고 다음 날 느지막하게 돌아온다고 한다. 아프면 제주시의 종합병원을 찾고, 사람이 죽을 때가 되면 또 제주시 종합병원에 와서 치료하다 그곳에서 장례를 치르고, 제주시 화장장을 거쳐 제주시의 공원묘지에 묻힌다. 이렇게 모든 면에서 제주와 깊이 이어지다 보니 오히려 제주도와의 결합 속도가 너무 빠른 것은 아닐까 걱정까지도 생긴다. 추자도와 제주도의 관계를 다시 생각해볼 때가 되었다.

추자도를 통해 만나는 한국의 섬

우리는 이 책을 통해서 한국인들 중에서 특별히 섬에서 살아왔고 지금 살고 있는 사람들의 삶을 생각해 보고 앞으로의 변화의 방향을 가늠해 보려고 한다. 물론 모든 섬을 가본 것도 아니고 모든 섬을 분석 대상으로 삼을 수도 없다. 그렇지만 추자도를 현지 조사했던 경험을 토대로 섬사람들의 삶의 변화를 이해해 보려는 우리의 시도가 한국의 섬이 가고 있는 방향과 길의 모습을 볼 수 있게 해주기를 기대해 본다.

2012년 10월

조성윤

|차 례|

섬, 그리고 해녀 / 고미

추자도 주민의 종교 생활 / 조성윤

묵리의 정월 풍경 / 윤순희

정광중

추자도의 지리적 환경

정광중

1. 머리말

추자도는 가깝지만 멀게 느껴지는 도서지역이다. 그 이유는 먼저 섬에 들어가려면 배를 타고 1시간 이상 파도에 몸을 맡겨야 하고, 더욱이 꼭 가야할 사람들에게는 사전에 정확한 날짜를 정하고 여정에 따라 여러 가지 필요한 준비물을 챙겨야만 하는 번거로움이 뒤따르기 때문이다. 그렇다고 왕복 2~3시간 정도가 소요되는 물리적인 거리만을 생각한다면, 그리 멀지만도 않은 섬이라는 사실을 깨닫게 된다.

그래서인지는 몰라도, 제주도 본섬에 거주하는 사람이건 대한민국의 어느 지역에 거주하는 사람이건 추자도를 방문하는 일을 쉽게 생각하는 사람은 없는 듯하다. 마치 1년 중 계획을 미리 세우듯이, 추자도를 방문하는 사람들은 일상의 번거로운 일을 계획한대로 마쳐놓고 홀가분한 마음으로 여행 삼아 떠나고자 하는 경우가 태반이다.

여행지로 목적삼아 추자도를 방문하든, 취미생활인 낚시를 즐기러 추자도를 방문하든, 추자도를 방문하는 많은 사람들 중에 추자도의 자연과 역사와 문화의 실상을 알려고 하는 사람들은 지극히 드물다. 그 배경에는 '추자도는 잠깐 머물다 오는 작은 섬'으로만 인식하는 사고가 내재되어 있기 때문이다. 이것은 어쩌면, 추자도를 알리는 안성맞춤의 안내서나 교양도서가 없어서일지도 모른다. 궁극적으로 추자도를 방문하려는 사람들이 추자도의 진면목을 알게 되면, 지금까지 가려져 있던 새로운 모습의 현실적인 세계가 우리들 눈앞에 펼쳐질 수도 있다. 어느 한 지역을 알기 위해서는 해당 지역의 자연과 역사와 문화 등 여러 부문별 조각의 편린들에 대해 더듬어 볼 필요가 있다. 추자도의 경우도 마찬가지다.

이 글은 이상과 같은 취지에서 추자도의 자연환경과 인문환경에 대한 지역 지리적(地域 地理的) 관점의 요소별 분석과 검토를 바탕으로 추자도의 지리적 환경 이해를 도모하고자 작성한 것이다. 여기서 지역 지리적 관점의 요소는 필자가 임의대로 추자도의 지리적 환경을 이해하는데 기본적으로 필요하다고 생각되는 것만을 취사선택하였음을 밝힌다.

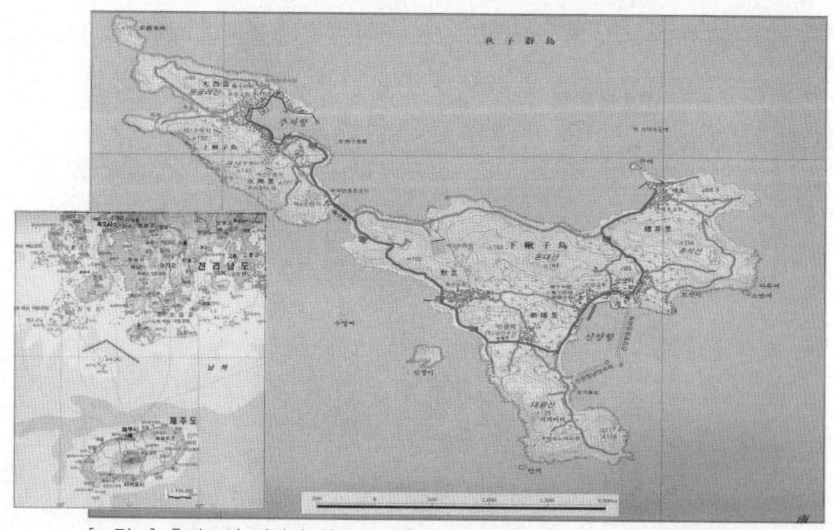

[그림 1] 추자도의 지리적 위치와 마을의 위치(자료: 1 : 25,000 지형도 [1999년 편집, 2004년 수정])

2. 자연환경의 이해

1) 위치와 영역

추자도는 한반도 남해안의 진도 및 노화도와 제주도 본섬 사이에 위치하는 해중도(海中島)이다[그림 1]. 해중도는 말 그대로 바다 한 가운데에 떠 있는 섬을 말한다. 그러하기에 추자도는 주변에 위치하는 제주도 본섬은 물론이고 한반도의 여러 지역과도 지리적인 결절성으로 인해 생활 교류나 사회생활 면에서 많은 제약을 받을 수밖에 없는 섬지역의 특성을 안고 있다.

추자도는 행정 구역으로 보면, 제주특별자치도 제주시 추자면에 속하며, 수리적 위치로는 북위 33° 55′ 32″ ~33° 55′ 36″, 동경 126° 22′ 25″ ~126° 23′ 05″ 범위에 자리 잡고 있다. 추자도와 같은 위도상의 인접 도시를 보면 일본의 기타큐슈시(北九州市)가 있으며, 또한 같은 경도 상의 인접 도시로는 북한의 만포시(자강도)를 비롯하여 중국의 지린시(吉林市)와 하얼빈시(哈爾濱市) 등이 있다. 그리고 추자도에서 가장 가까운 인접 지역으로는 남해안의 보길도이며 직선거리로 약 27㎞ 정도 떨어져 있다.

추자도를 중심에 놓고 보면, 북쪽의 진도까지는 직선거리로 약 46㎞, 목포까지는 88㎞, 북동방향의 해남반도까지는 약 44㎞, 완도까지는 55㎞, 그리고 남쪽의 제주시(제주항)까지는 50㎞, 애월까지는 53㎞의 거리를 유지하는 것으로 나타난다. 아울러 동서의 망망대해를 건너 동쪽의 쓰시마(對馬島)까지는 약 265㎞, 서쪽의 중국대륙(난퉁시[南通市] 부근의 해안)까지는 약 480㎞의 거리를 두고 위치하고 있다.[1] 이처럼, 생활

1) Daum의 지도상에서 측정한 거리를 기준으로 한 것임.

[그림 2] 하늘에서 본 추자도 전경. 가까이 있는 섬이 상추자이며, 뒤로 하추자가 있다.

교류나 정보 소통의 관점에서 볼 때 추자도는 반도부의 내륙과 직접 연결되는 지역으로서 해남반도와의 직선거리가 가장 가까운 상황이며, 제주도 본섬까지는 하추자의 신양항과 제주항을 기·종점으로 하는 직선거리가 가장 가까운 지리적 거리를 보인다. 그렇다고는 하나 직선으로 나타나는 지리적 거리가 추자도민들의 생활상에서 가장 큰 혜택을 입는 거리로 해석하기에는 절대적으로 무리가 뒤따른다. 다시 말해, 시대의 변화에 따라 교통편(交通便)과 교통로(交通路)의 발달이 가져오는 사회·경제적인 배경을 무시할 수 없기 때문이다.

추자도는 주민들의 거주 중심지인 상추자도(上楸子島)와 하추자도(下楸子島)를 중심으로 횡간도(橫干島)와 추포도(楸浦島) 그리고 주변 수역에 위치하는 38개(무인도)의 부속섬으로 구성되며,[2] 이들을 모두 합한 총면

2) 38개의 무인도는 두령서, 개인여, 이도, 미역서, 납덕서, 검둥여, 시루여(이상 7개 영흥리 소속), 사수도, 우두도, 염도, 가망여, 상도, 돌도 1, 돌도 2, 우비도, 방서, 오등서, 혈도, 등대서(이상 12개 예초리 소속), 직구도, 흙검도, 수령도, 다무내미,

적은 약 7.2㎢로 나타난다. 이 면적은 제주도를 구성하는 7읍 5면의 행정구역 중 우도면(6.2㎢) 다음으로 작은 면적으로 확인된다. 추자군도(楸子群島)를 구성하는 여러 섬들 중에서 4개 유인도의 면적은 상추자도가 1.25㎢, 하추자도가 4.18㎢, 횡간도 0.61㎢, 추포도가 0.13㎢로 총 6.17㎢이며, 이들 중에서는 하추자도가 가장 면적이 큰 섬으로 확인된다.[3)]

추자도의 38개 무인도를 제외한 상·하추자도만을 기준으로 4극 지점을 보면, 동단(東端)은 하추자도 예초리(禮草里)의 해안 바위가 전개되는 지점으로 배후에는 추석산(앞산, 155.7m)의 산줄기가 이어지며 주로 삼림으로 뒤덮여 있다. 서단(西端)은 상추자도 대서리(大西里)의 산 85번지(임야)가 자리 잡은 곳으로, 이곳 역시 해안 바위가 위치하는 지점이다. 물론 해안 바위가 위치하고 있기 때문에, 동단과 마찬가지로 가까운 부근에 특별한 인공물은 존재하지 않는다.

남단은 하추자도 신양리(新陽里)의 해안가 암반이 전개되는 지점으로, 가장 가까운 곳에는 산 120번지의 임야가 자리 잡고 있다. 남단 바로 앞에는 '반여'라는 작은 암초가 자리 잡고 있으며, 배후의 지구는 주로 삼림으로 뒤덮인 가운데 일부는 삼림지를 활용한 추자면 위생(분뇨)처리장이 건설되어 있다. 북단(北端)은 상추자도 대서리 북쪽 해안가의 넓은 암반이 전개되는 지점으로, 배후에는 마찬가지로 삼림으로 둘러싸인 가운데 대서리의 마을 중심부에서 이어지는 작은 마을 길이 해안 부근까지 이어져 있으며 일부가 밭으로 개간되어 사용되고 있다. 이처럼 추자도(상·하추자도)의 4극 지점은 도서지방의 특성이 그대로 반영되어 나타나며, 그 배후로는 주로 소나무 수종의 삼림이 전개되는 특성을 보이고 있다.

망도, 악생도, 공여도, 녹서, 문여, 흑서(이상 10개 대서리 소속), 망서, 수덕도, 청도, 절명서, 외간도, 섬도(이상 6개 신양리 소속), 해암도, 회도, 수영도(이상 3개 묵리 소속)이다(제주시, 2009, 『제49회 통계연보』, 제주시, 59쪽.).

3) http://www.jejusi.go.kr

2) 마을별 위치와 지목별 면적

추자도에는 6개의 법정리(法定里)가 있다. 먼저 상추자도는 대서리와 영흥리, 하추자도는 묵리, 예초리, 신양1리 및 신양2리로 구성된다. 대서리는 상추자도의 북쪽에 위치하며 남쪽으로 이어서 영흥리가 자리 잡고 있다. 이들 두 마을의 주요 거주지는 추자항을 중심으로 일부지구에만 알파벳 'C'자형으로 연결되어 있고 그 배후에는 일부 생활관련 시설(수원지, 소방서출장소, 등대, 양식장 등)과 군사시설을 제외하면 주로 삼림으로 뒤덮여 있다. 따라서 대부분의 거주지는 해발 20m 미만 지구에 터 잡고 있다. 이들 두 마을의 자연마을은 대서리가 2개 마을(본동·횡간도), 영흥리가 1개 마을(사동=절기미)로 구성된다.

[그림 3] 추자항을 중심으로 대서리와 영흥리가 있다.

하추자도의 서쪽 해안가에는 묵리가 자리 잡고 있는데 동쪽으로는 약 900여m의 거리를 두고 신양1리가, 동남쪽으로는 약 650여m의 거리를 두고 신양2리가 위치하고 있다. 묵리도 해안 저지대에 자리 잡은 관계로 마을의 주요 거주지는 해발 20m 미만 지구에 해당되고, 자연마을은 본동 1개로 구성된다. 예초리는 하추자도의 북동쪽 해안지구에 위치하고 있으며, 가장 가까운 신양1리와는 도로거리로 약 1.5km 정도 떨어져 있다. 지리적으로 볼 때 예초리는 추자도 내에서도 가장 격리된 지구에 터 잡은 마을의 이미지가 강하다. 더불어 예초리는 추석산의 산사면이 해안지구에 이르러 저지대를 형성하고 있어서, 주요 거주지도 해발 20m 미만 지구에 형성된 것으로 확인된다. 자연마을은 본동과 추포리 2개로 구성된다.

[그림 4] 예초리

신양1리는 하추자도 동쪽 해안지구에 위치하며 신양항을 전방에 두고 있다. 신양2리와는 도로 거리로 약 600여m를 두고 있으며, 자연마을은 신상리와 신하리 2개이다. 주요 거주지는 대부분이 해발 20m 미만 지구에 자리 잡고 있지만, 동쪽의 거주지는 해발 40m 가까운 지구까지 올라가 있는 상황이다. 신양2리는 하추자도의 남쪽지구에 위치하고 있으며, 자연마을은 장작리 1개로 구성된다. 주요 거주지는 해발 10~20m

사이 지구에 자리 잡고 있으며, 마을 서쪽으로는 묵리, 동쪽으로는 신양 1리와 마주보고 있다.[4)]

이상과 같이 추자도는 6개의 법정리와 이들 마을을 구성하는 9개의 자연마을 그리고 각 자연마을을 세분한 44개의 하위 행정조직인 반(班)을 거느리고 있다. 아울러 6개 법정리는 주로 1114번 지방도와 마을 내부로 이어지는 작은 마을길로 연결되어 있다.

〈표 1〉은 추자면의 토지 지목별 면적을 나타낸 자료로서, 추자면의 토지이용 상황을 개괄적으로 파악할 수 있다. 이 자료를 토대로 살펴보면, 추자도의 토지이용에 대한 두 가지 사실을 파악할 수 있다.

〈표 1〉 추자면의 토지 지목별 면적 현황 (2008년) (단위:㎡)

밭	논	과수원	목장용지	임 야	대 지	공장용지
1,560,792.0	40,425.0	0.0	0.0	4,738,929.0	280,239.0	2,685.0
학교용지	주차장	주유소 용지	창고용지	도 로	하 천	제 방
30,670.0	0.0	0.0	4,154.0	223,532.0	0.0	17,409.0
구거(배수로)	유지(습지)	양어장	수도용지	공 원	체육용지	유원지
29,671.0	9,332.0	8,975.0	30,015.0	0.0	0.0	0.0
종교용지	사적지	묘 지	잡종지	합 계	—	—
2,354.0	0.0	89,838.0	86,402.0	7,155,422.0	—	—

(자료 : http://www.jejusi.go.kr)

먼저 한 가지는 추자도가 도서 지역이라는 지리적 조건으로 인하여 섬 자체가 지니는 특성, 즉 추자도가 침강(沈降: 육지부가 내려앉아 해수면의 침입을 받음)이나 융기(隆起: 해저부가 해수면 위로 솟아올라 주변부가 해수에 침수됨)로 인해 섬 주변부가 침수(浸水)되어 형성된 도서 지방이라는 특성으로 삼림이 차지하는 면적이 압도적으로 높게 나타난

4) 1:25,000 지형도 및 제주시, 2010, 『제주시 새주소 생활안내지도(도로명 새주소 안내)』, 334~343쪽 독도(讀圖)에 의함.

다는 사실과 더불어 좁은 면적에 100m급 이상의 경사도(傾斜度)가 높은 산들이 많이 차지하는 이유로 인해 농업적 토지 이용이 가능한 농경지 면적이 아주 작게 나타난다는 사실이다. 따라서 추자도 주민들의 농업적 생산은 대부분이 자가 소비용 채소류 정도에 그치고, 주로 연승어업(延繩漁業)을 비롯한 자망(刺網) 및 유자망(流刺網) 어업, 들망(걸그물) 어업, 통발(문어단지)어업에 의존하여 생계를 유지하고 있다.[5] 그리고 다른 한 가지는 추자도가 한반도나 제주도 본토와는 비교적 멀리 떨어진 이도(離島)라는 성격이 강하기 때문에, 추자도 주민들이 일상생활에서 필요한 공장용지 및 창고용지를 비롯한 학교용지, 도로, 주차장, 공원, 사적지 등의 면적이 작게 나타난다는 사실이다. 이것은 결국 추자도 주민들의 문화생활이나 공동체 생활을 영위하기 위한 활동공간이 상대적으로 미흡하다는 사실을 대변한다.

이러한 사실은 지목별 면적을 살펴보면 한층 더 쉽게 이해할 수 있다. 추자도에서 가장 지목별 면적이 넓은 것은 삼림이라 할 수 있는 임야가 전체의 66.2%를 차지하고, 경작지인 밭이 21.8%로 차순위를 점하고 있다. 추자도 주민들이 거주지의 용도로 사용하는 대지는 전체의 3.9%이고, 이어서 도로 3.1%, 묘지 1.3%, 잡종지 1.2%의 순으로 높은 비율을 점하고 있다. 이에 반해, 추자도 주민들의 경제활동이나 일상생활에서 편리를 도모하는데 필요한 주차장, 주유소, 공원, 사적지는 통계수치로 볼 때 0%로 나타나고 있으며, 그 외에 과수원이나 목장용지가 0%라는 사실도 궁극적으로 도서지방이 안고 있는 한계를 대변하는 것으로 이해할 수 있다.

5) 정광중 · 강만익, 2003, 「추자도 어선어업의 실태와 특성」, 제주교대논문집, 제32집, 63-79쪽.

3) 지형 · 지질 환경

추자도의 현재 지형을 이해하기 위해서는 먼저 형성원인과 시기부터 살펴볼 필요가 있다. 추자도의 형성원인과 시기에 대해서는 현시점에서 볼 때 일단 두 가지 주장을 확인할 수 있다. 하나는 남해안의 거의 모든 도서와 함께 제4빙기(氷期)의 뷔름(Würm) 빙기 이후(후빙기, 즉 1만 년 전 이후)에 빙하성 해면상승(海面上昇)에 의해 형성되었다는 주장이고,[6] 다른 하나는 백악기말 즉 약 6000만 년 전에 추자도 일대에 퇴적물이 침적과 화성암(火成岩)의 관입(貫入)이 이루어지고 동시에 침강이 진행됨에 따라 형성되었다는 주장이다.[7]

물론 전자의 주장에서는 추자도 자체의 지질적 형성연대를 가리키는 것이 아니라 섬 자체가 1차적으로 형성된 이후 해수면 상승에 의해 섬으로서 고립화(島嶼化)된 시기에 초점을 두고 있는 것이다. 이와 같은 사실은 같은 논문에서 추자도가 제3기말~제4기초에 걸쳐 형성된 제주도는 물론이고 백악기보다 더 오래된 지질연령을 갖는다는 지적을 통해서, 개략적으로나마 추자도 자체의 형성시기가 후자의 주장과 거의 일치하는 것으로 이해할 수 있다.

궁극적으로 추자도의 도서화 된 시기와 섬 자체의 형성시기로 주장하는 논점이 서로 다른 만큼, 현시점에서는 두 가지 주장 중 어느 한쪽의 주장에 따르기 보다는 위의 두 가지 주장을 종합적으로 유추하여 추자도가 형성되었다는 정도로 이해하는 것이 유효할 것으로 판단된다. 이와 관련하여 한 가지 유념해야 할 사실은 추자도가 화산도(火山島)인 제주도처럼 약 120만 년 전(신생대 제3기말~제4기초)이라는 아주 짧은 형

6) 원종관 · 이문원, 1986, 「추자군도의 지질」, 『자연실태종합조사보고』, 제5집(추자군도), 58-59쪽.

7) 유환수 · 유경아, 1997, 「추자도 부근의 지질 환경」, 『한국도서연구』, 제8집, 21쪽.

성시기가 아니라 6000만 년 전의 백악기말로 훨씬 더 거슬러 올라간다는 점이다.[8)]

앞의 두 주장에서 한 가지 공통점은 추자도가 빙하성 해면상승에 의해 섬이 형성되었거나 혹은 퇴적물이 침적과 화성암의 관입이 이루어지고 침강이 진행됨에 따라 섬이 되었건 간에, 추자도는 특정 지질시대에 바닷물의 침수(浸水)에 의해 도서화(島嶼化) 되었다는 사실이다. 말하자면, 해수로 고립되기 이전의 상황은 어떠한 형태로든 반도부의 다른 지역들과 연결되어 있었다는 것이다. 따라서 해수에 의해 완전히 고립되고 주변지역과 차단되기 이전에는 동물계나 식물계 등 자연 생태계가 하나로 연결되어, 결과적으로 한반도의 남해안과 거의 유사한 자연 생태적 환경을 지니고 있었을 것으로 판단된다. 그리고 추자도가 완전한 섬으로 남해안의 여러 도서지역과 격리된 이후에는 독자적인 생태계를 유지하면서 시 · 공간적 변화가 진행된 것으로 판단된다.

추자도의 지형적 특성을 정리해 보자. 추자도의 지형은 지구 역사를 따지는 지질연대를 기준으로 생각해 보면 비교적 젊거나 왕성한 편에 속한다. 앞에서 정리한 추자도의 형성시기 즉 6000만 년 전의 중생대 백악기는 지질연대 상으로 그다지 오래된 시기가 아니다. 따라서 추자

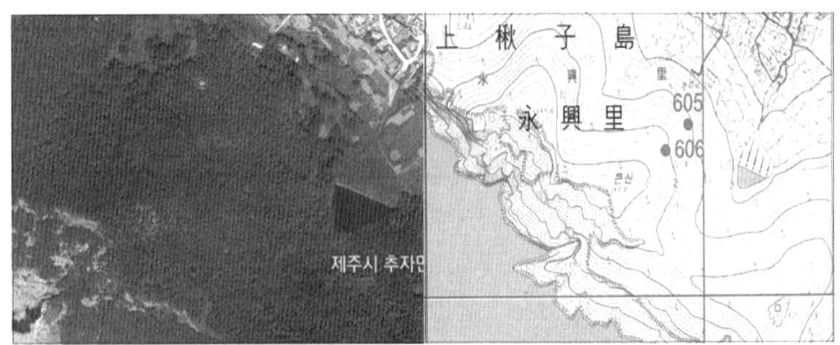

[그림 5] 상추자도 큰산(142m, 왼쪽 위성사진, 오른쪽 1 : 5,000 지형도)
(자료 : 포털사이트 'Daum'의 위성사진 및 국토지리정보원 발행 지형도)

8) 최근에 발행된 일부 도서에서는 추자도의 많은 산들이 화산활동에 의해 형성된 오름(기생화산)처럼 설명하고 있으나 이는 큰 잘못이다.

도의 지형은 인간에 비유하면 장년기(壯年期)에 속한다고 할 수 있다. 어떤 특정지역의 지형을 장년기라고 하는 배경은 말 그대로 지형이 형성된 이후 유년기를 지나 성숙한 어른의 단계에 이르렀다는 것을 의미한다. 따라서 추자도는 섬 주변부와 내부에서 인간의 장년기에 해당하는 모습을 곳곳에서 찾아볼 수 있다.

먼저 추자도의 내부를 살펴보자. 추자도에는 높고 낮은 봉우리(頂上部)를 지닌 20개 이상의 산지가 연속적으로 발달해 있다. 상추자도에는 큰산(142m, 대서리 · 영흥리)을 비롯하여 뒷산(142m, 영흥리), 독산(129.7m, 대서리), 탱지밧산(128.9m, 영흥리), 봉골레산(85.5m, 대서리), 엉개산(82.6m, 영흥리), 대장산(72.5m, 대서리), 메지박산(70.3m, 대서리), 귓개산(36.8m, 대서리), 등대산(21.3m, 대서리)이 있고, 하추자도에는 돈대산(163.9m, 신양리)을 비롯하여 큰산(추석산, 155.7m, 예초리 · 신양리), 대왕산(124.9m, 신양리), 엄개독산(119m, 예초리 · 신양리), 석주머리(석두청산, 111.7m, 신양리), 엉게산(101.8m, 묵리), 졸복산(97.2m, 신양리), 뒷산(95.6m, 묵리), 앞산(87.7m, 신양리), 앞산(73.1m, 묵리), 신대산(67.2m, 예초리), 은달산(60.3m, 묵리) 등이 있다.[9]

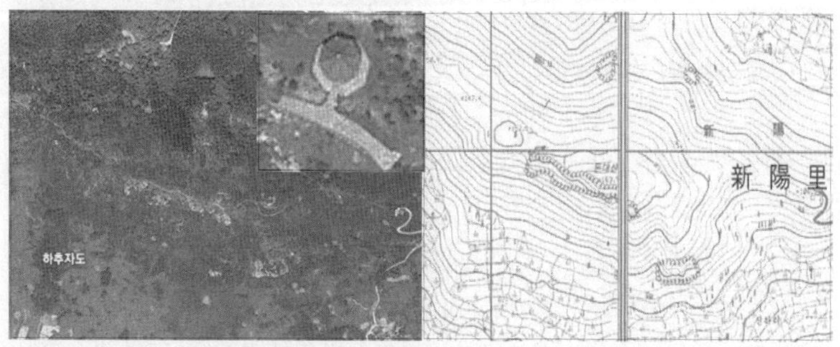

[그림 6] 하추자도 돈대산(163.9m)과 정상부(왼쪽 위성사진, 오른쪽 1:5,000 지형도)
(자료 : 포털사이트 'Daum'의 위성사진 및 국토지리정보원 발행 지형도)

9) 강성현, 2010, 『자연경관의 조화와 제주 · 제주오름』(증보수정판), 도서출판 열림문화, 482~492쪽.

이들 중 상추자도의 최고봉은 대서리와 영흥리에 걸쳐있는 큰산이고, 하추자도의 최고봉은 신양리에 위치하는 돈대산이다. 이들 산지는 단독적으로 위치한다기보다는 연속적인 형태를 보이며 추자도의 전체 면적의 2/3를 차지하고 있다.

20개 이상의 봉우리들로 연결된 산지사면(山地斜面)은 추자도 해안가로 바로 이어진다. 해안가에서는 섬 외부에서 바라보는 지형적 특징이나 도서 경관을 다른 시각에서 살펴볼 수 있다. 장년기에 이른 산지사면은 해안으로 바로 이어지는데, 보통은 급한 단사면(短斜面)이며 직선적인 특징을 보인다. 동시에 파도의 침식을 받은 후에 형성되는 해식애(sea cliff)가 곳곳에 발달해 있고 절리(節理)에 의한 동굴과 구멍바위(sea arch) 등도 확인할 수 있다.[10)]

뿐만 아니라 해안선을 따라서 풍화의 진전에 따른 시스택(sea stack, 고립된 바위섬)도 몇 몇 지점에서 찾아볼 수 있으며, 신양리(진작지)나 예초리 등 일부 마을 해안에서는 자갈성 암석해안을 찾아볼 수 있다. 이를테면, 하추자도 신양2리의 모진이해수욕장, 진작지(추자 10경 중 장작평사)나 예초리의 '몽돌밭(신대)', 그리고 대서리의 옛 이름인 '큰작지'나 '작은작지' 등으로 불리는 지명들은 모두 자갈로 이루어진 암석해안의 특성을 반영한 것들이다.[11)] 암석해안을 형성하는 자갈은 추자도에

10) 원종관 · 이문원, 1986, 앞 논문, 59쪽.

11) 이 외에도 추자도 주민들 사이에서 '작지' 즉 자갈밭이라 불리는 마을 내 작은 지구의 지명은 후포작지(후포 해안의 자갈밭), 대추작지(영흥리 해안의 자갈밭), 꿀력개작지(영흥리 지선 해안의 자갈밭), 웃진두작지(상추자도 진두 해안의 자갈밭), 아래진두작지(하추자도 진두 해안의 자갈밭), 생금이작지(하추자도 묵리 속칭 '생금이' 해안의 자갈밭), 작은묵이작지(묵리와 신양2리 경계지구 해안의 자갈밭), 신댕이작지(추자 10경 중 '신대어류'의 자갈밭), 모진이작지(신양리의 뒤쪽 해안의 자갈밭), 작은예초작지(예초리 해안의 자갈밭), 진작지(신양2리 해안의 자갈밭), 앞작지(대서리와 영흥리의 앞쪽 해안의 자갈밭), 고래죽은작지(예초리 동쪽 해안의 자갈밭), 석주머리작지(추자10경 중 하나인 석두청산(石頭靑山)의 자갈밭), 나루목작지(나루목 해안의 자갈밭), 오지박작지(묵리 해안의 자갈밭), 은달짝큰

[그림 7] 모진이 해변, 대표적인 자갈성 암석해안이다.

하천이 존재하지 않기 때문에 대부분은 해안가의 암석풍화에 의해 만들어지거나 혹은 바다 속에서 파쇄되어 해안가로 이동된 것이라 할 수 있다. 또한 상 · 하추자도의 일부 지구에는 만(灣)을 형성하고 있는 곳이 여럿 있는데, 이들은 마을 단위의 포구나 항구로 활용함과 동시에, 같은 지구 내에 자갈이나 모래가 퇴적된 곳은 해수욕이나 어망 · 어구 등의 수선 장소로도 활용되고 있다.

지형은 일단 형성된 이후 다양한 외부적 상황과 조건에 의해 풍화와 침식을 받게 되는데, 추자도의 해안지형의 풍화와 침식과정은 남해안의 도서 해안지형에서 나타나는 특징과 매우 유사하다. 나아가 추자군도를 구성하는 상 · 하추자도를 비롯하여 횡간도와 추포도 등 4개의 유인도 주변에는 크고 작은 여(礖)가 형성되어 있어, 다양한 어류들의 산란 장소로 활용되거나 해초류의 서식 환경이 되고 있다. 아울러 주변의 많은 무

작지(묵리 해안의 자갈밭), 얼기미작지(신양리 해안의 자갈밭) 등 18개나 된다(http://www.jejusi.go.kr).

인도들도 정상부에만 식생을 간직한 채 사면은 주상절리가 발달한 형태를 유지하며 해안으로 가파르게 이어진다.[12] 그리고 이들 상·하추자도 주변의 많은 무인도나 크고 작은 여들은 계절에 따라 이 지역을 가로지르는 철새나 텃새의 보금자리가 되고 있다. 이상과 같은 사실들이 추자섬 외부에서 본 지형적 특징이자 도서경관의 특징이라 지적할 수 있다.

다음으로, 추자도의 지질적 특성을 살펴보자. 추자도의 지질을 특징 짓는 주요 암석은 크게 퇴적암류(堆積岩類)와 화성암류(火成岩類)로 구별할 수 있는데, 퇴적암류에서는 사암(응회암질)과 셰일(shale)이 많이 차지하며, 화성암류에서는 안산암, 석영반암, 유문암 등이 대부분을 차지하는 것으로 파악된다.[13] 또한 여기에 신생대 제4기 현생 퇴적물로서 자갈, 모래, 펄 등도 존재한다.

이들 추자도를 구성하는 주요 암석의 층서(層序) 구조와 형성연대는 셰일과 사암이 가장 하부에 있고, 그 위를 안산암, 석영반암, 유문암 순으로 형성된 구조를 보이며 또 유문암의 상부는 자갈, 모래, 펄 등이 일정한 범위를 차지하며 퇴적되어 있다. 추자도의 해안암반을 넓게 채색하는 암석의 색상은 회색과 회백색(유문암·석영반암), 또는 암회색(사암·안산암)이나 흑색(셰일)이 주를 이루는데, 이것은 추자도를 구성하는 암석의 색상 톤(tone)과 바로 연결된다.

12) 강순석, 2006, '추자도의 지형·지질 및 경관자원', 『2006 추자도 학술조사 보고서』, 제주도민속자연사박물관, 29쪽.

13) 유환수·유경아, 1997, 앞 논문, 19-20쪽.

4) 기후환경

제주지방기상청에서 운영하는 기상관측망(氣象觀測網)은 제주지방기상청을 비롯하여 서귀포기상대, 고산기상대 및 성산기상대 등 4개의 유인기상관서가 있으며, AWS(자동기상관측) 지점은 19개소가 있다. 특히 자동기상관측은 제주도 내에서도 사람들이 접근하기 어려운 도서나 벽지, 산악지대 등에서 발생하는 악기상(惡氣象)을 감시하기 위해 설치된 것으로서, 추자도의 자동기상관측은 1990년 우도 및 마라도(항로표지관리소)와 같이 설치됨으로써 기온, 강수량, 풍속, 풍향 등을 분(分)단위로 관측하고 있다.[14] 따라서 여기서는 추자도의 기온, 강수량 및 풍속 등 3가지 주요 기후요소만을 토대로 추자도의 기후환경을 정리하고자 한다.

먼저 연평균 기온(2008년)을 살펴보면, 추자도는 15.0℃로 제주(15.5℃)나 고산(15.5℃), 성산(15.5℃) 및 서귀포(15.2℃)보다도 0.2℃~0.5℃나 낮은 것으로 나타난다. 아울러 추자도의 연평균기온은 23개 유인기상관측소 및 자동기상관측 지점에서 측정된 값과 비교해 볼 때 선흘(14.0℃), 하원(14.5℃), 유수암(13.4℃), 오등(12.4℃) 등과 같은 중산간 마을이나 산남(山南) 지역의 여러 마을, 또는 어리목(9.6℃), 진달래밭(8.0℃), 윗세오름(6.4℃), 성판악(10.8℃) 등과 같은 중산간~산간지역을 제외하면 가장 낮게 나타나며, 심지어는 우도(15.6℃)와 마라도(16.0℃) 같은 동일한 도서지역보다도 낮게 나타나는 것이 큰 특징이다.[15]

추자도의 연평균 강수량(2008년)은 1048.4㎜로 유인기상관서인 제주(1456.9㎜)나 서귀포(1850.8㎜), 성산(1840.9㎜) 및 고산(1094.7㎜)보다

14) 제주도기상청, 2008, '제주도의 기상과 기후변화'(세계자연유산해설사 양성자과정 강의자료), 6쪽.

15) 제주도기상청, 2008, 앞 논문, 36쪽.

도 낮은 것으로 파악된다. 특히 추자도의 강수량은 제주도 본토에서도 가장 강수량이 낮게 확인되는 고산보다도 적어, 매년 생활용수나 농업용수의 부족을 느낄 수 있는 상황임을 엿볼 수 있다. 그리고 계절별 누적 강수량과 비율을 보면 봄이 217.0mm(20.8%), 여름이 568.3mm(54.2%), 가을이 175.5mm(16.7%), 겨울이 86.7mm(8.3%)로 나타나는데,[16] 결국 여름철 강수량이 압도적으로 많고 봄과 가을 강수량이 상대적으로 적기 때문에 봄농사나 가을농사(수확기)에 대비한 농업용수가 부족할 수 있는 환경이 되고 있다.[17] 이와 같은 추자도의 강수량을 고려해 볼 때, 일반적으로도 추자도는 도서 지방이라는 특성으로 평소 물 부족을 느낄 수밖에 없기 때문에, 도서 주민들의 생활의 불편함을 없애는데 항시 만반의 준비가 필요한 것으로 판단된다.

이어서 추자도의 연평균 풍속은 4.3㎧로 제주(3.8㎧), 성산(3.1㎧) 및 서귀포(3.1㎧)보다는 다소 높고 고산(6.9㎧)보다는 훨씬 낮은 것으로 확인된다.[18] 추자도가 바다와 바다 사이에 위치한다는 특성을 감안한다면 이 정도의 풍속은 어느 정도 납득할 수 있는 수치라 판단된다. 동시에 같은 도서 지방인 우도(5.4㎧)나 마라도(6.9㎧)에 비하여 풍속이 낮다는 사실은 상대적으로 어업 활동에 의존도가 높은 주민들에게는 고무적인 상황이라 평가할 수 있다.

16) 제주도기상청, 2008, 앞 논문, 46쪽

17) 2008년 계절별 강수량은 제주나 서귀포, 성산 및 고산보다도 편향적인 수치를 보이는 것으로 확인된다. 계절별 강수량 비율을 보면, 제주는 18(봄) : 47(여름) : 23(가을) : 12(겨울), 서귀포는 28 : 45 : 17 : 10, 성산은 23 : 44 : 21 : 12, 고산은 25 : 46 : 19 : 10의 비율로 나타난다.

18) 제주도기상청, 2008, 앞 논문, 43쪽

3. 인문환경의 이해

1) 행정구역의 변천과정[19)]

오늘날의 추자도가 어떤 행정제도의 틀 속에서 변화해 왔는지를 살펴보자. 추자도는 역사적으로 살펴볼 때 〈표 2〉에서 보는 것처럼, 오랜 시기에 걸쳐 제주도와 전라도 사이를 오가며 변화의 과정을 겪었다. 그 배경은 추자도가 남해안에 위치하는 도서 지역의 특성에 기인하는 것이라 할 수 있다. 다시 말해 도서 지역은 이주 주민들의 역사와 관련하여 혹은 그 섬을 둘러싼 주변 지역의 자원 활용 문제 등으로 인접지역에서 서로 관할권을 주장하는 일이 종종 발생하기 때문에 행정권이나 혹은 자치권이 변하기 쉬운 지역속성을 지니고 있다.

보통 행정 구역의 변화는 고문헌과 고지도, 그리고 행정 구역 변경과 관련된 국가 기록물 등을 통해 확인할 수 있으나, 오랜 시간이 흐르고 기록이 온전하게 남아 있지 않으면 해당 시기마다 정확히 파악하기가 어려울 수 있다. 추자도의 경우도 시대를 거슬러 올라가면 그러한 특성을 엿볼 수 있다.

먼저 기록을 통해 확인할 수 있는 추자도의 소속은 『고려사』(高麗史)의 기록에 따를 때 탐라현(耽羅縣)의 관할 하에 놓여 있었던 것으로 보인다. 이어서 조선시대 초기까지는 추자도가 제주목(濟州牧)의 관할 하에

19) 추자도의 행정구역 변화과정에 대해서는 오창명의 연구(오창명, 2006, 『추자도와 사수도의 역사적 고찰』(북제주군 총무과, 12-36쪽.) 및 오창명, 2007, 『제주도 마을 이름의 종합적 연구(Ⅰ)』[행정명사 · 제주시 편](제주대출판부, 396-398쪽.)을 주로 참고하였음을 밝힌다. 아울러 본고에서 미흡한 내용은 여기에 명시한 오창명의 연구에서 자세히 다루고 있으므로 참고하길 바란다.

놓여 있었거나 또는 전라도 우도(右道)의 관할 하에서 행정권이 작용했던 것으로 파악된다. 이것은 『신증동국여지승람』(新增東國輿地勝覽)의 기록에 의존하는 것이지만, 그만큼 이 기록에만 의존하는 상황에서는 시기에 따른 관할권이 분명하지 않다는 배경이 존재한다.

17C말부터 18C말까지 약 100년 동안의 추자도는 전라도 영암군에 소속되어 있었던 것으로 보이며, 18C말~19C말(특히 1880년 이전) 사이에는 전라도 영암군과 제주목 두 지역에 소속되어 있었지만, 정확하게 어느 시점에서 바뀌었는지는 분명하지 않다. 그리고 이어지는 1881~1893년(고종18~30) 사이에는 제주목으로 편입되어 소속이 분명하게 바뀌는 상황을 맞이하였고, 다음해인 1894년(고종 31)에는 다시 전라도 해남현(海南縣)으로 편입되어 소속은 바뀌게 된다. 1894년 이후부터 1914년 2월까지는 전체적으로 조선시대 행정 제도의 변화에 따라 상위 행정단위의 변화 즉, 부제(府制) 시행 및 도제(道制)의 부활에 따른 변화가 있었지만, 여전히 추자도가 완도군에 편입되어 관리되고 있었다는 사실에는 변함이 없다. 이 당시 추자군도에는 대서리(大西里), 사동(寺洞), 묵리(默里), 예초리(禮草里), 신상리(新上里), 신하리(新下里), 장작지(長作只), 횡간도(橫干島) 등 8개의 마을이 자리 잡고 있었음이 확인된다.[20] 따라서 이 시기에 이르면, 추자도에 소속된 마을은 현재의 마을(법정리 또는 자연마을)과 거의 같은 수로 확실하게 자리 잡는 상황을 보인다.

1914년 3월부터는 행정 단위(군면)의 폐합에 따라 전라남도 완도군 추자면과 보길면 내 횡간도를 병합하여 전라남도 제주군(濟州郡)으로 재 편입되며(이때 추자군도의 마을은 대서리, 영흥리, 묵리, 예초리,

20) 오창명, 2007, 『제주도 마을 이름의 종합적 연구(Ⅰ)』(행정명사 · 제주시 편), 제주대출판부, 398쪽.

〈표 2〉 추자면 행정구역의 변천사

시기 또는 연도	관련 사항	출처 및 관련 내용
고려시대	탐라현(耽羅縣) 관할 하에 놓여 있었음	『高麗史』(卷57, 志11, 地理 2, 耽羅縣)
조선시대 초기	제주목(濟州牧) 관할 하에 있었거나 전라도 우도(右道) 관할 하에 있었음	『新增東國輿地勝覽』(卷38, 濟州牧, 山川)
17C중반~18C말	전라도 영암군(靈岩郡)에 소속	『孝宗實錄』(卷15, 孝宗 6年 7月 丙午), 『備邊司謄錄』(英祖 4年 1月 27日), 『海東地圖』(靈巖郡地圖) 등
18C말~19C말 (1880년 이전)	전라도 영암군 혹은 제주목에 소속(?)	『哲宗實錄』(卷5, 哲宗 4年 11月 戊辰), 『大東地志』(濟州牧 島嶼條)
1881~1893년 (高宗 18~30)	제주목으로 편입, 소속	『高宗實錄』(卷18, 高宗 18年 8月 辛巳 /卷30, 高宗 30年 10月 丙子)
1894년(高宗 31)	전라도 해남현(海南縣)으로 편입	『高宗實錄』(卷31, 高宗 31年 2月 丁丑)
1895년(高宗 32)	부제(府制) 실시로 나주부(羅州府) 완도군(莞島郡)에 편입	나주부는 이때 신설된 부(府)임 이 당시 대서리, 사동(寺洞), 묵 리, 예초리, 신상리(新上里), 신하리(新下里), 장작지(長作只), 횡간도(横干島) 등 8개 마을이 있었음
1896년 (건양 원년)	도제(道制) 부활로 전라남도 완도군에 편입	부제 실시 및 도제 부활 등으로 행정체제가 바뀌지만, 추자도는 여전히 완도군 소속임
1914년 3월	행정구역 폐합에 따라 전라남도 완도군 추자면과 완도군 보길면 내의 횡간도(横干島)를 병합 전라남도 제주군(濟州郡)으로 편입	이 당시 대서리, 영흥리, 묵리, 예초리, 신양리, 횡간도 등 6개 마을이 있었음
1915년 5월	도제(島制) 실시에 따라 전라남도 제주도(濟州島) 추자면(楸子面)이 됨	
1946년 8월	제주도가 전라남도와 분리됨과 동시에 도제(島制)에서 도제(道制) 및 군제(郡制)가 실시되어 제주도(濟州道) 북제주군 추자면이 됨.	
1988년 1월	신양리를 신양1리와 신양2리로 분리됨	신양1리 : 신상리+신하리 신양2리 : 장작리+석두리(석지머리)
2006년 7월	제주특별자치도제 실시로 제주시에 편입되어 제주시 추자면이 됨	

(자료 : 오창명, 2006, 『추자도와 사수도의 역사적 고찰』(북제주군 총무과, 12-36쪽) 및 오창명, 2007, 『제주도 마을 이름의 종합적 연구(I)』[행정명사 · 제주시 편](제주대출판부, 396-398쪽) 등을 참고하여 재편성)

신양리, 횡간도 등 6개임), 일제강점기 이후 시기인 1946년 8월에는 제주도가 전라남도와 분리됨과 동시에 도제(道制) 및 군제(郡制)가 시행되면서 오늘날의 행정구역과 유사한 제주도(濟州道) 북제주군 추자면으로 자리 잡는다. 그리고 1988년 1월에는 하추자도의 중심마을의 하나인 신양리가 신양1리(기존의 자연마을인 신상리와 신하리)와 신양2리(기존의 자연마을인 장작리와 석두리[석지머리])로 양분되어 추자군도의 법정리는 총 6개로 변화하며, 횡간도는 상추자도의 대서리의 한 자연마을로 속하게 된다. 나아가 2006년 7월부터는 제주도가 제주특별자치도로 바뀌면서 추자면은 북제주군에서 제주시로 편입됨으로써 우도면과 더불어 도서지역이면서도 시(市) 지역에 포함되는 상황을 맞게 된다.

이상과 같이, 추자도(추자면)는 해중도라는 도서지역이 지니는 특성으로 인하여 시대의 흐름과 함께 오랜 기간 동안 전라도(영암군, 해남현 및 완도군)와 제주도(제주목, 제주군, 북제주군)로의 편입과 재편입이 거듭되는 국면을 맞으며 오늘에 이르게 되었다.

2) 인구변화의 특성

〈표 3〉은 1968~2009년까지의 추자면 인구수와 가구수 및 세대수, 성비, 연평균증가율 등을 정리한 자료이다. 이 자료를 토대로 10년 간격을 주기로 추자면 인구변화의 동향을 살펴보고, 나아가 6개(신양리가 분리되기 전에는 5개 마을) 마을별로 인구 변화상을 파악해보고자 한다. 더불어 〈표 3〉의 통계에서 확인되듯이, 추자도의 인구통계를 가능한 한 연도를 거슬러 올라가서 확보하고자 하였으나, 1968년 이전의 통계치는 일부 항목(남녀별 인구수, 세대수)이 결여된 관계로 여러 항목이 갖춰진

연도부터 통계표를 작성하여 제시하였다. 여기서 사용한 통계자료는 기본적으로 〈표 3〉에서 활용한 각 연도별 『북제주군 통계연보』(북제주군)와 최근에 제주특별자치도가 매년 발행하는 『주민등록인구통계 보고서』를 근간으로 작성하였다. 〈표 3〉에 제시된 통계의 시작연도는 1868년이지만, 그 이전에도 추자도(추자면)의 인구통계는 간헐적으로 확인된다. 가령 1925년에 3,756명, 1928년에 3,486명, 1944년에 4,538명, 1960년에 5,738명, 1966년에 6,233명 등이다. 이들 단편적인 인구통계는 시기별로 추자도의 인구변화를 설명하는데 비교치로 활용하고자 한다.

(1) 10년 주기의 인구변화

앞에 제시한 1968년 이전 추자도의 인구 통계치를 토대로 인구변화를 정리해보면, 추자도에는 일제강점기에 3,000~4,500여 명 이상이 거주하고 있었으며, 해방 이후 1960년대 중·후반까지도 인구는 지속적으로 증가하고 있었다. 1925년 인구통계를 근간으로 인구 증감률을 살펴보면, 1928년에 -7.2%, 1944년에 30.2%, 1960년에 26.4%, 1966년에 8.5%로 나타난다. 이를 비교치로 설정해놓고 1968년 추자도의 인구수 6,771명과 비교해보면 꾸준히 증가해왔음을 인정할 수 있다. 이 수치는 1966년과 비교하면, 실수(實數)로는 538명이 증가한 셈이고, 증가율로는 8.6%가 증가한 셈이다. 이러한 상황은 1960대 후반까지도 이어지면서 추자도의 인구증가가 최고조에 달하는 국면을 보인다. 이 배경에는 추자도가 일제강점기 이후 해방과 더불어 제주 4.3사건이나 한국전쟁의 영향을 덜 받은 도서지역이라는 특성과 함께 과거로부터의 전통문화인 대가족제도의 틀에서 탈피하지 못한 영향이 크게 작용한 것으로 보인다.

〈표 3〉 추자면 인구수 · 가구(세대)수 · 성비 · 연평균증가율의 연도별 변화 (1970~2009)

(단위 : 명, 가구(세대), %)

연도	남자	여자	합계	가구수 세대수	성비	가구(세대) 당 인원수	연평균 증가율
1968	3,393	3,378	6,771	1,085	100.4	6.2	-
1969	?	?	?	?	?	?	?
1970	3,381	3,280	6,661	1,129	103.1	5.9	-
1971	3,327	3,425	6,752	1,144	97.1	5.9	1.4
1972	3,382	3,333	6,715	1,131	101.5	5.9	-0.5▼
1973	3,344	3,259	6,613	1,129	102.6	5.9	-1.5▼
1974	3,243	3,143	6,386	1,145	103.2	5.8	-3.4▼
1975	3,324	3,146	6,470	1,170	105.7	5.5	1.3
1976	3,280	3,187	6,467	1,119	102.9	5.8	0.0
1977	3,296	3,280	6,576	1,175	100.5	5.6	1.7
1978	3,287	3,172	6,459	1,183	103.6	5.5	-1.8▼
1979	3,272	3,220	6,492	1,185	101.6	5.5	0.5
1980	3,251	3,060	6,311	1,178	106.2	5.4	-0.6▼
1981	3,153	3,032	6,185	1,157	104.0	5.3	-2.0▼
1982	3,002	2,980	5,982	1,169	100.7	5.1	-3.2▼
1983	2,911	2,779	5,690	1,172	104.7	4.9	-4.9▼
1984	2,840	2,710	5,550	1,181	104.8	4.7	-2.5▼
1985	2,796	2,640	5,436	1,173	105.9	4.6	-2.1▼
1986	2,674	2,624	5,298	1,140	101.9	4.6	-2.5▼
1987	2,647	2,614	5,261	1,125	101.3	4.7	-0.7▼
1988	2,667	2,558	5,225	1,118	104.3	4.7	-0.7▼
1989	2,672	2,536	5,208	1,113	105.4	4.7	-0.3▼
1990	2,524	2,376	4,900	1,116	106.2	4.4	-5.9▼
1991	1,965	1,916	3,883	1,037	102.6	3.7	-20.8▼
1992	1,833	1,837	3,670	1,013	99.8	3.6	-5.5▼
1993	1,769	1,795	3,564	1,007	98.6	3.5	-2.9▼
1994	1,708	1,738	3,446	1,009	98.3	3.4	-3.3▼
1995	1,654	1,681	3,335	1,007	98.4	3.3	-3.2▼

1996	1,642	1,642	3,284	1,054	100.0	3.1	−1.5▼
1997	1,691	1,613	3,304	1,106	104.8	3.0	0.6
1998	1,852	1,650	3,502	1,253	112.2	2.8	6.0
1999	1,861	1,598	3,459	1,355	116.5	2.6	−1.2▼
2000	1,769	1,516	3,285	1,277	116.7	2.6	−5.0▼
2001	1,719	1,495	3,214	1,305	115.0	2.5	−2.2▼
2002	1,827	1,555	3,382	1,400	117.5	2.4	5.2
2003	1,892	1,669	3,561	1,467	113.4	2.4	5.3
2004	1,733	1,475	3,208	1,415	117.5	2.3	−9.9▼
2005	1,566	1,324	2,890	1,288	118.3	2.2	−9.9▼
2006	1,665	1,358	3,023	1,331	122.6	2.3	4.6
2007	1,774	1,310	3,084	1,393	135.4	2.2	2.0
2008	1,748	1,260	3,008	1,348	138.7	2.2	−2.5▼
2009	1,646	1,186	2,832	1,266	138.8	2.2	−5.9▼

(주 : 1968~1991년까지는 가구수, 1992~2009년까지는 세대수임. ▼는 감소율)
(자료 : 북제주군, 1968~2005, 『각연도 북제주군 통계연보』, 제주특별자치도, 2006~2009, 『주민등록인구통계 보고서』 등에 의해 필자 작성)

1970년대로 돌입하면서 추자도 인구는 다소 감소하는 경향을 보인다. 그러나 이 시기까지만 해도 추자도는 중심부로부터 멀리 떨어진 도서 지역이라는 특성 때문에, 한국 사회가 경제 도약의 기틀을 다져나가는 상황속에서도 인구 감소의 영향은 덜 미친 결과로 해석할 수 있다. 1970년의 추자도 인구는 1960년대 후반보다는 110여 명 정도가 감소했지만, 일제강점기(1925년, 1928년 1944년)나 1960년대 초의 인구에 비하면 6,000명 이상의 높은 인구를 점유하는 상황이 지속되었다. 이 점은 1970년대 중반인 1975년 시점의 인구와 1970년대가 끝나는 1979년 시점의 추자도 인구가 각각 6,470명과 6,492명으로 이어진다는 사실을 감안할 때 연도별로 다소의 증감은 보이지만, 1970년대는 추자도 인구가 가장 높은 증가를 보인 시기라 할 수 있다. 1970년대의 연평균 인구증가율을 보면, 대략 1.7(1977년)~-3.4%(1974년) 사이를 오가는 수준으로, 전체적으로 볼 때 큰 폭의 증감률은 나타나지 않는다.

1980년대 추자도 인구는 감소 일변도의 길을 걷는 상황이다. 1980년 6,311명이던 인구는 1982년부터 5,982명으로 감소하면서, 드디어 6,000명 선 밑으로 떨어지기 시작하였고 이어서 1985년에는 5,436명, 1989년에는 5,208명으로 약 10년 사이에 1,103명(감소율은 -17.5%)이나 감소하는 상황을 맞았다. 연평균 인구증가율은 -0.6(1980년)~-4.9%(1983년) 사이를 보이는데, 10년간 감소율의 평균치는 -1.95%로 확인된다.

그러나 1980년대만 하더라도 이전까지의 높은 인구밀도를 고려한다면, 감소율은 그나마 납득할만한 수준이라 할 수 있을 것 같다. 특히 1980년대에 들어선 이후는 한국경제가 도약기에 접어들면서 한국내의 많은 농어촌지역과 도서지역은 서울이나 부산, 대구, 광주 등 대도시나 지방의 중소도시로 인구가 썰물처럼 빠져나가는 혹독한 시련을 겪었다. 따라서 추자도의 경우도 결코 그러한 구조 속에서 예외가 될 수 없는 지역으로 부각된 것이다. 그러기에 불편한 섬 생활에서 탈피하고자 하는 가정이나 더 좋은 일자리를 희망하는 남녀 젊은 층, 그리고 상급 학교로 진학을 꿈꾸는 학령 인구층의 유출이 많이 이루어졌다고 볼 수 있다. 이 시기의 가구당 가족수도 5.4명(1980년)에서 4.7명으로 이전 시기보다도 많이 낮아지면서 인구 증가는 한층 더 기대하기 어려운 상황에 처하게 되었다.

1990년대에는 추자도의 인구 변화에 주목할 만한 변화가 나타났다. 가장 먼저 부각되는 것은 1990년대에 이르러 추자도 인구가 5,000명 선은 물론이고 4,000명 선 이하로 급감했다는 사실이다. 1990년 인구는 4,900명으로, 1980년대를 지나면서 5,000명 선이 이미 무너졌고 다시 얼마 지나지 않은 1991년에는 4,000명 선도 무너지는 상황을 맞게 되었다. 이처럼 1990년대는 추자도의 인구감소 현상이 매우 심각하게 진행된 시기라 지적할 수 있다.

이 점은 연평균증가율(-3.77%)로도 확인할 수 있는데, 1970~2009년까지 10년 주기의 기간 중 인구감소율은 가장 높게 나타난다. 1990년대 추자도의 인구는 최저 3,284(1996년)명에서 최고 4,900명(1990년) 선을 유지하는 가운데 해마다 많은 사람들이 추자섬 밖으로 상급 학교로의 진학이나 도시지역에서의 일자리 찾기 또는 더 좋은 생활환경을 찾아 떠난 것이다. 그런 반면에, 추자도 내에서는 어선어업에 종사할 노동력이 절대적으로 부족한 환경이 되어 어업생산 활동에 많은 지장을 초래하게 되었다.[21]

2000년대에도 전체적인 추자도의 인구는 1990년대에 지속되던 감소 현상이 그대로 이어지는 국면이다. 그러나 한편으로는 〈표 3〉에서 확인할 수 있듯이, 인구감소가 진행되다가 증가로 전환되는 해(年)가 연속적으로 나타나기도 한다. 이와 같은 현상은 이미 1990년대 후반(1997~1998년)에도 일시적이나마 확인된다. 이러한 상황은 2000년 이후에 일시적으로 세대수가 증가하거나 혹은 감소하더라도, 1990년대의 특정시점보다는 증가하고 있다는 사실에서 더욱 더 의문을 갖게 한다. 앞에서 지적한 것처럼, 이것은 어선어업에 종사할 남성 노동력이 일시적으로 외부에서 유입된 배경을 가지고 있기 때문이며, 동시에 일부 가정에서는 국제결혼으로 인한 외국인 며느리들의 유입도 한몫을 하고 있기 때문이다.

2000년대를 시작하는 해의 추자도 인구는 3,285명이지만 끝나는 시점인 2009년의 인구는 2,832명이다. 따라서 10년 동안의 인구감소는 450여 명 이상으로 나타났으며, 이에 따라 세대 당 가족수도 2.6명에서

21) 정광중 · 강만익, 2003, 앞 논문, 80-81쪽.

2.2명으로 떨어졌다. 결과적으로 추자도의 인구문제는 수산업을 주업으로 삼는 많은 어가의 문제뿐만 아니라 점진적으로 지역산업의 기반조차 뒤흔드는 단계에까지 확산되며 뿌리내리는 상황을 맞았다. 같은 시기의 인구감소율은 평균 -1.83명을 기록하며 1980년대와 거의 비슷한 수준을 보이고 있다. 특히 2005년을 전후한 시점부터는 외국인(중국 및 인도네시아) 어업노동자들이 지속적으로 유입되고 있다. 이러한 상황은 추자도 어업노동력의 부분적 해소라는 긍정적인 측면의 의미를 던져주지만, 주민과 외국의 유입노동자 또는 국적을 달리하는 유입노동자들 사이의 심각한 갈등이 사회문제로 표출되는 부정적 측면의 의미도 던져주고 있다.

현실적으로 추자도의 인구감소 문제는 매우 심각할 정도의 위기적 상황이라 말할 수 있다. 다시 말해 추자도의 기간산업인 연·근해 어업의 노동력 부족현상으로 이어지고 있음은 물론, 세대나 가구단위로 보면 어업 후계자의 부족문제, 새로 유입되는 노동자와 선주(船主) 간 계약기간에 따른 급료문제와 주거문제, 일상생활에서 섬 주민들과의 갈등문제 등 다양한 사회문제로 번지는 사례가 빈번해지고 있다는 것이다. 이러한 상황을 고려해 볼 때, 앞으로 추자도의 인구감소 문제는 대안 책을 마련하는 과정에서 다양한 사회문제의 해결이라는 대전제 하에서 고민할 필요가 있다고 하겠다.

(2) 마을 단위의 인구변화

여기서는 앞에서 추자도의 10년 주기 인구변화의 특징과 결부시켜 거의 동일하게 나눈 10년 단위(4개 시점) 마을의 인구변화가 어떠했는지를 살펴보고자 한다. 먼저 [그림 8]에서 보는 1979년 시점의 마을별 인구분포를 보자.

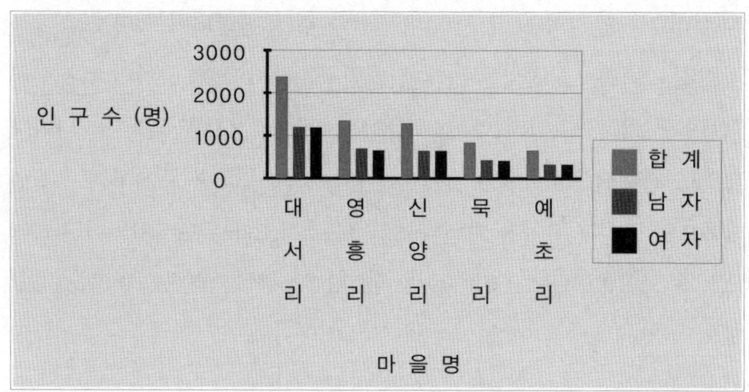

[그림 8] 1979년 시점에서 본 추자면 소속 마을별 인구분포
(자료 : 북제주군, 1980, 『제20회 통계연보』, 14쪽에 의해 필자 작성)

1979년 시점에서는 추자면 전체인구 6,492명 중 대서리가 2,376명(36.6%)이 점유하여 수위를 차지하고, 이어서 영흥리 1,345명(20.7%), 신양리 1,284명(19.8%), 묵리 835명(12.9%), 예초리 652명(10.6%) 순으로 마을별 순위가 나타난다. 그러나 일제강점기인 1928년 통계에서는 추자도의 전체인구 3,486명 중 신양리가 910명(26.1%)으로 수위의 자리를 차지하고 있었으며, 대서리는 835명(24.0%)으로 그 뒤를 잇고 있었다.[22] 그리고 1968년 통계에서는 전체인구 6,771명 중 대서리가 2,280명(33.7%)으로 신양리를 제치고 수위의 자리를 차지하고 있었다. 이러한 인구변화를 가져오게 된 배경에는 1919년까지도 추자도의 행정기능을 담당하던 진소(鎭所)가 영흥리에서 대서리로 옮겨졌고, 동시에 일본인들이 각종 수산물을 채취하기 위해 현재의 추자항 주변으로 이주해 왔으며,[23] 또한 1925년에는 추자초등학교의 개교, 1954년에는 추자면사무소의 설치

22) 善生永助, 1929, 『調査資料 第二十九輯 生活狀態調査(其二) 濟州島』, 朝鮮總督府, 111쪽.(홍성목 역, 2002, 『調査資料 第29輯 濟州島生活狀態調査)』, 제주시우당도서관, 93쪽.)

23) 추자도지편찬추진위원회, 1999, 『楸子島』, 48쪽, 79쪽.

(대서리) 등 당시 중요한 사회적 변화와 깊게 관련되어 있다.

한편, 1979년 시점의 추자도 전체인구는 상위 행정구역인 북제주군 전체인구(123,330명)의 약 5.3%를 점유하는 것으로 확인되며, 나아가 제주도 전체인구(456,988명)에서는 1.4%로, 7읍 5면 중에서는 우도면 다음으로 낮은 점유율을 보인다. 그러나 추자도라는 도서지역의 지리적 특성과 섬의 면적을 고려해 볼 때, 1979년 시점의 추자도 인구는 결코 낮은 수치라 할 수 없다.

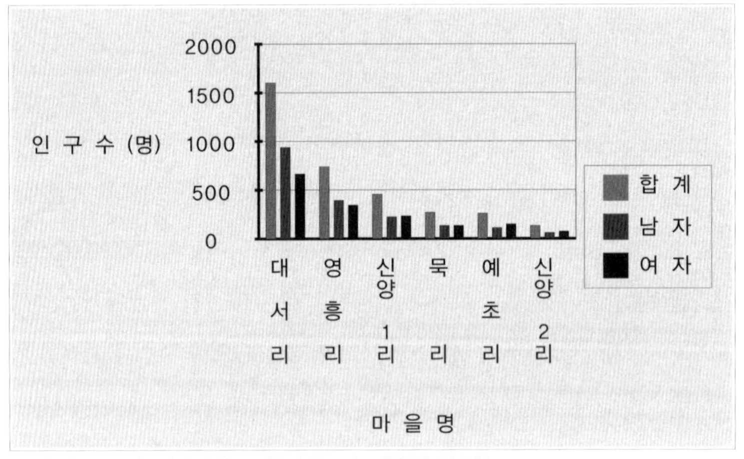

[그림 9] 1989년 시점에서 본 추자면 소속 마을별 인구분포
(자료 : 북제주군, 1990, 『제30회 통계연보』, 58쪽에 의해 필자 작성)

[그림 9]에서는 1989년 시점의 마을별 인구분포를 확인할 수 있다. 이 시점에서도 추자도 내에서는 대서리가 2,142명이 거주함으로써 6개 마을 중에서는 확고한 수위의 자리를 굳히고 있다. 이 시점에서는 신양리가 신양1리와 신양2리로 분화됨(1988년)으로써 인구통계도 양분되어 나타나지만, 마을별 인구 순위에서 위치 변동은 없다. 단지 신양리가 양분되는 가운데 신양2리가 인구규모가 가장 작은 마을로 등장할 뿐이다. 마을별 인구 순위는 대서리(41.2%)－영흥리(20.3%)－신양1리(15.2%)

– 묵리(10.7%) – 예초리(7.9%) – 신양2리(4.7%) 순이다. 이 결과를 토대로 상추자도(대서리와 영흥리)와 하추자도의 인구비율을 비교해 보면, 상추자도가 61.5%, 하추자도가 38.5%로 상추자도에 거주하는 인구가 압도적으로 높게 나타난다. 이러한 추자도 인구분포의 불균형 현상은 상추자도에 최대 항만인 추자항이 입지해 있고,[24] 더불어 추자면의 행정 · 문화 · 경제활동의 기능 유지에 필요한 면사무소를 비롯하여 수협 및 우체국, 초등학교, 해군부대 등 주요 시설들이 대거 입지한 결과로써 파급효과가 크기 때문인 것으로 해석된다.[25]

이어서 마을별 성별인구의 차이를 보자. 6개 마을의 성비(性比)는 105.4로 나타나는데, 마을별로는 묵리가 118.3, 대서리가 112.5, 영흥리가 104.4로 남성인구가 많으며, 나머지 마을은 예초리 85.1, 신양1리 94.3, 신양2리 96.8 순으로 여성인구가 높은 것으로 확인된다. 이처럼 묵리, 대서리 및 영흥리가 남성인구가 높게 나타나는 배경은 각 마을의 특수한 상황(여성 고령자의 다소)이 작용할 수도 있겠지만, 기본적으로는 어업 생산 활동이 활발한 실태가 반영되어 남성 노동자들이 상대적으로 많이 유입된 것으로 해석할 수 있다.

1999년 시점의 마을별 인구는 상대적인 비교치에서 1989년에 비해 크게 감소한 가운데, 인구 순위에서는 여전히 대서리(1,602명) – 영흥리(738명) – 신양1리(457명) – 묵리(269명) – 예초리(260명) – 신양2리(133명) 순으로 이어진다(그림 10). 이 중 상추자도의 대서리와 영흥리의 인

24) 제주특별자치도가 발행한『2010년도 해양수산현황』에 따르면, 상추자도에 위치하는 추자항은 제주항을 시작으로 서귀포항, 한림항, 애월항, 성산포항, 화순항 등과 같이 제주도내 7대 항만(연안항, 제주특별자치도지사가 관리)에 속하고, 하추자도에 있는 신양항은 김녕항 및 도두항과 같이 어항(국가항, 제주시장이 관리)에 속하여 2개의 항구는 격(格)이 다른 것으로 확인된다(제주특별자치도, 2010,『2010년도 해양수산현황』, 74쪽).

25) 정광중 · 강만익, 2003, 앞 논문, 48쪽.

구비율은 각각 46.3%와 21.3%로 10년 전에 비해 각각 5.1%와 1.0%가 높아진 반면, 신양1리를 비롯한 묵리, 예초리 및 신양2리의 인구비율은 상대적으로 0.4%~2.9%까지 하락하는 경향을 보인다.

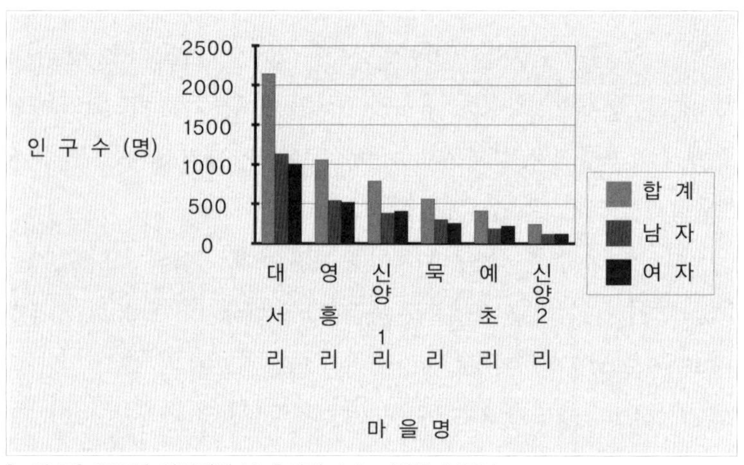

[그림 10] 1999년 시점에서 본 추자면 소속 마을별 인구분포
(자료 : 북제주군, 2000, 『제40회 통계연보』, 69쪽에 의해 필자 작성)

이러한 현상은 앞에서 정리한 것처럼, 어업 생산 활동이 활발한 마을인 경우는 상대적으로 어업노동에 종사하는 남성 노동자들의 유입이 확대된 반면, 그렇지 못한 마을의 경우는 유입인구도 적어 결과적으로는 거주인구도 상대적으로 낮은 것으로 풀이된다. 이점은 마을의 성비에서도 재차 확인된다. 즉 어업 생산 활동이 활발한 대서리와 영흥리의 성비는 각각 141.3과 114.5로 남성인구의 비율이 압도적으로 높게 나타나는데 반해, 상대적으로 활발하지 못한 예초리(74.5)를 비롯 신양2리(성비 82.2), 신양1리(96.1) 및 묵리(99.3) 등 4개 마을은 성비에서도 여성인구가 높게 나타나는 결과를 보이고 있다. 따라서 요약하면, 이 시기에는 섬 밖에서 추자도내로 유입되는 어업 노동자들은 대부분이 남성이며, 주로 상추자도의 대서리와 영흥리로 많이 유입되었다고 말할 수 있다.

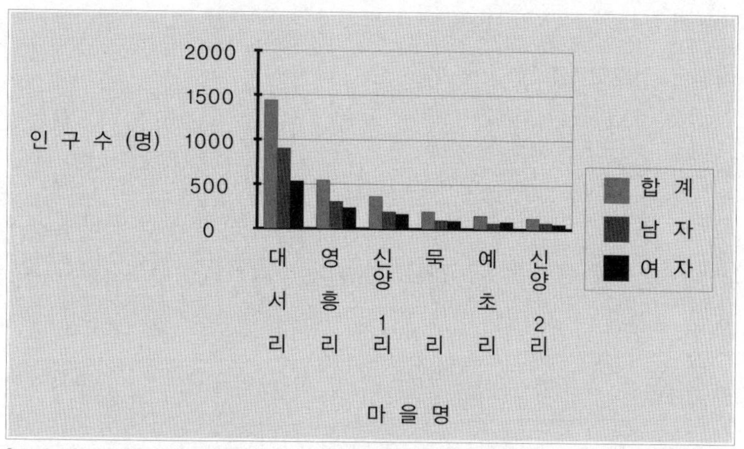

[그림 11] 2009년 시점에서 본 추자면 소속 마을별 인구분포
(자료 : 제주특별자치도, 2009, 『2009년도 주민등록인구통계 보고서』, 25쪽에 의해 필자 작성)

2009년 시점의 추자도의 인구 순위도 1989년 시점과 동일하게 대서리(1,440명)－영흥리(548명)－신양1리(367명)－묵리(198명)－예초리(152명)－신양2리(127명) 순으로 변동은 나타나지 않는다(그림 11). 그러나 마을별 인구감소율은 전체적으로 심각한 수준으로 치닫고 있음이 확인된다. 이 점은 1979년 시점을 기준(100%)으로 4개 시점(1979년－1989년－1999년－2009년)의 마을별 인구감소율을 정리해보면 한층 더 쉽게 이해할 수 있다. 대서리의 인구감소율은 100%(1979년)－90.2%(1989년)－67.4%(1999년)－60.6%(2009년), 영흥리는 100%－78.8%－54.9%－40.7%, 묵리는 100%－67.2%－32.2%－23.7%, 신양리[26]는 100%－80.6%－23.8%－17.6%, 예초리는 100%－63.0%－39.9%－23.3%로 파악된다. 따라서 상대적으로 대서리와 영흥리는 다른 3개 마을에 비해 인구감소율이 낮게 나타나는 것으로 이해할 수 있으며 묵리, 신양리 및

26) 신양리는 기준 시점인 1979년에는 2개의 마을로 구분되기 이전이기 때문에 1989년 이후 세 시점의 감소율은 신양1리와 2리의 인구를 합산하여 산출하였다.

예초리 등 3개 마을은 그야말로 기본적인 어업 생산 활동의 현상유지가 어려울 정도로 심각한 감소율을 보이고 있다.

이러한 관점에서 보면, 앞으로 추자도 전체는 물론이고 마을별로도 인구감소에 따른 어업기반이 매우 어려운 국면으로 치달을 수 있음을 인지할 수 있다. 그나마 한 가지 위안이 되는 점은 2009년 시점에서 볼 때 예초리를 제외하면, 대서리를 비롯한 5개 마을에서 남성인구의 비율이 모두 높게 나타난다는 사실이다.[27] 이러한 사실은 1999년 시점과 비교해 볼 때, 묵리를 포함한 신양1리 및 신양2리에서도 어업 종사자인 남성 노동력이 유입되고 있다는 사실을 의미한다.

특히 2000년대 중후반으로 들어오면서 어업 노동자들은 한국인에서 외국인으로 변화하는 양상을 보인다는 점에서 주목된다. 2005년을 전후한 시점에서는 주로 중국인(주로 조선족 출신 남성)이 차지하다가 점차 인도네시아인들이 그 자리를 넘겨받는 양상으로 바뀌게 되었다.[28] 이 과정에서 이들 사이의 알력과 갈등문제가 조용한 도서 어촌인 추자도의 새로운 사회문제로 부각되고 있다.

27) 2009년 시점의 성비는 대서리가 168.2, 영흥리가 128.3, 묵리가 104.1, 신양1리가 114.6, 신양2리가 130.9로 파악되며, 예초리는 76.7로 여전히 여성인구가 높게 나타난다.

28) 추자도로 유입되는 중국인과 인도네시아인의 통계수치는 현시점에서 정확히 파악할 수 없다. 그러나 제주도 내로 유입되는 인도네시아인의 통계는 추자도가 속해 있던 과거 북제주군이나 최근 제주시로의 증가가 확연히 눈에 띄는 것이 사실이다. 예를 들면, 제주특별자치도가 발행한 해당연도의 『주민등록인구통계 보고서』에 따르면, 인도네시아인은 2004년 총 97명(남자) 중 58명(60.0%)이 북제주군으로 유입되었으며, 2007년에는 252명 중 224(88.9%)명이, 또 2009년에는 376명 중 293명(77.9%)이 제주시로 유입된 것으로 나타난다.

(3) 5세 계급별 인구구성과 시기별 변화

〈표 4〉를 토대로 추자면 인구를 5세 계급별 구성 특징과 1980년, 1995년, 2009년도 등 세 시점의 시기별 변화를 검토해 보고자 한다. 먼저 1980년 시점의 5세 계급별 인구를 살펴보면, 5~9세가 943명(15.0%)으로 가장 높고, 이어서 10~14세가 908명(14.4%), 0~4세가 751명(11.9%)으로 상위의 5세 계급별 연령층으로 나타난다. 이들 3개 계급별 연령층의 인구는 2,062명 41.3%로, 향후 추자도의 인구구성에서 실질적 효과를 고려하는 관점에서는 아주 밝은 전망을 보인다. 그러나 현실적으로 15년이 경과한 1995년 시점에서 보면, 추자도의 인구구성에서 실질적인 도움은 42.1% 정도에 그치는 것으로 확인된다.[29] 즉 1980년 상위 3개 계급별 연령층 인구구성 비율은 41.3%였는데 이들이 15년 후에 성장한 계급별 연령층(15~29세)의 인구구성 비율은 17.4%로 떨어진다. 다시 말해, 해당 연령층이 성장하면서 추자도 밖의 도시지역으로 상급학교로의 진학이나 구직 등을 위해 떠났음을 시사한다.

1980년 경제활동인구인 15~64세까지는 3,455명의 54.8%를 차지한다(표 5). 이들 경제활동인구의 5세 계급별 연령층에서는 15~19세가 576명(9.1%)으로 가장 높게 나타나고 이어서 20~24세가 557명(8.8%), 25~29세가 406명(6.4%), 40~44세가 357명(5.7%), 30~34세가 353명(5.6%) 등으로 나타난다. 따라서 이들 계급별 연령층은 추자도의 어업기반을 떠받치는 인적 자원이라 할 수 있다. 그리고 1980년 시점의 65세 이상 노년층은 3.9%로 아주 낮게 나타난다.

29) 간단하게 1980년 시점의 3개 계급별 연령층(0~4세, 5~9세, 10~14세)의 인구비율 41.3%를 100%로 설정할 때, 15년 후 이들 계급별 연령층이 그대로 성장했다고 가정하는 1995년 시점의 3개 계급별 연령층(15~19세, 20~24세, 25~29세)의 인구 비율인 17.4%는 간단한 식에 의해 42.1%라는 결과가 나온다.

〈표 4〉 추자면의 연령별(5세 계급) 인구수의 시기별 변화

연도 / 연령	1980년(명)			1995년(명)			2009년(명)		
	남 자	여 자	합 계	남 자	여 자	합 계	남 자	여 자	합 계
0~4세	383	368	751	91	79	170	41	38	79
5~9세	510	433	943	82	84	166	30	52	82
10~14세	462	446	908	150	141	291	58	45	103
15~19세	325	251	576	58	39	97	58	48	106
20~24세	347	210	557	141	69	210	96	50	146
25~29세	216	190	406	133	81	214	104	79	183
30~34세	207	146	353	127	99	226	113	71	184
35~39세	147	170	317	134	114	248	153	60	213
40~44세	180	177	357	106	96	202	130	66	196
45~49세	139	147	286	128	87	215	116	70	186
50~54세	120	150	270	83	96	179	112	87	199
55~59세	94	119	213	112	120	232	87	81	168
60~64세	44	76	120	78	107	185	94	82	176
65~69세	29	53	82	51	91	142	62	94	156
70~74세	29	53	82	35	68	103	61	101	162
75~79세	7	28	35	18	37	55	35	69	104
80세 이상	8	37	45	3	48	51	24	82	106
합 계	3,247	3,054	6,301	1,530	1,456	2,986	1,374	1,175	2,549

(주 : 1980년과 1995년 통계치는 해당연도에 실시한 『인구 주택 총조사』 또는 『인구주택총조사』 결과이므로, 시군에서 발행하는 『통계연보』와 『주민등록인구통계 보고서』 결과와는 다소 오차가 있음에 유의해야 하며, 아울러 2009년 통계에는 외국인 238명이 제외돼 있음.)

(자료: ① 경제계획원조사통계국, 1982, 『1980 인구 및 주택센서스보고』(제주도편), 37쪽.
② 통계청 홈페이지(인구주택총조사 결과([제주도 추자도 편]).
③ 제주특별자치도, 2009, 『2009년도 주민등록인구통계 보고서』, 39-66쪽.)

〈표 5〉 시기별 주요 경제활동인구와 비율

구 분	1980년(명, %)		1995년(명, %)		2009년(명, %)	
	인구수	비 율	인구수	비 율	인구수	비 율
15세 미만 인구수	2,602	41.3	627	21.0	264	10.4
15~64세 인구수	3,455	54.8	2,008	67.2	1,757	68.9
65세 이상 인구수	244	3.9	351	11.8	528	20.7
합 계	6,301	100.0	2,986	100.0	2,549	100.0

(자료 : 〈표 4〉에 의거 필자 작성)

1995년에는 10~14세 연령층이 291명 9.7%로 가장 높고, 이어서 35~39세가 248명 8.3%로 2위, 55~59세가 232명 7.8%로 3위, 30~34세가 226명 7.6%로 4위, 45~50세가 215명 7.2%로, 상위 5개 계급별 연령층으로 확인된다. 따라서 10~14세 연령층을 제외하면, 4개 계급별 연령층이 모두 생산활동에 참여하는 경제활동인구라는 점에서 긍정적인 평가가 가능하다. 1995년의 경제활동인구는 67.2%로 1980년과 비교해 볼 때 12.4%나 높아졌다. 말하자면 추자도 어업 생산 활동이 상대적으로 활발한 상황을 맞이할 수 있는 좋은 조건을 갖추었다고 지적할 수 있다. 그리고 65세 이상 노년층의 인구비율은 11.8%로, 1980년과 비교하면 7.9%나 높아졌다. 이러한 사실은 노년층을 부양하기 위한 사회적 비용 지출도 그 만큼 높아졌다는 것을 의미한다.

2009년 시점에서는 35~39세가 213명 8.6%로 1위, 50~54세가 199명 7.8%로 2위, 40~44세가 196명 7.7%로 3위, 45~49세가 186명 7.3%로 4위 그리고 30~34세가 184명 7.2%로 5위 등 상위 5개 계급별 연령층이 모두 경제활동인구로 나타난다. 따라서 2009년 시점에서는 생산활동 연령층이 한층 더 확대됨으로써 어업활동 종사자들의 구성비는 최고조에 이른다. 이처럼 경제활동인구의 비율은 1995년 67.2%에서 2009년 68.9%로 다소 높아진 것이 사실이지만, 다른 한편에서는 추자도의 전체인구가 크게 감소하여 어업 노동자의 부족을 가져오는 국면을 맞았다. 동시에, 65세 이상 노년층 인구도 1995년 11.8%에서 2009년 20.7%로 크게 높아져 추자도는 이른바 고령사회를 바로 눈앞에 두게 되었다. 결과적으로 추자도는 상대적으로 고령층 인구가 증가한 반면, 현실적으로 어렵고 힘든 어업 생산 활동에 참여하는 연령층은 점차 감소로 이어지고 있다. 경제활동인구의 증가는 1980년과 2009년 수치를 비교해 볼 때 다소 긍정적인 평가도 가능하겠지만, 전체인구의 감소나 노년층 인구의 증가는 어업 노동자들의 감소를 불러오는 한편, 노년층의 사회복지나 기초 생활권 보장 등 여러 가지 사회문제가 복합적으로 어우러지면서 해당 행정기관과 추자도민들에게는 중층적인 고민거리가 되고 있는 것도 사실이다.

4. 맺음말

행정구역상 제주특별자치도에 속하는 추자도는 제주도 본토가 관광에 올인 하는 지역처럼, 오로지 관광을 위한 섬 지역은 아니다. 이 표현에는 복합적인 의미가 담겨 있다. 추자도가 다른 관광지역처럼 자원경관이 떨어진다거나 관광자원이 부족하다는 의미는 결코 아니다. 분명한 사실은, 지금 현재도 많은 방문객들이 추자도의 청정수역을 그리워하며 낚시를 하고 싶어 하거나 오염에 찌들지 않은 추자도의 자연을 찾아서 방문한다는 사실이다.

그렇지만 추자도가 관광의 섬이라 자타가 공인하기엔 현실적으로 높은 장벽을 지니고 있는 것도 사실이다. 그것은 다름 아닌 추자도가 지리적인 특성 중 하나인 위치적 요인이 크게 작용하고 있기 때문이다. 말하자면 마음만 먹으면 누구나가 쉽게 접근할 수 있는 섬(해중도)이 아니라는 사실이다. 따라서 추자도는 앞으로도 접근도(接近度)를 높이는 묘안이 확립되기 전까지는 그러한 이미지에서 벗어나기가 어렵다. 이점은 추자도가 처해있는 분명한 현실이다.

이런 상황 속에서도 추자도를 전국적으로 청정지역의 이미지를 높이면서 추자도를 방문 혹은 탐방하는 사람들을 늘리기 위해서는 추자도의 자연 · 역사 · 문화는 물론이고, 주민들의 일상생활을 널리 알리는 작업을 기회가 있을 때마다 행해야 한다는 사실이다. 이번에 추자도를 알릴 수 있는 단행본을 만드는 과정은 바로 그러한 단계를 밟아가는 과정중 하나라고 생각된다. 추자도의 방문을 앞둔 사람들은 추자도의 실상을 구체적으로 이해할 필요가 있다. 그것은 아는 만큼 보이기 때문이며, 실상을 알기 위해서는 지적 호기심을 채울 수 있는 적절한 매개체가 필요하다고 하겠다.

이어서, 지역 지리적 관점에서 검토 · 분석한 추자도의 지리적 환경 특성은 다음과 같이 몇 가지로 요약할 수 있다.

첫째로, 추자도는 남해안에 위치하는 해중도, 즉 한반도의 남해안과 제주도 본토 사이에 위치하는 청정수역을 지닌 해중도라는 사실이다. 따라서 거리적으로는 주변부의 육지와 멀리 떨어진 특성을 지닌다. 그렇기 때문에, 비교적 자연(삼림과 산지사면 및 해안)이 잘 남아있고 주민들의 생활풍습도 주변부의 다른 섬지역과는 차별적인 특징을 지니고 있다. 이러한 특징은 제3자의 입장에서 보면, 물리적인 거리가 가져다주는 예상외의 선물이라 할 수 있다.

둘째로, 주민들은 농업을 주업으로 삼는 경우는 거의 없고, 주로 어업

활동에 의존하여 생계를 꾸리고 있다는 점이다. 농경지로서 밭은 주택가나 산기슭 주변에 분포하지만, 주민들은 주로 자가 소비용 채소류를 재배하는 정도에 그치며, 대부분의 주민들은 연승어업(延繩), 자망(刺網) 및 유자망(流刺網)어업, 들망(걸그물)어업, 통발(문어단지)어업에 의존하여 고등어, 조기, 삼치, 옥돔, 갈치, 방어, 쥐치, 문어, 멸치 등으로 생계를 꾸려나가고 있다.[30]

셋째로, 추자도는 행정구역으로 볼 때 전라도와 제주도 사이를 오가며 편입되기를 반복하여 주민구성이나 언어 및 생활풍습 등에서 볼 때 전라도와 제주도의 특성을 동시에 지닌 섬 지역이라는 사실이다. 물론, 전체적으로 볼 때는 주민들 대부분이 선조(先祖) 대부터 영암, 밀양, 완도, 해남, 강진 등 전라도로부터 이주한 후손들이기 때문에 언어나 다양한 생활풍습 등에서 전라도의 영향이 강하게 남아있는 것이 사실이다. 그러나 추자도가 1914년 이후 제주도에 재 편입되면서부터는 제주도 본토의 영향도 적지 않게 받고 있다.

마지막으로 넷째로는, 오늘날 추자도는 인구감소가 심각하게 진행된 결과 기간산업인 어업 생산 활동의 유지는 물론 섬지역의 역사와 문화 전승에도 많은 문제를 야기하는 지역으로 변화하고 있다는 점이다. 현 시점에서 추자도의 인구를 1970년대 초와 비교해 보면 2.5배에 가까운 수치로 감소했으며, 그로 인해 섬 밖에서부터 많은 남성 어업 노동자들이 유입되고 있는 상황이다. 마을 단위로 보면 묵리, 신양리(1리와 2리), 예초리 등 하추자도에 위치하는 마을들이 큰 위기를 맞고 있는 것으로 확인된다. 특히 어업노동력은 남성 노동력을 필요로 하기 때문에 2005년을 전후한 시기부터는 한국인보다도 중국인(조선족)과 인도네시아인이 증가하고 있으며, 나아가 이들의 유입은 도서지방의 새로운 사회문

30) 정광중 · 강만익, 2003, 앞 논문, 63-79쪽.

제를 만들어내는 단초가 되고 있다. 따라서 앞으로 추자도는 이들의 유입으로 인한 새로운 고민거리를 해결하는 동시에 어업노동력의 안정적 확보라는 과제를 부여받고 있다.

정희종

과거와 현재, 섬 문화의 변화

정희종

1. 머리말

7월의 어느 날, 바다안개가 자욱하게 끼어 있는 추자항은 어선들로 가득 차 있다. 어업전진기지로서의 위상을 말해 주기나 하는 듯이 300여 척의 어선들이 추자항을 가득 메우고 있어서 그 위용이 대단하다. 6월부터 8월까지는 조기를 잡지 않는 휴어기이다. 그래서 추자도 어선들이 모두 들어와서 휴식을 취하고 있다. 짙은 안개가 온 바다를 지배하고 있는 속에서 추자 등대가 아무 것도 보이지 않는 바다를 향하여 경보음을 울리고 있다. 규칙적으로 울리는 소리는 마치 바다를 지배하고 있는 용왕이 안개 속에 갇혀 있는 섬 속에 있는 인간들에게 메아리로 말하는 것처럼 들려온다.

추자도는 하나의 섬이 아니라 42개의 섬이 모여 있는 군도이다. 이 중에 가장 큰 두 개의 섬인 상추자와 하추자를 추자도라고 생각하게 된다. 둘이면서 하나인 섬이다. 현재는 연육교로 연결되어 있으며 서로 같이 역사를 공유하고, 서로 경쟁하며 살아 온 섬이다. 이 글에서 사용하는 추자도라는 용어 역시 상추자와 하추자를 하나로 묶은 용어이다.

둘이면서 하나로 연결되어 같이 역사를 만들어 온 추자도를 짧은 글로 정리하는 것은 쉽지 않은 일이다. 이 글은 조선 후기부터 현대까지 추자도의 변화상을 최대한 묘사하고자 하였다. 하지만 자료와 조사의 부족으로 생업 및 인구와 문화를 중심으로 추자도의 변화를 살펴보는 수준에 머무를 수밖에 없었다.

2. 마을의 형성과 생업

추자도에 언제부터 사람들이 살았는가에 대하여는 삼국시대부터라고 추정하고 있다. 하지만 기록에 의하면 고려시대 말부터 조선시대 초기에 추자도는 왜구의 침입에 시달리는 섬이었다. 왜구의 침략이 지속되자 조선 정부는 주민들을 다른 지역으로 이주시켰으며, 추자도는 한동안 무인도가 되었다. 추정하기로는 조선 중기 이후부터 다시 사람들이 들어가서 살기 시작한 것으로 보인다. 추자도의 각 마을들이 언제부터 만들어졌는지는 정확하게 알 수 없으나, 입도조(入島祖)를 보면 약 400여 년 전으로 생각할 수 있다.[1] 하추자의 신양2리에 1595년 창원 황씨가 들어왔으며, 상추자의 영흥리에 1659년에 밀양 박씨 등이 들어온 것을 비롯하여 여러 성씨들이 들어와서 각 마을에 집성촌을 형성하여 살아온 것으로 나타나고 있다.

1) 1789년에 만든 『호구총수(戶口總數)』를 보면 추자도는 전라도 영암군 서도(西島) 편에 속해 있다. 기록된 지명으로는 초신기(草新基), 장작지(長作之), 묵지(墨只), 사구미(寺仇味), 대작지(大作之)의 다섯 동네가 나오며 총 호수는 628호, 2,308명이었다.

섬이기 때문에 어업이 발달하지 않았을까 생각할 수 있지만 어업보다는 농사가 주민들의 주요 생계 수단이었다. 섬이라는 환경은 주민들의 삶을 고단하게 만든다. 태풍을 비롯한 재해에 시달려야 하고, 물이 부족하여 빗물을 받아서 생활하는 등 자연에 순응하면서 또 한편으로는 자연을 극복하면서 살아왔다. 척박한 땅을 일구어 농토를 만들어서 농사를 짓고, 바다에서 해초를 채취하고 그물을 만들어서 고기를 잡으면서 생활을 할 수 밖에 없다.

농사는 하추자에서 많이 지었다. 상추자보다는 하추자가 면적이 넓으며 상추자는 뒷산이 가파른 반면에 하추자는 산세가 완만하고 농사를 지을 땅이 많았다. 물이 부족한 추자도에서 주민들은 논을 경작하고 산을 개간하여 밭을 만들어서 생활하였다. 마을마다 우물을 파서 지하수를 개발하여 사용하였다. 물이 부족하기 때문에 논농사를 짓기는 불가능하였지만 빗물과 지하수를 이용하여 묵리와 신양리에는 논을 만들어서 쌀을 생산하기도 하였다. 나머지 대부분은 밭농사였으며, 보리, 고구마, 무, 배추, 마늘, 파 등 생활에 필요한 많은 작물을 재배하였다.

농사를 짓기 위하여 소가 필요하여 소도 키웠으며, 돼지와 닭도 집집마다 키웠다. 지금도 추자도의 민가를 보면 예전에 사용했던 재래식 변소와 통시가 남아 있는 것을 볼 수 있다. 통시는 돼지를 키웠던 곳이다. 제주도의 통시와 비슷한 돼지우리를 대문 근처에 별도로 만들었으며, 인분과 음식물 남은 것, 고구마 줄기 등을 이용하여 통시에서 돼지를 사육하고 퇴비를 생산하여 농사에 이용하였다. 섬 지역으로 다른 지방보다 열악한 조건에 적응하여 부족한 자원을 최대한 활용하여 살아 온 것이다. 아마 제주도에서 추자도로 건너간 문화가 아닐까 생각해 볼 수 있지만, 남해안이나 다른 내륙지방에도 통시가 있었던 것을 보면 자연환경에 적응하여 생존하는 방법을 추구해 온 보편적인 문화라고 생각할

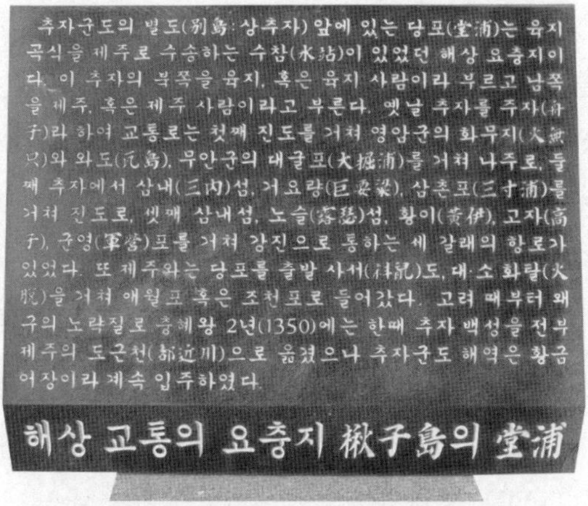

[그림 1] 조선시대 해상교통 요충지라는 표석

수도 있다.

밭농사를 하기 위하여 필요한 퇴비는 통시에서 나오는 것으로는 부족했다. 가장 많은 퇴비는 바다에서 나왔다. 주민들은 떼배(테우)를 이용하여 바다에서 해초를 채취하고 그것을 말려서 퇴비로 사용하였다. 자연에서 생산에 필요한 자원을 얻고 다시 자연으로 돌려보내는 순환시스템을 만들어 자연과 인간이 공존하는 생활을 하였다.

조선 후기에 들어와서 전국 각지에서 어업이 발달하게 된다. 서해안과 남해안 등지에서는 어선 건조 및 어망 제조 기술의 발전으로 어선어업이 발전하고 산란기에 고기떼들이 몰려오면 어선들이 몰려들어 고기를 잡는 연안 어업이 번성하였다. 당시 전국적으로 가장 많이 소비하였던 어류들은 조기, 명태, 청어, 멸치, 대구 등이었다. 어획량이 많아지고 고기를 말리거나 소금에 절여 젓으로 만들어 전국적으로 유통시켰다. 서해안과 남해안에 형성된 어장에 위치한 섬들 중에서 어촌 마을이 급속하게 발전하게 된다.[2)]

2) 이영학, 2000, 「조선후기 어업에 대한 연구」, 『역사와 현실』 35호, 한국역사연구회.

추자도는 난류와 한류가 만나는 지역으로 조기, 삼치, 멸치 등 많은 어족 자원들이 산란 및 회유하는 곳이다. 거대한 바다 자원이 있는 섬인데도 불구하고 어선 어업은 발달하지 못하였다. 그 이유는 추자도가 너무나 멀리 떨어져있는 섬이었기 때문이다. 바다에서 잡은 고기를 다른 지역으로 유통시키기에는 경쟁력이 떨어질 수밖에 없었다. 때문에 조선시대에 추자도의 어업은 크게 발달하지 못하였으며, 미역 등을 말려서 유통시키는 채취어업에 의존할 수밖에 없었다.

추자도 어민들은 지혜를 발휘하여 미역과 같은 해조류를 말려서 상품으로 만들고, 연안에서 잡히는 풍부한 멸치를 젓을 담가서 육지로 수송하여 판매를 하였다. 추자도의 멸치젓을 서해안 및 남해안으로 유통시키면서 전국적으로 그 이름이 알려지게 된다. 덕판배에 돛을 달아 연근해에서 멸치, 조기, 갈치 등을 잡았으며, 서남해와 제주도를 왕래하기도 했다. 어민들이 가장 효율적으로 이용한 것은 떼배(테우)였다. 가까운 해안에서 고기잡이도 하고 해초류를 채취하였다. 떼배는 쉽게 제작할 수 있었으며, 특히 '참몰'이라는 해초를 채취할 때 중요하게 이용하였다.

[그림 2] 참몰

제주도와 같이 해녀가 바닷물 속에서 해산물을 채집하는 것도 많지 않았으며, 간단한 도구를 이용하여 천연적으로 자라는 미역, 톳, 돌김, 앵초, 은행초 등을 공동 채취하였다. 어장 관리와 작업은 계(契)를 만들어서 운영하였으며, 공동으로 작업해도 각 개인이 채취한 것은 개인이 소유권을 갖고 판매하였는데, 미역에 한해서만 1가구 1명씩 나와 공동으로 채취하고 분배하는 공동채취, 공동분배를 하였다. 이러한 관행은 지금도 이어지고 있다.

조선 시대에 추자도는 유배지였다. 특히 조선 후기 철종과 고종 시기에 많은 유배인들이 들어왔는데, 이들이 마을 내에 학당을 개설하여 주민들에게 유교식 교육을 시키는 등 추자 사회의 질서와 규범을 형성하는 데 영향을 끼치게 된다. 봉건사회 이데올로기인 유교에 바탕을 둔 생활 규범 및 관습, 각종 제례와 상례 절차 등 공동체 질서를 유지하는 문화가 뿌리를 내리게 된다. 이러한 영향으로 해방 이후 추자도 주민들은 자신들의 선조로부터 유교 사상 및 양반 문화를 제대로 배웠다는 자긍심을 갖게 되었다. 지금도 옛날에 사용했던 고서를 보관하고 있는 집도 있으며, 예초리의 김일규 할아버지는 돌아가시기 전에 조상대부터 물려받은 일백 권이 넘는 고서를 제주교육박물관에 기증하기도 하였다.

3. 일제강점기의 추자도

일제강점기 기간 동안 추자도는 변화하기 시작한다. 일본인들은 1894년부터 들어왔는데, 이들은 상추자의 대서리에 거주하였다. 어선을 들여와서 어업을 주도하였고, 대서리에 우체국 및 행정기관, 소학교를 설립하여 추자도를 지배하기 시작하였으며, 그 영향으로 지금까지 대서리는 추자도의 행정 및 상업 중심지로 역할하고 있다. 일제강점기에 추자도의 농업은 큰 변화가 없지만 어업은 많은 변화를 보이기 시작한다.

일본 어민들은 적극적으로 추자도에 진출하였다. 일제는 어업 수탈 정책을 펼치면서 일본어민들을 추자도에 이주시켰으며, 추자도 연근해에서의 어업 자원 약탈을 추진하였다. 일제강점기 초기에 추자도에서 일본인들에 대한 기록은 그 시기의 신문 기사에서도 확인된다. 1908년도의 황성신문 기사에 추자도에서 일본인들의 어업 활동이 왕성하여 도미, 청어, 조적어 등 어획물을 일본으로 송출하고 있다는 기사가 실려 있다(皇城新聞 隆熙 2년, 1908.8.13.). 또한 추자도에 일본인은 잡화 판매와 수산물 중매인 등 3명에 불과하지만 출어민은 많다는 기사도 있다(매일신문 1909.1.22.). 이외에도 제주, 추자도 등지에서 어선을 이용한 일본 밀무역자들을 일대 검거했다(皇城新聞 隆熙 3년, 1909.6.17)는 신문기사를 통하여 당시 추자도에서 일본인들이 활발한 어로활동 및 해상유통을 했음을 알 수 있다. 또한 추자도와 타 지역을 연결하는 통신망을 확보하기 위하여 1914년에 추자도 우편소가 추자면 대서리에 설치하여 전신사무 및 전화통화 사무를 취급하기 시작한다(조선총독부 관보 13-663. 3.19).

일제는 추자도의 지리적 위치를 주목하고 바다 자원을 효율적으로 수탈하기 위한 전초기지로 이용하였다. 조선인들을 지배하면서 어업 자원을 약탈하였는데, 그 수단은 어업조합을 이용한 것이다. 그 당시 추자도민들은 어촌계를 유지하면서 해조류 채취 등 어로활동을 통제하고 어민들의 이익을 보호하였다. 이러한 어촌계를 무력화시키기 위하여 일제는 어업조합을 전국적으로 설립하는데 추자도에도 1919년 어업조합이 만들어졌다.[3)]

3) 일제는 1912년 어업령을 시행하면서 전국적으로 어업조합을 설립하여 합법적인 수탈 조직을 만들기 시작한다. 그 당시 조선인들은 오랫동안 어업활동을 하면서 자체적으로 계 조직을 통하여 생산량을 관리하고 생산활동을 자율적으로 통제해 왔다. 어업계는 공동 출자, 공동 노동, 공동 분배의 형태를 취하면서 어업 특성상 개별노동으로 해결하기 어려운 것을 공동으로 해결하는 규범과 관습을 유지해 온 자율적인 조직이다. 일제는 조선인들의 전통적인 계 조직에 대항하여 어업조합을 설립하여 주도권을 장악하였다. 어업조합은 조합장과 이사를 두게 되었으며, 이들은 조합원이 선출한 것이 아니라 일제가 임명하였다.

추자도 어업조합 설립 배경으로는 멸치젓을 담그는데 필요한 동우(오지항아리) 등을 공급하던 상인들이 추자도에서 독점적으로 권리를 확보하기 위하여 일본인과 손을 잡고 조합을 결성한 것으로 전해지고 있다.[4] 이들은 추자도민을 조합장으로 내세우고 일본인을 이사로 임명하는 형식을 갖췄으며, 동우, 소금, 관솔뿌리 등을 독점 공급하면서 높은 가격으로 판매하는 한편, 생산된 멸치젓은 개별 판매가 아니라 어업조합을 통하도록 하여 유통을 독점하기 시작한다. 참몰, 천초, 미역 등 해조류에 대한 독점 판매권을 행사하여 주민들로부터 헐값에 수매하는 방식으로 어업 수탈을 강화하였다.

일제는 일본인들에게 어업권 면허를 허가해 주어 어로 활동을 보장하는 한편, 추자민도에게는 어업권 허가를 제한하였다. 어업권 면허는 허가 기간이 6년, 10년 등이었으며, 기간이 만료되면 재연장 허가를 하는데, 추자도민에게는 재 허가를 하지 않는 등 어업권을 통하여 추자도 어민들을 통제하였다. 당시의 조선총독부 관보에 어업권 면허를 허가해 준 기록에 나타난 어획물로는 멸치와 미역, 김, 우모, 비료듬북 등으로 되어있다.

전통적으로 추자도 연안에서 멸치가 많이 잡혔으며, 멸젓을 제조하여 판매하는 유통망이 형성되어 있었다. 유통 구조는 조선인 객주를 통하여 육지로 수송하는 것이었으며, 멸젓을 비롯하여 어획물을 판매하고 있었다. 일제는 조선인 객주가 아니라 일본인 상인을 통하여 판매를 통제하는 방식을 취하였다. 생산과 유통을 장악하면서 수탈구조를 만들었으며, 이에 따라 추자도 어민과 상인들은 피해를 볼 수밖에 없었다.

1920년대 이후 일본인들은 저인망 어선을 도입하여 삼치, 멸치, 참돔, 감성돔, 민어, 갈치, 볼락 등 어획물을 목포에 수송하여 쌀, 소금, 기타

4) 추대엽, 1977, 필사본『추자도명(楸子島銘)』, 우당도서관 소장, 27~30쪽.

잡화를 사가지고 돌아와 주민들에게 팔기도 했다. 일본인들은 유자망을 이용하여 바다 밑바닥까지 훑으면서 많은 어획량을 올렸으며, 일본 상인과 결탁하여 어획물의 판로까지 장악하여 어장의 침탈과 상권이 점차 일본인에게 잠식되어 가는 추세가 지속된다.

[그림 3] 일제강점기에 어업수탈에 저항한 항일운동 기념 표석

일제강점기 시절 추자도에는 일제에 저항하여 두 번에 걸친 항쟁이 발생한다. 하나는 1926년도 어업조합의 횡포와 수탈에 저항한 것이며, 또 하나는 1936년 일본인 어선들의 마구잡이 어획에 대하여 어민들이 항거한 것이다. 먼저 1926년도 어민항쟁을 살펴보면 일제는 어업조합을 통하여 주민들에게 멸치젓을 만드는데 필요한 소금을 높은 가격에 판매하는 한편, 어획물은 낮은 가격으로 수매하였으며, 이에 따라 주민들은 거액의 부채에 시달리게 되었다. 이렇게 불만이 고조되고 있는 상태에서 1926년도에 어업조합의 실세인 면장과 조합장이 해초를 강매한 것이 도화선이 되어 하추자도의 예초리 및 신양리 주민 700여 명 등이 항쟁을 일으켰다. 이 항쟁은 목포와 제주에서 무장경관이 출동하여 진압되었는데, 그 당시 중앙 언론에 보도될 정도로 커다란 사건이었다.[5] 또 하나는

5) 동 사건에 대한 언론 보도 기사는 동아일보 1926년 5월 19일, 조선일보 1926년 5월 25일, 시대일보 1926년 5월 19일 및 5월 25일에 실려 있다.

1936년도에 발생한 일명 '사와다 그물망 사건'이다. 일본인들은 어선과 어망을 자유롭게 도입하여 많은 어획량을 올리는 반면에 전통 방식으로 어업을 하는 추자도 어민들은 줄어드는 어획량과 일제의 수탈에 시달리게 된다. 1920년대를 지나 1930년대 에도 이러한 상황이 지속되자 어민들은 이에 대항하여 시위를 하게 된다. 1926년 항쟁을 겪으면서 추자도 어부들의 항일의식이 성장하여 '추자어부단'을 결성하고 일제에 대항한 활동을 하게 된다.[6)]

1929년 조선총독부에서 발행한 제주도의 '생활실태조사'에 의하면 1928년 추자도에는 759호에 남자 1,812명, 여자 1,674명 등 총 3,486명이 살고 있었다. 조선총독부 관보에 나타난 1930~1940년대의 인구를 보면 지속적으로 증가하여 1941년도에 조선인이 4,170명, 일본인은 131명으로 나타나고 있다. 일제는 추자도에 진출한 일본인들의 자녀교육을 위한 학교인 추자공립심상소학교를 1920년에 설립한다. 당시 추자도에는 조선인들을 위한 학교는 없었으며, 추자도민들이 학교 설립을 위하여 노력한 결과 1925년 추자공립보통학교가 설치인가를 받는다. 100여 명 남짓한 소수의 일본인들이 추자도의 어업권을 장악한 반면에 4,000여 명이 넘는 추자도 주민들은 어업권을 갖지 못하여 원시적인 어업과 농업으로 생계를 유지해 온 것이다.

〈표 1〉 해방 이전 추자도의 인구변화

구 분	조선인	일본인	합계	비 고
1932년 12월말	3,576	117	3,693	조선총독부 관보 98-62. 6.5
1935년 12월말	3,689	146	3,835	조선총독부 관보 111-38. 9.1
1939년 12월말	4,058	102	4,160	조선총독부 관보
1941년 12월말	4,170	131	4,301	조선총독부 관보

6) 명재림, 2009, 「일제강점기 추자도의 어민항쟁」, 한국교원대학교 석사논문, 24~26쪽.

1934년도의 〈추자면세 개요〉에 의하면 수산물은 선어에 의한 판매고가 164,000여 원, 해조류에 의한 것이 8,900여 원 등 모두 173,000여 원이나 되었다.[7] 그 당시 일본 어민에 의한 어획량이 추자도민보다 월등히 많았으며, 추자도민들은 미역 등 해조류 채취 판매에 의존한 것으로 보면 일본인들이 추자도에서 자본주의적 어업 자본을 축적하고 있었음을 알 수 있다. 추자도에서 어선어업을 시작한 사람들은 일본에서 온 이주어민들이었으며, 조선인으로는 일부 여수, 목포 등지의 객주, 혹은 상인 등 자본을 가지고 있는 사람들이었다.

또한 1934년 〈추자면세 개요〉에 의하면 추자도에는 56반보의 논에서 연간 쌀 48석, 밭은 1,794반보를 경작하여 1,190석의 보리를 수확하였다고 되어 있다. 추자도는 물이 부족한 섬이었다. 그래서 마을마다 우물을 파서 지하수를 개발하고 저수지를 만들어서 생활용수와 농업용수로 사용하였다. 상추자도의 저수지는 일제강점기 시절에 만들어진 것이다. 하추자의 경우 상추자보다 물 사정이 좋은 편이었다. 그래서 묵리와 신양리에는 논이 있었으며, 산을 경작하여 밭을 만들어서 농사를 지었다. 밭에서는 보리, 고구마, 무, 배추, 마늘, 파 등을 재배하였다. 1934년도의 자료에 의하면 농사를 짓기 위하여 필요한 소가 135두 있었으며, 또한 돼지도 599두나 사육하고 있었다. 농가 호수가 585호수로 나타나 있어 3가구 당 소가 1마리씩 있었으며, 돼지는 가구마다 1마리씩 사육하고 있는 것으로 보인다.[8]

일제강점기 기간 동안 추자도 어민의 대다수는 공동 어장에서 해조류

7) 추자도지편찬위원회, 1999, 『추자도』, 추자도지편찬위원회, 79쪽.

8) 이와는 별도로 4년 뒤인 1938년도의 기록에 의하면 토지대장 등록 경지는 총 1,846반(反)으로 논이 56반(反), 밭은 1,790반(反)이다. 농가 호수는 585호이며, 축우 사육호수는 140호, 축우수는 140두로 기록되어 있다. 우당도서관, 1999, 『濟州島勢要覽』, 우당도서관 편집 발간, 144~170쪽.

를 채취하며 생계를 꾸려나갔다. 하추자의 경우 1932년 이전엔 섬 전체가 공동 채취 영역이었고 5개 구장(區長)이 모여 공동 채취할 날을 정하면 5개 리(里)에서 남녀노소가 모두 나와 채취하였다. 1932년에 각 구장이 모여 38개 무인도서에 대한 채취권을 나누고, 각 리별로 따로 해조류를 채취하기 시작하였다.[9)]

일제는 1940년대에 들어와서 식민화 정책을 강화하여 신사를 설립한다. 1941년 추자도에 신사 설립 허가를 하고 대서리에 있던 최영 장군 사당을 허물고 그 자리에 신사를 건립하였다. 최영 장군 사당은 현재의 위치에 옮겨져 새로 건립되었다. 그 당시 육지와 제주-추자를 잇는 여객선으로는 480톤급 강선인 고아마루(晃和丸)가 목포-진도-추자-제주를 주1회 운항하였다.

4. 해방 이후의 추자도

해방 이후 추자도민과 외지 자본가들이 어업권을 획득하고 멸치 어업을 시작하였다. 멸치는 전통적으로 추자도 지역의 주요 어종으로 멸치젓은 일제시대부터 널리 알려진 특산물이었다. 추자도에서 멸치는 대부분 챗배라고 부르는 분기초수망(焚寄抄手網) 어선으로 잡았다.[10)] 챗배는 그물이 달린 챗대를 우측에 붙여 불빛으로 멸치를 유인해 떠서 잡는 어선이다. 나무로 만든 배에 돛을 달고 관솔불을 사용하였다. 그 당시 배에 돛을 달아서 멸치 젓독을 싣고 목포, 영산포 등지로 나아가 판매하

9) 한정우, 1987, 「도서어촌여성의 사회적 지위에 관한 일 연구」, 서울대학교 석사논문, 19~24쪽.

10) 국립해양유물전시관, 2002, 『우리배 고기잡이 3』, 98쪽.

여 생필품을 사가지고 돌아오기도 했다. 섬이어서 해풍에 초가지붕이 버티지 못하여 일 년에 한 번씩 갈아주어야 하는데, 그럴 때면 강진, 해남, 진도 등지로 멸치젓을 가지고 가서 볏 짚단으로 바꾸어 오기도 했다. 배에 따라 200~300여 개의 젓독을 실었다고 한다.

1950년대~1960년대는 단독으로 어선을 보유하기 보다는 몇몇 사람들이 공동으로 투자하여 어선과 어망, 어구를 갖추고 연안 어업을 추진하였다. 어업계 또는 조합을 중심으로 공동경영의 형태를 띠고 운영되다가 차츰 자본을 축적한 사람들이 나타나고, 이들은 개인 소유의 어선을 만들어 단독경영을 하게 된다.

1960년대에서 1970년대 사이 10년간에는 추자도에 삼치와 조기가 풍어를 이루었다. 추자도에는 '삼치 파시(波市)'가 열려 연평도, 흑산도의 '조기 파시'와 함께 3대 파시로 유명했을 정도였다. 1970년대의 추자도 주민들의 소득을 주도한 것은 근해어업이었으며, 1969년도 추자 주민들의 수입원에 대한 기록을 보면 수산물 수입이 90%를 차지하고 있음을 알 수 있다. 이러한 풍어와 함께 1960년대 말에서 1970년대 초에 정부에서 20%의 보조와 60%의 융자를 해주는 정책에 힘입어 20%의 자기자본으로 15~20톤짜리 배를 갖는 어민들이 늘어나게 된다.[11]

> "동력선 85척, 무동력선 30여척의 어선들은 어류, 해조류, 멸치, 조기 등 2,917,927kg을 채취하여 연간 1억 9,658여만 원의 수입을 보고 있다고 자랑한다. 1969년도 면민이 1인당 소득액을 보면 농산물수입 850만 원을 비롯하여 수산물 1억 9,658만 원, 임산 및 농산물 75만 원, 상업 및 특수영업 922만 원, 그리고 봉급자 수입 1,254만 9천 원으로 1인당 수입 3만 5,090원이라 한다."[12]

11) 한정우, 앞의 논문, 25~26쪽.

12) 진성직, 1970, 「파시장을 이루는 신화의 마을」, 『북제주』 66호, 북제주군.

멸치잡이는 1970년대까지 호황을 이루었는데, 추포도 근처가 많은 멸치를 잡았던 어장이었다. 1980년대 여름만 되면 20척이 넘는 멸치잡이 어선들이 1천 와트짜리 집어등을 켜서 휘황찬란한 불야성을 이루었다. 추자 10경(景) 중에 '추포어화(秋浦漁火)'라는 이름이 만들어질 정도로 추포도 서북쪽으로 길게 뻗은 암반 부근을 거점으로 대낮같이 불을 밝힌 멸치잡이 어선들이 섬과 섬 사이를 오락가락하며 멸치를 잡는 광경은 너무나 화려하였다고 한다. 멸치잡이는 1970년대 추자도 어민에게 고소득을 보장해 주었다.

> "연중 4월부터 6월까지는 동해와 서해에 출어하여 어로(漁撈)에 총동원되고 이 기간 외에는 이 곳 어장은 언제나 붐빈다. 특히, 외지로부터 성어기가 되면 수백 척의 어선단이 몰려들어 밤이면 불야성을 이룬다. 어획고는 2억 원대를 상회하고 있으며 이 가운데 수출실적만도 4천5백30여만 원의 외화를 획득하고 있다. 이 어장의 주요 어종과 해초류를 보면 삼치, 도미, 방어, 준치, 농어, 부시리, 멸치, 미역, 천초, 돌김, 톳 등이 유명하다."[13]

1980년대 이전까지 추자도의 항만 시설은 대형 선박이 접안할 수 없었다. 추자도를 잇는 해상 교통은 1970년대 이전까지는 소형 선박이 격일제로 운항하였다. 1970년대에 들어와서 안성호와 가야호가 제주와 목포를 매일 교대로 운항하였다. 1980년대에 들어와서 제주와 목포 사이에 카페리호가 다녔으나 추자도에는 들리지 않았다. 가야호는 5백15톤이었으며, 안성호는 4백7톤에 속력은 13노트, 정원은 4백19명이었다. 제주에서 추자까지는 28마일(45km)로 두 시간이 걸렸으며, 하추자의 포구에 배가 멈추면, 하추자 예초리에서 종선(從船)이 출발하여 사람들이 배를 갈아탔다.

13) 고응삼, 1972, 「섬의 섬 추자도를 가다」, 『제주도』 53호, 159쪽~161쪽.

"하추자 쪽에서 이 섬에 내리는 사람을 위해 종선이 빠른 속도로 다가와 배의 측면으로 나란하게 배를 댔다. 종선에는 목포에 가려는 사람들이 30~40명 타고 있었다. 무려 20여 분이 지나서야 승, 하선이 끝나고 안성호는 목포 쪽으로, 종선은 하추자 쪽으로 뱃머리를 돌렸다. 곧바로 접안이 안 돼 종선으로 옮겨 타야하는 불편도 몸에 배인 듯 아무렇지도 않게 타고 내리는 섬 주민들을 보면서 '섬의 애환'을 읽는다. 출렁이는 파도를 가르고 거세게 퍼붓는 비를 맞으며 종선은 하추자의 포구에서 승객 몇 사람을 하선시켰다. "다리가 있으니 이곳에서 내려서 걸어가면 되지 않느냐"고 물었더니 종선의 선장은 "다리가 만들어져 섬을 잇기는 했지만 배편이 훨씬 빠르다"고 한다. 종선으로 옮겨 탄 지 40분 만에 섬을 잇는 추자교를 지나 배는 상추자의 포구에 닿았다."[14]

1988년 이후 카페리호가 하추자의 신양항으로 다니기 시작하여 주민들과 추자도를 방문하는 사람들에게 편리함을 제공하였으며, 또한 각종 화물 운반도 원활하게 되었다. 그리고 2010년 현재는 고속여객선과 카페리호가 취항하여 제주와 목포 사이를 하루에 2번 왕래하고 있다.

상추자와 하추자를 연결하는 추자교가 개설되기 전까지는 매일 상추자와 하추자간을 아침 저녁으로 연결하는 도선 1척과 북제주군교육청에서 내어 놓은 장학선(한영호, 8톤 15마력) 1척이 운영되어 학생 통학이나 상,하추자 왕래에 중요한 다리 역할을 하였다. 추자교는 1966년 7월 1일 착공하여 1972년 10월 10일 만 6년 8개월만에 완공됐다고 한다. 하추자에 있는 중학교에 다니는 상추자의 학생들은 태풍이 불고 파도가 거센 날이면 바로 눈앞의 하추자도를 보면서도 등교를 하지 못했는데 이 교량은 이런 문제를 해결하였다. 하지만 1993년 4월 11일 추자교가 붕괴되는 사고가 발생하였으며, 1995년 4월 27일 새로운 다리가 완공되어 현재의 추자교가 되었다.

14) 조맹수, 1996, 『제주의 섬』, 도서출판 조약돌, 142~143쪽.

[그림 4] 상추자와 하추자를 연결하는 추자교

5. 1980년대 이후의 추자도

1) 생업의 변화

1980년대까지 추자도는 멸치잡이의 호황으로 수입이 증대되어 인구의 증가가 이루어졌다. 농업에 종사하는 인구도 많았으며, 어업 외에 상업에 종사하는 인구도 많았다. 이는 농업이 일정한 부분을 차지하고 있는 가운데 멸치 시장이 호황을 이루면서 상업권이 유지되고 있었음을 알 수 있다. 1980년대까지 추자도의 멸치잡이를 비롯하여 성어기인 10월부터 3월까지는 외래 어선이 무려 300여 척이 추자항에 정박하고 선박 인구가 3천여 명이 추자도에 체류하면서 이들을 대상으로 한 상업 활동이 활발하였다.

"상추자의 포구에는 다방과 술집이 즐비하게 늘어서 성어기의 노래 가락 넘치는 파시(波市)를 짐작케 한다. 1982년 현재 추자도에는 6천7백87명이 살고 있다. 이는 10년 전보다 6백여 명이 많은 인구인데 그만큼 '살만한 섬'임을 뜻한다. 평상시에도 6천여 명의 섬 주민에게 생필품을 공급하는 상업에 종사하는 인구도 상당수가 된다."[15)]

1980년대 중반에 들어와서 추자도의 생산 활동에 커다란 변화가 발생한다. 첫째는 추자도에서 농업이 소멸되기 시작한 것이며, 둘째는 멸치어업이 쇠퇴하고 조기잡이 어업이 성장한 것이다. 1980년대까지 추자도에는 소규모로 농업이 행해지고 있었으나, 1990년대에 들어오면서 농업은 추자도에서 완전히 자취를 감추었다. 1980년대까지 추자도에서 농업이 많이 이루어졌던 곳은 하추자이다. 농지 이용 현황을 보면 하추자에는 유일하게 수리불안전(水利不安全)이긴 하지만 묵리와 신양리 5ha의 논이 있었으며, 이외에 밭 131ha, 임야 260ha, 기타 8ha가 있었다. 1984년도의 수확량을 보면 보리 221톤, 콩 10톤, 고구마 685톤으로 기록되어 있다. 생산되는 보리는 주민들 소비량의 30% 정도를 충당했다고 한다. 이는 추자도 주민들이 약 3~4개월 소비할 수 있는 량이었다고 한다.[16)]

"과거에는 겨울작물로 보리를 경작하고 여름작물로 고구마나 수수, 조, 콩 등 주식을 대용할 수 있는 작물을 협업 형태로 재배했었다. 그러나 차츰 수입 걱정을 하고 눈을 바다로 돌리다보니 10년 전(1970년대 중반)부터 노동력 구하기 어려워 겨울작물로는 수확이 손쉬운 유채 같은 것을 재배하는 경향이 생겼다. 몇 년 전부터 어로 소득이 낮아지자 차츰 농사에 신경을 쓰는 경향도 생겨났다. 하지만 대부분의 부녀자들은 일손만 딸리고 본전도 않나오는 농사 쪽은 부업 정도로 여기고 차라리 수산물 채취나 보호망을 깁는 곳에 노동력을 투자한다. 그래서 지금은 경작지

15) 조맹수, 앞의 책, 147~151쪽.

16) 한상복외, 1992, 『한국의 낙도민속지』, 집문당, 411쪽.

를 놀리는 농가도 많다. 현재 지역별 농가 비율을 보면 상추자의 농가는 전체 732가구 중 10% 내외밖에 안 되는 반면, 하추자는 440가구 중 65% 내외를 차지한다. 작물별로 보면 유채 재배 면적이 가장 넓고, 참깨, 고추, 마늘, 배추 순인데, 잡곡은 자급자족하거나 사료로 쓰이는 데 비해 고추가 마늘 등 특용작물은 외지로 나가 팔기도 한다. 쌀은 주로 목포에서 배로 가져오는 데 운송료 때문인지 한 가마 당 원가보다 6천 원 정도 비싸다."[17]

추자도의 농사는 1980년대 후반부터 기울기 시작하여 1990년대 초까지도 다소 보리를 갈던 밭들은 1996년 이후 아주 끊겼으며 묵리 소재의 논은 그에 앞서 휴경하여 지금은 이름난 달(갈대)밭이 되어 있다. 지금 농사라고 할 것은 무와 배추, 마늘 같은 것을 약간씩 재배할 뿐 사방의 경작지는 폐허로 변해있는 상태이다. 2010년 현재 추자도의 토지 이용 현황을 보면 전체 면적 7.05㎢에서 밭은 1.61㎢(23%), 논은 0.04㎢(0.1%), 임야 4.69㎢(66.9%)로 나와 있으나, 실제로 농사를 짓는 경우는 없으며, 자급용으로 김장용 배추나 반찬용으로 채소를 일부 경작하고 있을 뿐이다.

[그림 5] 추자도에서는 농사를 거의 짓지 않는다.

추자도에서 농업이 없어진 것에 대하여 주민들은 해마다 불어 닥친 태풍의 영향이 크다고 기억하고 있다. 특히 1959년도 제주도를 비롯하여 남해안 지역에 커다란 피해를 입힌 사라호 태풍에 대한 추자도 주민들의 기억은 생생하다. 그 당시 추자도의 가옥을 비롯하여 농작물에 많은 피해를 입혔다. 또한 그 이후

17) 함승보, 1986, 「제주속의 전라도 추자군도의 어제와 오늘」, 『월간 관광제주』 21호, 월간관광제주사, 51~52쪽.

에도 불어 닥친 태풍의 영향으로 추자도에서 농업이 사라지게 되는 계기가 되었다고 기억하고 있다. 하지만 농업이 사라지게 된 근본적인 원인은 인구의 감소와 어업의 발달이다. 1980년대에 들어오면서 인구가 지속적으로 감소하고 그 반면에 농업을 대체하여 어업의 수입이 증가하면서 농업이 경쟁력을 상실하고 결국에는 소멸하게 된 것이다.

추자도에서 농사는 주로 여성들의 몫이었다. 하지만 어업이 발달하면서 농사를 짓는 것 보다는 어망 손질 수입이 더 좋은 현상이 발생하였다. 따라서 여성들은 더 이상 농사를 짓기보다는 어업 쪽으로 눈길을 돌리게 된다. 또한 젊은 여성 인구의 유출 현상이 지속되면서 농사는 점차 추자도에서 소멸하게 된다.

한 사회 공동체의 기반을 이루는 생업 활동은 조직 구조와 공동체 문화를 형성하는 주요 요인이다. 어떠한 생산 활동을 유지하느냐에 따라 사회 문화가 달라진다. 추자도는 섬으로서 농업과 함께 어업을 주요 생계수단으로 유지하였다. 농업과 어업에 바탕을 둔 사회조직이 형성되었으며, 그에 따른 문화가 유지되어 왔다. 하지만 농업이 사라지면서 그에 따른 사회조직과 문화도 함께 소멸하고 있다. 농업을 하지 않고도 사회를 유지할 수 있는 것은 유통의 발달 때문이다. 추자도는 제주도보다는 목포에서 모든 생필품과 식량을 공급받아 왔다. 1970년대 추자와 제주도를 왕래하는 선박이 2일 간격으로 운항했던 반면에 추자와 목포를 왕래하는 선박은 1일 1회 운항하였다. 이러한 영향으로 농업이 자연스럽게 소멸되었으며 어업이 절대적인 생계수단이 되었다.

1978년부터 이상저온 현상 발생 등으로 어장이 제대로 갖춰지지 못해 멸치 어획량이 줄어들게 된다. 1980년대에 들어와서 멸치잡이가 더 이상 추자도 어민들의 생계를 보장해 주지 못함에 따라 어민들은 조기와 삼치 등 연안 어업이 아닌 근해 어업으로의 변화를 모색한다. 멸치 어획

[그림 6] 히라스(부시리)를 낚는 소형 어선. 완도에서 최근에 추자도에 진출한 배이다.

량이 줄어들면서 자연스럽게 삼치로 바뀌면서 어선도 규모에 맞게 커지게 된다. 약 5~6톤급의 소형 어선들은 추자도 인근 해역에서 채낚기 어업으로 삼치와 방어를 잡았다.

1980년대 들어서 추자도 근해에서의 조기 어업이 발달하기 시작하였다. 조기는 조선시대부터 서해안에서 가장 많이 잡힌 어종이었으며, 1980년대까지 연평도와 칠산도 [그림 6] 히라스(부시리)를 낚는 소형 어선. 완도에서 최근에 추자도에 진출한 배이다. 등이 주요 어장이었다. 하지만 과도한 어획으로 인하여 조기들이 더 이상 서해안으로 올라가지 않음에 따라 그 지역에서 조기 어업이 쇠퇴하게 되었다. 조기들이 더 이상 칠산도 위로 올라가지 않음에 따라 추자도 근해에서의 조기 어업이 발달하기 시작하였다.

[그림 7] 그물에서 조기를 털어내는 작업, 남성뿐만 아니라 여성들도 함께 참여하는 주요 수입원이다.

1980년대에는 조기를 잡기 위하여 10~15톤 규모의 동력선으로 추자도 근해와 신안군 가거도 해역으로 나갔다. 하지만 1990년대 이후에는 먼 바다로 나가야 할 정도로 상황이 변했다. 이에 따라 어선의 대형화가 이루어졌으며 현재는 30~50톤 정도 되는 배들이 조기 유자망 어업을 하고 있다. 이들 어선은 추자근해, 제주 근해, 가거도, 동중국해 등지까지 다니면서 조기를 잡고 있다. 조기잡이가 주력 어업으로 변화하면서 1980년대 중반부터 추자도의 어선들은 유자망 어업으로 대폭 전환하게 되었다. 유자망 어업은 조류에 따라 망이 끌려 다녀 어구 손실이 많기도 하지만 다른 어종에 비하여 수익성이 좋기 때문이다.

1985년 말 추자도 정치망 어업권 총 158건 중 68건(43%)이 어장주의 본적지와 어장 소재지가 일치하지 않은 것으로 보아 정치망 어업 경영주의 상당수가 추자도 출신이 아님을 알 수 있다. 이는 추자도의 주민들이 외부 자본가에 의한 어로어업에 선원으로 고용되고 있는 실정을 말해준다.[18] 하지만 선원으로 고용되어 일하는 것보다는 자기 소유의 배를 갖고 채낚기 어업과 연안에서의 망어업을 선호하게 된다.

추자도 주민들은 정부 융자 등을 통하여 자가 선박을 확보하기 시작하는데, 그 결과 5톤 미만 어선이 1985년에는 147척이었는데, 1990년에는 167척으로 늘어나게 된다. 정부의 융자 정책에 힘입어 추자도 주민들은 비록 소형이라도 본인 소유의 배를 갖는 사람들이 늘어나며, 또한 기존에 배를 갖고 있는 사람들도 더 큰 배를 만들기 위하여 많은 투자를 하면서 주민들의 부채도 커지게 된다.

> "추자도 어민들은 총 30억 원에 달하는 양의 부채를 지고 있다. 이것은 30여 년 전부터 수협을 통해 어가에 융자 지원이 있어 왔는데, 어장이 호황을 누리던 15년 전(1970년)부턴 융자의 폭이 대폭 확대되어 선주 1인당 7백여만 원 정도 융자되었다, 그런데 1978년부터 갑자기 어획량이 줄어들면서 소득이 없게 되고 또 고기값은 똑같은데 어구나 어망 값은 올라 그 빚을 갚을 엄두를 못 내게 되면서 점점 늘어온 실정이다."[19]

1990년대 추자도 어선의 37% 정도가 유자망 어업을 실시하고, 63% 정도가 채낚기어업을 하고 있는데, 어획고에서는 오히려 유자망어업이 어로어업 위탁판매액의 약 60%를 차지하여 훨씬 높았다. 채낚기 어업은 연안어업에서, 유자망어업은 근해어업에서 비중이 높은데, 연안어장의 어족자원이 고갈되면서 연안어업은 감소하고 근해어업의 비중은 계속

18) 한정우, 앞의 논문, 26쪽.
19) 함승보, 앞의 글, 53쪽.

증가하여 왔다. 정부는 어업 생산량의 감소와 어선의 과다 보유 문제에 대응하여 1994년부터 연근해 어선 감축 정책을 펼쳐 나갔다. 이에 따라 추자도에서도 5톤 미만의 소형 어선들이 줄어들기 시작하였다. 특히 정부는 2005년 '소형기선저인망어선정리에 관한 특별법'을 제정하여 향후 5년 동안 20톤 미만의 어선들을 매입하여 폐기하는 정책을 추진하였다. 그 영향으로 추자도에서도 2002년에 20톤 미만 어선이 214척이 있었는데, 2009년에는 111척으로 대폭 감척하게 되며, 이들 어선들은 주로 채낚기 어업을 하고 있다.

〈표 2〉 추자도 어선 보유 변동 현황

구 분	계	5톤 미만	5~10	10~20	20~30	30~50	50톤 이상
1985년	267	147	52	26	25	15	2
1990년	265	167	47	7	10	34	
1995년	281	133	104	6	5	32	1
2002년	278	103	108	3	5	53	6
2009년	161	51	60	0	14	33	3

2010년 현재 추자도에는 총 161척의 어선이 있는데 20톤 이상 조기 유자망 어선은 50척이며, 삼치 및 방어를 낚는 채낚기 어선은 111척이다. 현재 우리나라에서 조기 유자망 어선이 가장 많은 곳은 추자도이다. 추자에 50여 척, 목포에 50여 척, 군산이나 여수에는 10여 척, 법성포는 4~5척 정도의 유자망 어선들이 조기를 잡고 있다. 2009년도 통계에 의하면 참조기 생산량은 9,101톤으로 500억 원의 조수익을 올렸으며, 참굴비 가공 공장을 통해 생산되어 판매된 참굴비는 200억 원에 달한다. 삼치는 2009년에 319톤을 어획하였으며, 수입액은 17억 7,300만 원이다. 우리나라에서 판매되는 굴비의 대부분이 추자도 근해에서 잡히고 있으며, 추자도에서는 수협에서 가공 공장을 운영하고 있으며, 또한 이

와는 별도로 15개 굴비 판매 상인이 소규모로 운영하는 가공시설도 있다. 현재 제2단계 가공단지 확장 공사가 추진 중에 있다.

어선 어업과 별도로 해녀들에 의한 해산물 채취도 추자도 어업의 한 부분을 담당하고 있다. 1970년대 이전에는 소라나 전복은 판로가 없었던 반면에 미역은 국내 소비 및 대일본 수출 등으로 가격이 좋았다. 이에 따라 해녀들은 적었으며, 마을의 남녀는 공동 작업으로 미역을 채취하는 작업을 하였다. 미역이 수익성이 줄어든 이후 현재는 톳에 대하여 공동 작업을 하고 있다. 1970년대 이후 소라, 전복, 홍합 등이 판매가 본격적으로 이루어지면서 추자도에도 물질을 하는 해녀들이 증가하였다. 2010년 현재 122명의 해녀들이 있으며, 마을 어장에서 각종 패류와 해조류 등을 생산하고 있다. 2010년에 소라, 전복, 홍합 등은 171톤을 생산하여 7억 2,000만 원의 조수익을 올렸으며, 톳, 전초, 해삼, 멍게 등은 178톤을 생산하여 2억 2,000만 원의 조수익을 올렸다.

[그림 8] 휴어기를 맞이하여 추자항에 가득한 어선들

마을 어장의 이용 형태는 두 가지로 구분된다. 하나는 전복, 소라, 홍합 등을 대상으로 공동관리·개별채취이다. 소라는 수협을 통해 수집 판매되고, 그 외의 패류는 어촌계가 주관 하여 판매한다. 해녀 및 어업인 각자가 어장 이용에 참여하고 채취 능력에 따라 소득이 달라진다. 또 다른 방식은 공동관리, 공동판매이다. 가장 수익이 높은 톳은 공동채취 후 수협을 통해 공동 판매되고, 수익금은 참여한 계원의 채취 및 건조 등에 대한 참여일수에 따라 평등하게 분배되고 있다.

2) 인구의 변화

1990년대 이후에는 자녀 교육 문제가 추자도 인구의 감소를 주도하는 가장 큰 요인으로 영향을 끼치고 있다. 추자도에 고등학교가 없기 때문에 중학교를 졸업하고 고등학교를 진학하기 위해서는 다른 지방으로 나가야 한다. 과거에는 목포 등지로 진학하였으나, 최근에는 대부분 제주도로 진학하고 있다. 그런데 자녀들을 추자도 밖으로 보내면서 부모들도 같이 이주하는 현상이 발생하고 있다. 또한 교통이 불편하고 물 사정도 안 좋고 섬이라는 환경으로 인한 문화적 혜택을 못 받는 것 등도 인구 유출을 일으킨 요인이 되어 왔다.

2010년 현재 추자도에는 2,549명의 인구가 살고 있다. 연령별로는 60세 이상 고령자가 705명으로 28%를 차지하고 있는 반면에 19세 미만은 369명으로 14%로 나타나 어린이, 청소년은 적고 노인 인구는 상대적으로 많다. 20세 이상 59세까지의 인구에서 남성이 911명, 여성이 564명으로 남성과 여성의 비율이 1.6 대 1로서 남성이 347명이나 많다. 특히 20~30세의 가장 젊은 층에서 여성보다 남성이 많게 나타나고 있는데, 이는 섬이라는 환경이 낳은 결과이다. 1980년대 이후 시작된 인구 유출 중에서 특히 20~30대의 여성들의 유출이 심각하게 발생하였다는 것을 알 수 있다. 여성들은 직업 및 결혼 등의 이유로 추자도를 떠나고 있으며, 이러한 성비 불균형은 추자도내의 또 다른 사회문제가 되고 있다.

2000년대에 들어와서 추자도 인구 변화의 특징 중 하나는 외국인 노동자의 증가이다. 2005년에 33명이 있었는데, 2010년 현재 203명이 거주하고 있으며 이들은 모두 조기 유자망 어선에서 일을 하고 있다. 2000년대에 들어와서 선원 인력난이 심화되어 내국인으로는 선원을 확보하기가 용이치 않게 되었다. 선원을 구하기 위하여 직업소개소를 통해 다

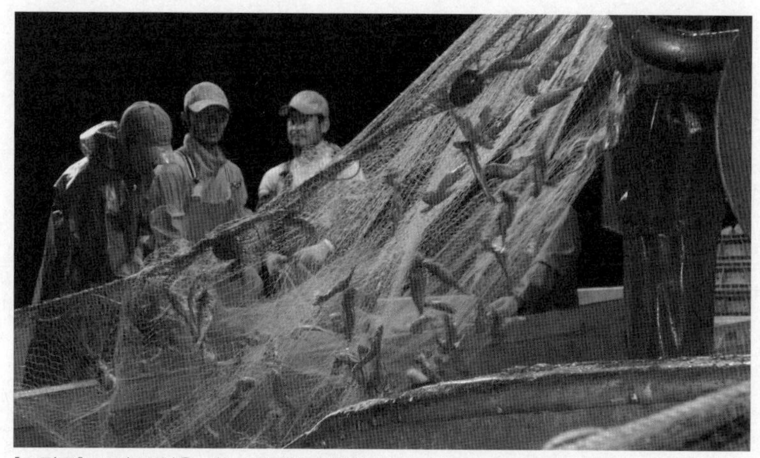
[그림 9] 조기 조업을 하는 외국인 선원들

른 지역에서 해마다 300명~500명씩 인력을 구하였으나, 저임금 등 노동 조건이 열악하여 장기간 일하는 선원들을 구하기가 힘들어지고 있다. 또한 계약을 했으나 중도에 포기하는 노동자들이 늘어나 귀향여비 지급을 둘러싸고 사회문제가 되기도 했다.[20] 이에 따라 선주들은 외국인 노동자들을 선호하여 선주들의 집에 외국인 노동자들이 합숙할 수 있게 시설을 갖추고 안정적으로 노동력을 확보하고 있다. 외국인 노동자들의 체류기간 5년이며, 현재 한달 평균 130만 원의 월급과 별도의 성과급 등을 받고 있다.

추자도에 있는 외국인 노동자들은 유자망 어선에 안정적인 노동력을 공급하고 있는 역할을 담당하고 있다. 하지만 반면에 이들은 숙식을 선주집에서 해결하면서 돈을 쓰지 않아서 추자도내의 상업에는 기여하지 않

[그림 10] 대서리 어촌계 어선원숙박시설

20) 제민일보, "추자도선원 귀향여비 놓고 말썽" 2002.11.26 기사.

는 측면이 있다. 즉, 국내 선원들만 있었던 시절에는 소비가 이루어져서 상업이 유지되었지만 외국인 선원으로 바뀌면서 상업이 쇠퇴하는 현상이 발생하고 있다. 추자도의 외국인 선원들이 출항하지 않는 비수기에 시간을 보내는 좋은 방법은 PC방에서 게임을 하거나 인터넷을 채팅을 하고 자기나라 소식을 검색하는 것이다.

3) 전통문화의 변동

추자도의 사회와 문화의 특성을 이야기 하면서 제주도가 아닌 전라도 문화라고 이야기하는데, 엄밀하게 따지면 서남해안 섬 문화의 영향을 받았다고 할 수 있다. 추자도는 서남해안과 제주도를 연결하는 해로 상에 위치해 있으며, 중간에 기착하는 섬이었다. 때문에 서남해안의 문화가 추자도에 유입되었으며, 지금까지 추자도에 남아있는 것이다.

해방 이후에도 문화와 생활 자원의 교류는 제주도보다는 전라도와 이루어져 왔다. 1970년대까지만 해도 제주와 추자를 연결하는 정기여객선은 주2회 정도인데, 추자와 목포를 운항하는 정기여객선은 격일제로 다닐 정도로 추자 주민들은 제주보다는 목포와 더 많은 교류를 하였었다. 모든 생필품의 90% 이상을 목포 등지에서 들여왔으며, 정기여객선을 제외하면 제주보다는 목포로 나가는 선박이 많았고, 응급환자가 발생하여 섬의 진료소에서 치료가 불가능하면 지체 없이 목포 등지로 나갔다. 추자도에서 수십 년 동안 생산해 온 멸치젓을 만드는데 필요한 소금도 목포에서 사왔으며 추자 주민들은 생산한 멸치젓을 배에 싣고 목포를 비롯하여 전라도 지역으로 나아가 판매하였다. 추자도 주민들은 제주도는 너무 멀게 생각한 반면에 목포는 가깝게 여겼다.

1990년대 이후 제주도와의 교류가 많아지고 있다. 가장 큰 이유는 교통의 편리성 때문이다. 추자도에서 서울이나 기타 대도시로 이동하기 위해서는 제주도에서 항공편을 이용한다. 또한 쾌속선의 운항으로 제주와의 거리가 1시간대로 단축되면서 병원, 문화시설 이용을 위하여 제주도를 방문하고 있다. 또한 고등학교 이상 자녀들이 대부분 제주도에서 학교를 다님에 따라 제주와의 문화적 거리가 가까워지고 있기도 하다.

추자도의 생활과 문화는 2000년대에 들어와서 급격하게 변동하고 있다. 가장 큰 이유는 전체 인구의 감소인데, 젊은 계층 인구가 줄어들고 상대적으로 노인 인구가 차지하는 비중이 커지고 있다. 인구 구조의 변동은 공동체 해체를 가져오고 있다. 마을 공동노동, 공동의례, 공동체 구성원들의 민간신앙 등에서 전통의 약화 현상이 나타나고 있다.

전통적으로 마을 공동체를 강화시켜 온 것은 결혼 및 장례 등 큰 일이 발생하였을 때 주민 모두가 참여하여 공동으로 노동을 하는 것이다. 이러한 공동 노동은 구성원들의 의무이기도 하면서, 구속력을 갖고 있는 것이기도 하였다. 또한 마을 내의 규범과 질서를 확립하는 주요 수단이기도 하다. 추자도에서도 마을마다 남성과 여성 모두 공동 노동에 참여하는데, 특히 추자도에서는 여성들의 참여가 필수적이었으며 다른 지역보다 여성들의 참여와 노동력 활용이 모든 부분에서 이루어져 왔다. 이는 남성들이 몇 개월 동안 바다에 나가서 어로작업을 하기 때문에 마을 내에 남성 부재현상이 발생하면서 여성들의 공동 노동으로 중요한 일들을 처리 해 온 문화가 정착된 것이다.

예전에는 도로 가설 등 공동 노동이 필요로 할 때는 남녀 모두가 동원되어 함께 일을 하였다. 추자도에서 해조류 채취는 예전부터 중요한 수입 중의 하나였다. 남자와 여자 서로 같이 공동으로 작업하여 미역, 톳, 돌김 등을 공동 채취하였다. 특히 도로 포장이나 자가발전소 건립 등 마을 공공사업에 등 주민들의 자금 부담이 요구될 때 자금을 충당하는 방법으로 톳을 공동 채취하기도 하였다. 또한 밭농사를 하던 시기에도 소를 이용하여 밭을 가는 것을 제외하고 모든 농사일의 계획과 진행에 있어서 여성들이 주관하여 하였다고 한다. 여성들은 품앗이로 같이 모여서 씨를 뿌리고, 잡초를 제거하고, 수확을 하는 등 농사일의 전 과정을 주관하였었다.[21)]

여성들의 공동 노동이 관례화된 것은 특히 장례, 일년 탈상제, 제사, 이장(移葬) 등의 의례를 할 때이다. 특히 노동력이 많이 동원되는 장례를 지낼 때에 운상, 매장, 흙 운반, 봉분 쌓기, 떼 입히기 등 많은 과정을 여성들이 참여하여 처리했다. 또한 동원된 인력에게 음식을 제공하고 뒤처리를 하는 등 부수적으로 필요한 노동도 여성들이 전담했다. 다른 지역과 달리 추자도에서는 남성보다는 여성들이 적극적으로 참여하여 더 많은 일을 해 왔다. 또 이렇게 동원되는 노동은 일종의 품앗이로서 차후에 자신들도 똑 같은 상황에서 돌려받는 관행이 정착되어 있다. 그리고 이러한 노동 참여는 공동체를 유지하는 일종의 계율이자 규범이며 의무이다.

장례 등 공동 노동이 끝나면 추자도에서는 여성들만이 참여하는 여흥과 오락이 행해진다. 추자도 특유의 춤과 노래로 구성되는 여흥 오락을 즐기는데, 이를 '산다위'라고 부른다. 가정에서의 큰일을 치렀을 때나 마을의 공동 노동에서 여성들의 참여는 자연스러우면서도 필수적인 것이었으며, 일을 마치고 나서 여흥을 즐기는 '산다위'라는 여성 놀이문화가 정착된 것이다. 장례식을 하고 나서 놀이를 하는 것은 농촌공동체에서 보편적으로 행해졌던 문화였다. 지역에 따라 약간씩 차이는 있지만 놀이를 통하여 공동체 구성원들이 슬픔을 달래고 결속을 다지는 일종의

---

21) 한정우, 앞의 논문, 33쪽.

통과의례 형식을 갖는 놀이가 행해졌다. 추자도의 경우는 여성들이 노동의 중심이기 때문에 여성들만의 놀이인 '산다위'라는 문화가 만들어졌다. 또한 산다위라는 공동놀이는 서남해안 섬 지방에서도 행해지고 있는 현상이기도 하다.

하지만 최근에는 이러한 여성들의 공동 노동과 산다위가 거의 행해지지 않고 있다. 가장 큰 이유는 추자도 내에서 각종 일생의례를 행하지 않는다는 점에 있다. 추자도내에서 인구의 감소가 급격하게 진행되고 특히 젊은 계층의 인구가 외부로 빠져나가면서 실질적으로 노동을 담당할 수 있는 인구가 줄어들고 있다. 이러한 노동력 부족과 함께 주민들의 인식의 변화로 인하여 일생의례에서 큰 행사들이 추자도에서 행해지지 않고 있다. 자녀들의 결혼도 추자도에서 하지 않고 제주도 등 대도시의 결혼식장을 빌려서 하고 있다. 또한 장례식도 추자도에서 하는 경우가 거의 없다. 집안 어른이 돌아가실 때가 되면 제주시의 병원으로 미리 옮겨서 일을 치르고 있다.

[그림 11] 묵리 상여집에 있는 상여와 도구

현재에도 마을마다 상여집이 있으며, 예전에 사용했던 상여가 남아있기는 하나 최근 몇 년 동안 1~2번 사용할 정도이다. 반면에 청년회에서 2005년도에 장의차를 구입하여 공동으로 사용하고 있는데, 2005년에 9회, 2006년 13회, 2007년 15회, 2008년 25회, 2009년 16회 사용실적이 있다. 이렇게 추자도 내에서 상례를 비롯하여 일생의례의 중요한 행사들이 축소되거나 사라지고 있음에 따라 마을 주민들의 공동 노동과 산다위와 같은 놀이문화도 사라지고 있다.

이러한 여성 중심의 공동노동, 놀이문화의 약화는 인구의 감소와 사회 변동의 결과로 나타난 것이다. 사회 조직을 구성하는 단위인 가족에서 여성들이 차지하고 있는 비율이 점점 감소하고 있으며, 이는 공동체 전체적으로 여성 문화의 약화를 가져오게 된다. 전통적인 가정신앙의 주체는 여성들이다. 유교식 제례와 관습이 남성들에 의하여 전승되어 왔다면 가정신앙은 여성들에 의하여 전승되어 왔다. 추자도의 경우 30세~50세의 여성인구가 50세 이상 인구보다 더 적은 것으로 나타나고 있다. 이러한 인구 구조는 추자도의 사회 문화에서 여성 문화 전승을 약화시키는 부정적인 작용을 하고 있다. 또한 마을 내의 공동노동의 축소, 공동 놀이문화의 약화는 마을 주민간의 관계에도 일정한 영향을 가져오고 있다. 이는 마을 공동체 규범의 약화 및 집단보다는 개인의 이익을 추구하는 개인주의화를 낳고 있다고 하겠다.

추자도 주민들의 마을 신앙 형태는 남해안과 유사하다. 상추자와 하추자의 산에는 산신당이 있었으며, 또한 마을마다 마을 수호신을 모시는 당이 있다. 대서리 장군당, 영흥리 산신당, 묵리 처녀당, 예초리 물생이끝당, 예초리 장승제당, 횡간도 한하르방당 등이 있다. 영흥리에 있는 산신당에는 예전에는 제관들이 당 밑에 천막을 치고 정성을 들여 제를 지냈다고 한다. 설과 추석 전날에 주민들 대부분이 제를 지내러 가고, 평소에도 소원을 빌기 위하여 다니는 사람들이 많았다고 하나 지금은 찾는 사람이 예전과 같지 않다고 한다. 또한 음력 2월 15일 풍어제를 지낼 때 산신당에 맨 처음 가서 제를 지냈다고 한다. 하지만 지금은 산신당에서 지내는 제는 사라지고 있는 반면에 장군당(최영장군 사당)에서 지내는 제는 계속되고 있다. 현재 추자도에는 아직까지 당골이 존재하고 있는 횡간도에서만 당산 및 당제가 유지되고 있다.

새해를 맞이하여 각 마을마다 지내고 있는 걸헌제와 지신밟기는 현재도 지속되고 있다. 이러한 풍습은 제주도보다는 남해안의 영향을 받은 것이다. 특히 각 마을마다 신년에 하는 걸궁은 농악놀이로서 연주하는 12채 가락은 전라도의 영향을 받은 것이다. 제주도의 걸궁이 단순한 가락을 연주하는 것에 비교하여 추자도의 농악은 가락이 다양하고 기교가 넘쳐서 크게 비교가 된다. 제주도에서는 신년이 되면 마을마다 포제를 하고 마을에 있는 본향당에서 정해진 기일에 맞추어 무속의례를 했다면 추자도에서는 걸궁과 지신밟기 등 농악놀이를 중심으로 마을 공동체를 위한 축제를 벌였던 것이다.

섣달 그믐날 오후에 '고기부르는 걸궁'을 하는데 각각 마을 뒷산 정상에 올라가서 한다. 정월 초하루에는 걸궁을 하고, 집집마다 방문하여 안녕과 축복을 기원하는 지신밟기를 하고 있다.

지신밟기와 걸헌제는 오래전부터 행해져 온 세시풍속으로서 묵은해를 보내고 새해를 맞이하면서 마을 주민 모두가 함께 참여하는 축제이다. 마을 공동체 구성원들이 함께 참여하여 각 가정의 액운을 막고 축복을 기원하는 의례이다. 묵리의 경우 마을 앞 바닷가에 처녀당이 있는데, 정월 초하루에 걸궁을 하면서 처녀당에 가서 빌기도 하고, 또한 마을 공동우물에서 샘굿을 치고, 각 집집마다 방문하여 지신밟기를 했다. 물에서 돌아가신 분이 있는 집에서는 작은 상에 제물을 차려서 마을회관 앞 광장에 내 놓는다. 걸궁패는 그 곳에서 죽은 사람들을 위로하는 걸궁을 하고, 차려진 모든 제물을 걷어서 바다에 가서 빠뜨리는 의식을 한다. 이러한 의례는 지금도 계속되고 있다.

제주도 행정 당국에서 추자도의 굴비산업을 정책적으로 육성하면서 그 일환으로 7월에 추자도 굴비축제를 개최하면서 풍어제가 중요한 행사로 돋보이고 있다. 각 마을마다 자체적으로 했던 풍어제를 추자수협에서 주관하여 추자도 전체 어민을 위한 풍어제를 지내는 새로운 전통을 만들어낸 것이다. 2004년부터 시작하였는데 전통적으로 행해졌던 고기 부르는 걸궁과 걸헌제를 행사의 주요 내용으로 하고 있다.

풍어제를 지내는 장소는 수협위판장이며 제관은 수협의 조합장이 맡고 있다. 수협에서 대부분의 비용을 부담하며, 추자면 내의 5개 어촌계에서 부조를 하며 지내왔다. 예전에 수협 주관으로 소박하게 지내던 풍어제가 최근에 들어서는 추자도를 대표하는 관광행사로 변신하고 있다.

다른 지역과 마찬가지로 민간 신앙의 변화도 추자도에서 찾아볼 수 있다. 예전에는 설이나 추석 등 명절에는 어장(漁場) 고사를 지냈으며, 특별히 어장이 잘 되지 않을 때도 지냈다고 한다. 선원들 간에 불화와 갈등이 있으면 선원들은 이를 풀기 위해 '살풀이'를 해야 한다고 믿어 선주에게 "고사밥이 먹고 싶다"며 고사를 지낼 것을 요구하면 선주는 선원들의 협동의식을 증진시키고 그들의 사기를 높이기 위해 반드시 고사를 지냈다. 배 수리와 어망, 어구의 손질 등 출어 준비를 마친 후에도 고사를 지냈으며, 고사를 지낼 날짜와 시간은 택일하는 사람을 찾아가 길일을 받아오되 조류관계를 따져서 고기가 들기 시작하는 때를 택해 지내게 된다. 선주와 선장이 제주(祭主)가 되어 직접 모시기도 하지만 대개 당골(무당)을 불러 모시게 하는 것이 보통이었다.[22)]

이러한 고사는 지금은 거의 행해지지 않고 있다. 배를 가진 선주들은 새해가 되면 배 안에 모신 서낭을 위해 서낭제를 지냈으며, 배를 새로 지어 진수식을 마친 후 같은 날 밀물 때에도 서낭신을 위한 고사를 지냈다. 서낭제나 뱃고사는 지금은 간소화되거나 소멸되는 추세이다. 특히 당골을 청하여 하는 서낭제는 거의 하지 않는 것으로 나타나고 있다. 각 가정에서는 정월이 되면 택일하여 당골을 불러서 액막이를 했었으

22) 한정우, 앞의 논문, 49쪽.

며, 병이 나거나 집안에 안 좋은 일이 발생했을 때도 무속의례를 했었으나 지금은 하지 않고 있다. 현재 추자도에는 추포도와 영흥리에 각각 당골이 한 명씩 살고 있다. 추포도에 한 명이 있으며, 영흥리에 한 명이 있다. 이들은 선주의 요청에 의하여 서낭제 또는 뱃고사를 지냈는데, 지금은 예전보다는 그 요청 건수가 많이 줄어들었다고 한다.

추자도는 섬으로서 물에 빠져 죽는 사고가 많았다. 그럴 때 넋을 건져 올리는 굿이 어김없이 행해졌었다. 또한 사람이 죽었을 때 영혼을 저승으로 보내는 무혼의례인 '사제막음'도 행해지고 있다. 예전에는 추자도에서 장례를 치르면 당일 밤에 죽은 이가 살았던 집에서 사제막음을 했었는데, 지금은 추자도에서 장례를 치르는 경우가 거의 없으며, 제주시로 옮겨서 화장을 하는 경우가 많다. 이럴 경우에도 후손들의 요청에 의하여 장례는 제주시에서 치렀으나, 추자도에 돌아와서 별도로 사제막음 의례를 하고 있기도 한다. 하지만 이러한 의례도 많이 줄어들고 있다.

6. 상추자와 하추자의 관계

추자도의 사회문화 변동에서 나타나는 특징 중에 하나는 상추자와 하추자의 관계이다. 상추자와 하추자는 일제강점기 시절부터 중요한 사안을 두고 서로 경쟁을 해 왔다. 마을과 마을 간의 경쟁과 갈등은 추자도뿐만 아니라 다른 지역에서도 보편적으로 나타나는 현상이다. 제한된 자원이나 미래의 개발을 둘러싸고 마을간 벌어지는 경쟁은 다른 지역에서도 나타는 현상이다.

추자도는 섬이라는 환경으로 평지보다는 경사진 산이 많이 있으며, 마을들은 해안가와 경사면에 위치해 있다. 하추자의 마을과 마을 사이에 산이 가로놓여 있어 왕래가 불편하였으며, 그 때문에 지리적인 격리성이 강하였다. 또한 상추자도와 하추자도는 바다로 분리되어 있다. 상추자도와 하추자도를 연결하는 다리가 만들어지기 이전은 날씨가 조금만 나빠도 교통이 두절되었다. 바다가 가로막혀 있어서 상추자와 하추자는 서로 별개의 섬으로 존재하다시피 하였다. 상추자와 하추자로 분리되어 있는 추자도는 서로를 연결하는 다리를 놓기 전까지는 서로 다른 공동체였다. 추자 주민들은 하추자에서 상추자로 가는 것이 서울 가는 것보다도 더 멀게 느껴졌었다고 한다. 추자교 개통식 때에도 상추자와 하추자가 화합을 하는데 커다란 기여를 하게 되었다고 언론에 보도되기도 하였다.

상추자와 하추자 경쟁은 일제강점기 시절로 거슬러 올라간다. 상추자도의 대서리는 항구 입지 조건 때문에 일제가 진출하여 변화하게 된다. 일본인들은 대서리에 집중적으로 거주하였으며 대서리 주민들도 어업보다는 상업으로 눈을 돌리게 된다. 대서리는 행정과 상업 중심지로 변화하였으며 영흥리도 그 영향을 받기도 했다. 상추자의 대서리와 영흥리가 추자항을 둘러싸고 상업 및 어업이 발달되고 있는 반면에 하추자의 묵리, 신양리, 예초리는 보리 농사와 함께 우뭇가사리와 같은 해초류 채취가 주요 수입원이었다.

1926년 어업조합의 강제 수탈에 저항한 어민항쟁이 발생하는데 그 주체는 예초리와 신양리 주민들이었다. 그 결과 하추자의 묵리, 신양리, 예초리의 지도자급 인사들이 징역형을 살게 된다. 당시 항쟁에 상추자의 주민들은 참가하지 않았다. 일제는 하추자의 각 마을에서 지식인 및 지도자급 인물들을 수감하면서 탄압하였다. 1936년에도 속칭 '사와다 그물망사건'이라는 어민 항쟁이 발생하였다. 이때는 영흥리 주민들만 참가하였다. 대서리와 하추자 주민들은 참가하지 않았다. 이렇게 일제강점기 시절부터 마을 간의 산업 기반에 근거한 서로 다른 양상들이 나타나기 시작한다.

상추자와 하추자의 갈등은 자녀를 위한 교육기관 설립에서부터 시작한다. 1925년 추자공립보통학교 설립 당시에 학교의 위치를 두고 상추자와 하추자는 대립한다. 당시 대서리에 일본인 거주가 많고 항구가 상추자에 위치하고 있어서 교사(校舍)가 상추자도에 만들어지게 되고, 교장 거주지가 상추자가 되면서 대서리에 학교가 설립된다. 하추자에는 추자공립보통학교의 분교 형태로 설립되는데 하추자의 학생 수가 많기 때문에 상추자 1학급, 하추자 2학급으로 운영된다. 이에 따라 하추자는 호수(戶數)나 인구수(人口數)에서 상추자보다 훨씬 많지만 해마다 입학난이 증가되어 학부모의 불만이 쌓이게 되었다. 자녀 교육을 위하여 하추자에서 상추자로 이사하는 경우도 생겨났다. 이렇게 하추자 주민들의 불만은 1941년 6월 신양공립국민학교가 설립되면서 해결되는데, 당시 연혁을 기록한 내용을 보면 상추자와 하추자의 갈등이 어떻게 존재하였는지를 알 수 있다.

> "서기 1924년 이래 추자도 교육기관 설치 문제로 上下島 對立的으로 그 설치 장소를 다투어 治熱한 투쟁을 계속한 바이다.(중략) 下島는 호수로 보거나 人口數로 보거나 上島의 倍를 算하는 처지인데 年年 入學難은 증가되며 입학을 지원하는 焦心은 極度에 달하는 一方이었었다."23)

1955년에 중학교를 설립 지역을 둘러싸고도 대립한다. 일제강점기 시절부터 중학교 설립 부지를 놓고 상추자와 하추자가 맞섰는데, 1953년 본격적으로 학교 설립 문제가 논의되면서 갈등을 빚다가 대표자회의가 만들어지고, 그 결과 상추자는 어항을 목적으로 외항 방파제를 축항(築

23) 추자도지편찬위원회, 『추자도』, 103~104쪽.

港)하고 하추자에는 신양리에 중학교를 건립하기로 한다.[24]

교육기관 설치를 둘러싼 갈등은 이후에도 지속되어 1998년부터 추자도에 초·중·고교 통합학교를 세우려는 교육청의 시도가 있었으나 학교 위치 선정을 둘러싸고 상추자와 하추자의 갈등으로 무산되고 만다. 그 결과 현재 전국에서 추자도 보다 적은 인구가 살고 있는 섬에도 통합 중고등학교가 운영되고 있는 반면에 추자도는 아직도 고등학교를 설립하지 못하고 있다. 2004년에도 추자면연합청년회에서 추자지역 학교통합 논의를 시작하였으나, 결론을 내지 못하고 만다.

> "제주도교육청은 지난 98년 농어촌학교 현대화 사업의 일환으로 기존 추자교와 신양분교, 추자중 외에 고교까지 신설, 전국 최초로 초·중·고교 통합학교를 설립할 계획이었다. 그러나 1년 여 간에 걸친 논의 끝에 하추자 지역 주민들은 찬성했으나 상추자 지역 주민들은 절반 이상이 통합을 반대하거나 상추자 지역에 통합학교를 설립하기를 희망해 결국 입지문제로 99년에 통합학교 설립이 무산됐다."[25]

최근에는 3,000톤급 여객선이 접안할 수 있는 항만시설 건설 문제로 대립하는 현상이 나타났다. 추자도는 바다낚시를 하기에 최적의 조건을 갖고 있다. 1990년대 연간 1만 5,000명 이상의 낚시꾼들이 해마다 바다낚시를 하기 위해 추자도를 찾았으며, 2008년도의 실태조사에 의하면 2천200여 명이 낚시를 위해 추자도를 찾았으며, 이에 따른 조수입도 8억 5천만 원이나 되는 것으로 나타났다. 또한 1990년대 이후 추자도를 찾는 관광객들도 점차 증가하고 있는 추세이다. 추자도에서는 더욱 많은 낚시꾼들과 관광객 유치 및 주민 편의를 위하여 3,000톤급 카페리가 접안할 수 있는 항만 시설 개발을 추진하고 있다. 하지만 항만 유치 지역

24) 추대엽, 앞의 글, 43~44쪽.

25) 제민일보, "추자지역 학교통합 여부 관심", 2004.8.22.일자.

을 둘러싸고 상추자와 하추자간의 갈등이 지속되고 있다.

1990년 북제주군은 서울 소재 업체에 용역을 의뢰하여 추자항이 연안항 지정 적지라는 결과를 내린 바 있으나, 하추자 주민들의 반발 등에 의하여 해운항만청이 이에 대해 부적격 판정을 내렸으며, 재검토에 들어갔다. 1998년 2월 추자항과 예초항을 잇는 광역항으로 설계용역을 발주하기도 하였다. 하지만 신설 항만 건설 계획은 확정되지 못하고 계속 진행되었으며, 2000년 용역조사 보고에서는 추자항 방파제 외측을 중심으로 개발하는 안과 영흥리 북측, 묵리 상수원 전면수역, 예초항 항만 등 4개 장소로 검토되던 개발예정지를 묵리상수원 전면수역으로 확정하기도 했다.[26] 이후에도 신항만 유치 논의는 상추자와 하추자의 갈등으로 인하여 표류하다가 2011년에 신양항을 확장하여 3,000톤급 전천후 여객선이 취항하는 계획을 확정하였다.

일제강점기 시절의 학교 설립을 비롯하여 1990년대의 통합중등학교 설립, 1980년대 이후 각종 기반시설(오수 처리시설, 쓰레기 처리, 폐기물 소각시설, 체육관 등) 설치, 2000년대 항만시설 유치 경쟁 등 개발과 관련된 각종 쟁점을 둘러싸고 상추자와 하추자간에 경쟁해 온 것을 알 수 있다.

7. 맺음말

1980년대 중반까지 농업과 함께 멸치잡이를 비롯한 어업의 성장으로 추자도는 '살만한 섬'이었다. 하지만 생업의 변화와 자녀 교육문제 등으로 인하여 인구는 점점 유출되어갔다. 현재는 30년 전 1980년과 비교하

26) 제민일보, "추자항 개발 최종 용역 확정", 2000.8.17.일자.

여 인구가 절반 이상 감소하고, 노령 인구의 비율이 증가하는 고령화 사회가 되고 있다. 60세 이상 노인들이 25%나 차지하고 있으며, 또한 젊은 계층에서는 남성과 여성의 비율이 1.6 대 1로 나타나고 있어 인구의 감소와 인구 비율의 불균형은 추자도의 변화를 일으키는 중요한 요인이 되고 있다.

추자도에서 농업은 소멸되었으며, 주민의 90% 이상은 어업에 종사하고 있다. 어선어업으로는 조기와 삼치가 주력 어종이며, 마을 어업으로는 소라 채취를 일부 잠녀들이 하고 있다. 조기는 추자도내 가공단지를 통하여 굴비로 상품화되고 있으며, 2009년도에 굴비 판매로 200억 원의 수익을 올리기도 하였다. 조기잡이와 굴비 판매는 추자도의 경제를 이끄는 가장 큰 원동력이다.

인구의 감소와 어업의 변화는 추자도의 사회문화에도 변화를 가져왔다. 공동체를 이끌어왔던 마을 전통 의례가 약화되고 있으며, 마을 구성원들이 함께 참여하여 마을내의 대소사를 해결하던 공동노동 문화가 소멸되었다. 구성원의 일생의례의 중요한 행사들을 추자도내에서 하지 않고 제주도나 전라도 등 대도시에서 행함에 따라 구성원 사이의 상호관계에서도 변화가 일어나고 있다. 전통적인 민간신앙 영역 역시 축소되고 있는 추세이며 사회 기반을 형성해 오고 있는 공동체 규범과 관습 역시 약화되고 있다.

추자도는 현재 조기 가공을 통한 '명품 굴비 생산지'와 '섬 관광지'로의 변신을 추진하고 있다. 2010년도에 제주도청에서는 추자도 방문의 해로 정하여 제주도민의 추자도 방문 및 관광 활성화를 추진한 바 있다. 또한 추자도를 또 다른 관광지로 만들어 발전을 도모한다는 계획도 추진하고 있다. 이러한 요인들은 추자도의 변화를 이끌어내는 또 다른 변수가 될 것이다.

참고문헌

고응삼, 1972, 「섬의 섬 추자도를 가다」, 『제주도』 53호, 제주도.

국립해양유물전시관, 2002, 『우리배 고기잡이 3』, 국립해양유물전시관.

명재림, 2009, 「일제강점기 추자도의 어민항쟁」, 한국교원대학교 석사논문.

이영학, 2000, 「조선후기 어업에 대한 연구」, 『역사와 현실 35호』, 한국역사연구회.

조맹수, 1986, 『제주의 섬』, 도서출판 조약돌.

제주대학교 사회교육과, 「1994,제주도 부속도서 사회조사(추자도)」, 『제대 사회과 교육』 12집.

진성직, 1970, 「파시장을 이루는 신화의 마을」, 『북제주』 66호, 북제주군.

추대엽, 1977, 『추자도명(楸子島銘)』, 필사본.

추자도지편찬위원회, 1999, 『추자도』, 추자도지편찬위원회.

한상복 외, 1992, 『한국의 낙도민속지』, 집문당.

한정우, 1987, 「도서어촌여성의 사회적 지위에 관한 일 연구」, 서울대학교 석사논문.

함승보, 1986, 「제주속의 전라도 추자군도의 어제와 오늘」, 『월간 관광제주』 21호, 월간관광제주사.

추자도의 어종 및 어구·어법 변화양상과 생태적 전략

주강현

추자도의 어종 및 어구·어법 변화양상과 생태적 전략

주강현

1. 머리말

추자도의 어종과 어구·어법은 육지와도 다르고 제주도와도 다른 그 무엇이 있다. 이는 섬이라는 생태환경 속에서 이에 대응해가는 추자도 사람들의 생태전략에서 주어지는 것이다. 역사적으로 일본으로부터의 외부적인 선택도 무시할 수 없을 것이다.[1)]

첫째, 추자도 어업에 가장 큰 외부적 요인은 일제강점기에 일제에 의해 이루어졌다.

1) * 주강현 ** 이의열, 안행순, 왕염
본 연구조사는 2005년 필자의 개별 조사자료(2005.5.11-12,수협중앙회 협조, 서울신문 관해기 연재 취재용), 제주대 한국학협동과정(2011년 2학기) 현지답사 수업의 일환으로 이루어졌다(2011.10.1~2). 이의열, 안행순, 왕염이 조사에 임하였다. 면담자는 대체로 대서리에서 만난 분들로 어부, 노인회장, 어촌계장, 해녀회장, 외국인 선원 등으로 직간접적으로 어업에 종사하는 분들로 협조적인 자세로 인터뷰에 응해 주었다. 주강현, 『관해기』(남쪽바다편), 웅진지식하우스, 2006, 추자도 편 참조.

상추자항

무려 42개의 섬들이 있어 군도라고 하지만, 주민이 거주하는 섬은 상추자, 하추자, 횡간도와 추포도 4곳뿐이다. 추자도 주변해역은 서로 다른 해류가 교차하는 해역으로 봄부터 가을에 걸쳐 멸치, 조기, 삼치 등 다양한 어족자원이 서식하거나 이동의 통로가 되어 주요어장이 거의 연중 형성되는 주요 어장이다. 일찍이 제국주의 팽창의 바람이 휩쓸고 지나가기도 했던 이곳에 일제는 1919년 추자도 어업조합을 설립하고 앞선 어로기술을 사용하여 자국의 황폐해진 수산자원을 충당하기도 했다. 메이지41년(1908년) 호구조사표[2)]를 보면 제주도 전체 일본인 어업이주인구가 20호 187명인데 비해 추자도가 10호 50명이나 된다는 점은 추자도의 풍부한 어장조건을 말해준다. 일제는 통영, 포항 등을 동남부를 중심

2) 農商工部水産局, 『韓国水産誌①』, 日韓印刷株式会社, p.100.

으로 어장침략을 감행하였으며, 특히 거문도나 추자도, 충남의 녹도, 전북의 어청도 같은 오지의 섬을 전략적으로 어업거점화하였다. 이들 격리된 섬들은 인구밀도가 낮고 어업력이 상대적으로 약한 조건에서 조선인과 마찰을 최대한 줄이면서도 풍부한 어장을 배경으로 많은 어획고를 올릴 수 있는 이점이 있었다. 이주어촌은 추자도에도 많은 흔적을 남겼다. 오늘날까지 이어지는 삼치어업 등은 전적으로 일본인들에 의해 선호되었으며 해방 이후 1970년대까지도 대일 전략수출품으로 기능하였다.

둘째, 추자도는 전라도와 제주도 사이에서 중간자적 위치를 보여주며, 어업 유통에서도 그러한 성격을 보여주었다. 흔히 추자도를 '제주 속의 전라도'라 부른다. 이는 현재 행정구역상 제주에 속해 있으나 언어와 문화, 생활풍습이 전라도와 같은데서 연유한다. 남쪽 48km지점에 제주항이 있지만 완도항도 그보다 멀지 않으며 노화도와 보길도는 손에 잡힐 듯 지척인데다 초기 정착주민 대부분이 전라도에서 이주해 온 점, 그리고 전라도와 제주도를 오가며 거듭된 행정구역 개편도 크게 작용한 탓이다. 1821년 전남 영암군으로 정식 예속된 이래 제주군에 귀속되던 1914년에 이르기까지 추자도는 전남 영암군과 완도군 그리고 제주군 행정구역을 수차례에 걸쳐 넘나들었다. 추자도 북쪽의 어장은 곧바로 삼치어장인 나로도어장, 청산도어장과 일치한다. 삼치를 중심으로 한 범 추자도권 어장이 존재하였으며, 대체로 전라남도 쪽에서 내려온 이주어민들이 어업권을 장악하였다.

추자도가 제주도로 이관된 이후에는 서서히 변화가 따르고 있다. 최근 들어 추자도에 대한 제주도 행정적 지원 및 관심에 힘입어 추자도와 제주도는 점차 거리를 좁혀가고 있다. 2011년 조사의 경우, 추자도 묵리는 150가구가 넘는데 가까운 제주시보다도 서귀포에 많이 가서 산다.

서귀포에 가서 하는 직종은 주로 어장일인데 갈치채낚기, 연승, 그리고 그물어장도 추자도 사람들이 많이 하고 있다. 그만큼 추자도 사람들의 어업기술이 뛰어나다는 증거이다. 완도에 딸린 보길도 사람들도 서귀포에 많이 들어가서 산다. 그네들도 어업진출이었으며 해방 이후에 많이들 내려갔다. 호남 및 추자도 사람들의 서귀포바다 진출은 어업문화사적으로 흥미로운 대목이다. 추자도 토박이로 제주도에서 교육받고, 집안에서는 전라도 말을 쓰는 사람의 경우, 그 문화적 정체성은 대단히 복잡하다. 제사나 장례, 세시풍속 등은 확실히 전라도적이다. 반면 제주도 출가 해녀가 아니라 토박이 해녀들이 물질하는 형태는 '제주도적'이며, 전복이나 소라 맛 역시 '제주도적'이다. 제주도의 보편적인 테우가 추자도에서도 널리 쓰였다.

재미있는 것은 예전에 추자도 어민들은 제주도 한라산이 보이는 관탈도까지 진출하지만 정작 제주도에는 진출하지 않았다는 점이다. "거기는 탐라국이라 그곳에 가면 죽는다고 했다"고 전한다. 제주도 해변은 수심이 얕고 파도가 세므로 난파를 두려워했던 탓이다. 추자도가 육지부와 가까웠던 것은 역사문화적 배경 말고도 이같이 제주도 바다를 두려워하던 육지 출신 추자도 사람들의 두려움이 깔려있는 셈이다. 훗날 뱃길이 보다 안전하게끔 선박이 발전하고 난 다음에야 제주도와 교통이 빈번해졌음을 시사하는 대목이다.

추자는 주자(舟子)로 불렀으니, 영암 · 무안 · 나주 · 진도 등 전라남도 남서해안으로 가는 뱃길이었다. 제주도는 애월이나 조천으로 드나들었다. 당연히 이름난 유배지였다. 유배객 중에는 해배 후 되돌아간 이도 있었으나 아예 섬사람이 된 이도 많았다. 옛적 귀양객들이 이곳에 이르러 다 왔다는 생각에 갓을 벗었다 해서 '관탈'이라는 지명도 탄생하였다. 관탈도에서는 불과 30분이면 제주항에 닿는다. 추자도에는 딸린 섬들이

42개나 되며 유인도가 4개이다. 그러니 완도-청산도-추자도-관탈도 등이 징검다리처럼 일렬로 늘어서 육지와 제주도를 연결하고 있는 셈이다. 오늘날 추자도의 어업권은 전적으로 제주도 본섬에 귀속되며 한림항 등이 주요 어획물 처리장으로 대두하였다. 전라도로부터 제주도로의 이행은 어업에서 종결되어 가고 있는 중이다. 추자도 어민 중에 제주도로 진출하여 수산유통 및 수산물음식점을 차려서 성공한 이들도 많아졌다.

셋째, 어종의 변화 양상이다. 추자도의 주력 어종은 삼치와 멸치였다. 지금도 삼치와 멸치는 여전히 수익을 보장하는 어종이다. 그러나 서해안 조기가 사라지고난 다음에 유일하게 추자도에 어장이 형성되었다. 추자도 조기는 일제강점기에도 존재했다. 그러나 서해안 조기의 씨알이 굵고 굴비의 유통이 서울 등지로 보장되어 있는 조건에서 추자도 조기는 주목받지 못하였다. 예전의 서해안 통굴비에 비하면 추자도 굴비는 그 크기에서 완전히 밀리기 때문이다.

그러나 서해환경의 변화와 남획의 결과, 조기는 서해안에서 사라졌다. 조기는 '절 받는 고기'이기 때문에 제숫거리로서의 특수한 기능을 잃지 않고 있으며 선호도가 높은 물고기다. 추자도 조기는 서해 조기의 대체품으로서 부각되었으며, 그 질과 양에서 압도적인 시장권을 확보하게 되었다. 추자도 조기 역시 과거식의 전라남도 영광 법성포로의 유통이 아니라 한림항 등으로 유통되어 '추자굴비'라는 이름으로 가공되어 전국으로 나가고 있다.[3] 이는 추자도가 어업상으로도 본격적으로 제주도적으로 변화였다는 증거들이다.

---

3) 현재 추자도는 참조기 가공단지를 조성하여 자체에서 굴비를 가공, 유통시키기 위하여 대규모 굴비산업단지를 건립하였다. 그러나 많은 물량이 여전히 한림 등으로 나오는 중이다.

2. 풍부한 어장 조건과 어업권 분포

1) 일본인 이주어촌과 약탈어법

추자도는 끊임없이 왜구에게 시달렸다. 왜구들은 제 집 드나들 듯 추자군도를 드나들었으며 심지어 20세기 초반까지지도 수적(水賊)이란 이름의 바다도둑이 설쳐댔다. 일제강점기, 이곳 수산자원에 눈독을 들인 일인들 몇몇이 장작리(신양2리)에 계절적으로 진출하였다. 여름이면 멸치를 잡아서 멸치를 생산하였다. 평사(자갈밭)가 터져있어 샛바람이 불면 멸치가 몰려왔다. 음력 5월부터 9월,10월까지 후리로 잡았는데 갈매기가 따라오면 그것을 보고 그물을 둘러서 끌어당겼다. 후리법은 배1척이 그물을 풀어놓고 여나믄 명의 인력으로 잡아당겨 끌어내는 방식이다. 후리는 추자도사람은 하지 않던 어법으로 전적으로 일본인들에 의해 이루어졌다. 대형그물이 요구되는 후리법은 추자도의 경우에는 적어도 일제강점기 이전에는 행해지지 않았다.

일본인들은 상추자 대서리에 집단적으로 진을 쳐서 약 20여 가구가 살았다. 일본인들의 추자도 어세는 작지만 강하였던 것으로 파악된다. 그네들은 학교와 조합을 만들고 멸치 · 삼치 · 방어 등에 매달렸다. 생물을 취급할 수 없던 시절이라, 그때는 "죽은 것을 잘 먹었응께, 지금은 산거만 먹제"라고 한다. 무엇보다 일본인들이 선호하여 상품성 높았던 삼치잡이로 이름을 떨쳤다. 기선급 선박이 엄청난 양의 삼

일본인 거리

치를 잡아 그대로 상고선(商賈船)에 실어 일본으로 가져갔다. 이른바 추자도 삼치파시는 이들 일본 배들 때문에 이뤄졌다. 삼치는 납봉을 달은 외줄낚시에서 복쟁이 오린 것을 미끼로 매달았다. 복쟁이 껍질은 질기고 반짝반짝하는데 삼치가 그 반사빛에 홀려서 미끼를 덥석 물게 된다.[4)]

추자도에는 '사와다 그물사건'이라는 전설 같은 일제강점기 어민항쟁이 전해진다. 1926년 5월 14일, 추자면민들이 대거 운집해 면장과 추자어업조합에 대한 불편과 불만을 토로했다. 형세가 대단히 격렬해 목포와 제주에서 경찰이 들이닥치고, 주동자 21명이 검거, 압송되기에 이르렀다. 어업조합과 면장 등이 공모, 은행 빚으로 어구를 사들인 뒤 두 배나 비싸게 팔았는가 하면, 주민 의견을 무시하고 우뭇가사리를 강제매입해 빚어진 사건이었다. 낌새를 알아챈 조합장이 주재소와 결탁해 어민들을 억압하려 하자 예초리 남녀 7백여 명이 함께 시위를 일으킨 것이다.

본디 이곳 사람들은 외줄낚시로 필요한 만큼의 고기만 낚았으나 일본인들이 대형 그물로 싹쓸이하듯 고기를 잡아가자 이에 반발한 사건이었다는 증언도 있다. 이곳 노인들은 "물 반 고기 반이었는데 왜놈들이 싹쓸이해가니 그걸 못 보고 다들 일어선 게지"라고 말한다. 일제의 약탈어업이 빚은 필연적 결과였다. 전국적으로 드문 어민항쟁이 추자도에서 벌어졌음은 그만큼 어업을 둘러싼 경제적 이득이 높은 곳이고 어업권 각축이 심할 정도로 어업이 활발하였다는 증거이기도 하다.

4) 주강현, 『관해기』(남쪽바다), 웅진지식하우스, 2006, 106-119쪽.

2) 어장의 변화와 확대

추자도는 기본적으로 풍부한 어장이다. 추자도는 급경사의 암식해안으로 비교적 수심이 깊고 해안선은 암초가 많아 전복, 소라, 톳과 같은 패조류의 서식에 좋은 환경을 갖고 있다. 주변지역은 서해와 남해를 연결하는 해상통로로 다양한 어군의 이동경로다. 물살이 빠르고 한류와 난류가 교차하는 해역으로 고급어종인 조기, 삼치, 방어, 멸치가 산란, 회유하는 황금어장이다. 조업구역은 추자도 연안 및 근해어장뿐만 아니라 흑산도나 멀리 동중국해, 남중국해까지 출어가 가능하다.

상추자항은 대서리 · 영흥리, 하추자항은 신양리 소속이며, 그밖에 예초리 · 묵리 같은 아름다운 포구들이 흩어져 있다. 단단한 바위밭에 해류가 거칠게 흘러 '흐리멍덩한 고기'들은 살 수가 없는 곳이다. 참돔이나 감성돔 · 돌돔 · 조피볼락 · 우럭 · 농어 같은 고급 어종이 바위밭에서 물살과 씨름하면서 육질을 키우는 까닭에 그야말로 '바다낚시의 천국'이다. 숨은 여가 100여 개에 달하고 있어 고기들의 서식지로 적격이므로 도처에 보이느니 낚시꾼들이다.

오늘날도 추자도 산업구조는 수산업이 90% 이상이며 농축산업은 소규모 자급형태로 이루어진다. 2011년 기준, 어선어업이 주를 이루어 조기유자망 어선은 49척이 있고 삼치, 방어 등 채낚기 어선이 108척이다. 마을 어업권의 주채취물은 소라, 전복, 톳, 모자반 등이다. 낚시어업은 10톤 미만 연안 어선이 19척 조업하고 있다. 어업인구는 다른 도서지역과 마찬가지로 해마다 감소추세를 보이고 있으며 설비가 좋아져 예전처럼 힘들지 않다고 만나는 사람마다 강조하지만 갈수록 배를 탈 사람들은 줄어들고 있는 추세이다. 실제로 대서리 포구에서 외국인 어업노동자를 쉽게 만날 수 있다. 외국인노동자가 없으면 추자도 어업은 가동이 불가능한 실정이다.

묵리 앞

본 연구의 표본지역인 상추자 대서리는 인구의 약 50%가 밀집되어 있으며 학교, 수협, 우체국 등의 공공기관이 들어서 있는 중심지이다. 추자항이 있어 인근항인 제주항과의 거리는 45km, 하추자 신양항과는 4km(육상 7km), 목포항과는 96km의 뛰어난 접근성이 장점이다. 추자항은 '제주–상추자–목포'를 연결하는 여객선 기항지이며 대서리와 영흥리의 해안을 끼고 있는 항구로서 북서쪽으로 발달된 산줄기가 겨울철 북서풍을 막아 주고 있어 천연적 양항(良港)이다. 따라서 추자도 선적의 연근해 유자망어선들이 활동하는 중요한 근거지다. 다음 표는 2010년도 어업활동 통계자료[5]로 어촌계원 현황과 어선현황이다. 추자도의 대서리는 여러 가지 조건에서 추자도를 조사하는 대표지역으로 부족함이 없음을 알 수 있다.

5) 제주특별자치도 제주시 추자면, 「일반현황」, 2011. 11.

〈표 1〉 어촌계원 현황(2010년도)

(단위 : 명)

구 분 \ 어촌계별	계	대 서	영 흥	묵	신 양	예 초
계	353	134	56	39	80	44
남	199	92	38	13	39	17
여	154	42	18	26	41	27

어업은 어패류나 해조류의 어획이나 채취 및 이들을 양식하는 산업을 말하며, 조업방법에 따라 어로어업과 양식어업으로 구분된다. 또한 조업거리에 따라 연안어업, 근해어업, 원양어업 등으로 구분된다. 추자도에서는 주로 당일 돌아올 수 있는 연안어업과 2,3일~10수일 간 머물면서 조업을 하는 근해어업이 이루어지고 있다. 추자도의 어업권역은 상당히 넓다. 육지와 제주도의 중간지적 입장을 충분히 이용하여 위 아래로 이동하면서 고기를 잡고 있다. 서해안 어종이 고갈되면서 위도 쪽으로 북상하던 이동은 완전히 사라졌으며, 그 대신 제주도 어장을 포함하여 중국쪽 공해로 내려가고 있다.

저희들이 옛날에는 삼치 잡으러 갈 때 8월 넘어야 갑니다. 위쪽으로 위도, 흑산도 가서 3개월 있다 와요. 멸치는 추포도가 제일 많이 났지. 삼치는 주로 추자 앞바다에서 전체적으로 많이 잡혔고 조기는 관탈섬에서 많이 났어요.(왜요?) 고기한테 물어봐야 알지. 다른 곳에도 났는데 바위가 많아서 어망이 찢어지므로 바위 없는 곳에서 조업을 한 것이지. 조기는 위도 밖에 나가야 있는데 지형이 차이가 있어 거친모래라고 써 있지(김석권).

제주 남쪽으로 서른다섯 시간, 중국 방향인데 우리 공해상입니다. 조기 따라가니까 4~5월에는 연평도까지 올라간다고 봐야죠. 조기파시가 흑산도에서 열리면 아가씨들이 300~500명까지 몰려들어요. 흑산도 파시는 보통 가을삼치가 잡힐 때 형성되지요. 연평도는 파시까지는 아니고 삼치어장이 형성되는데 어청도 근해, 위도 근해 안흥까지 잡으러 다녔어요(홍승기).

다음은 2011년 현재 추자도의 품종별 위판 실적을 나타내는 표다.

〈표 2〉 2011년 품종별 위판실적

(단위 : 톤, 백만원)

구 분	2011년(10월말 누계)		2010년(10월말 누계)		대 비(%)	
	수량	금액	수량	금액	수량	금액
계	7,987	28,374	4,062	27,601	증97	증111
참 조 기	7,608	27,216	3,834	26,475	증98	증116
삼 치	83	484	114	764	△27	△36
멸 치	132	164	-		-	-
갈 치	12	92	14	78	△14	증18
방 어	15	73	45	125	△66	△42
기 타	137	345	55	159	증149	증117

위의 표에서도 나타나는 것처럼 지금은 참조기의 수량과 어획고가 추자도의 어업의 중심이다. 참조기는 추자의 최고 브랜드 이미지로 굳혀져 가고, 고급어종이라 어획고에도 크게 기여하는 추자도의 최고 효자상품이다. 예전에는 삼치도 조기와 함께 풍어를 이루어 삼치파시가 열렸을 정도로 유명했으나 매출액에서 조기와 상대가 되지 못한다. 조기가 국민생선이라면 삼치는 기호성이 강한 생선이기 때문이다. 추자도 어업의 다른 특징으로 명물 멸치젓갈을 떠올리게 되는데, 1970년대까지는 추포도를 중심으로 호황을 누렸으나 이상저온 현상 등으로 어획량이 급감하면서 멸치잡이 어민들은 조기와 삼치로 어업의 변화를 시도하게 되었다.

3) 마을어장 및 맨손어업 · 양식어업

마을 어장의 이용형태는 두 가지로 구분된다. 하나는 전복, 소라, 홍합 등을 대상으로 공동관리 · 개별채취로, 소라는 수협을 통해 수집 판매되고 그 외의 패류는 어촌계가 주관하여 판매한다. 해녀 및 어업인 각자가 어장 이용에 참여하고 채취능력에 따라 소득이 달라진다. 또 다른 방식은 공동관리 · 공동판매이다. 가장 수익이 높은 톳은 공동채취 후 수협을 통해 공동판매 되고, 수익금은 참여한 계원의 채취 및 건조 등에 대한 참여일수에 따라 평등하게 분배되고 있다.[6)]

2010년도 추자도의 마을 어업권은 25건, 어장면적이 703ha로 5개 마을어촌계와 현직 잠수 122명이 참여하고 있다. 주채취물을 보면 패류는 소라와 전복이고 해조류는 톳, 모자반 등이다. 추자도 각 마을어장의 2009년도 생산실적은 다음과 같다.

〈표 3〉 2009년 마을어장별 생산실적

어촌계별	개소	어장면적 (ha)	현직 잠수 어업인(명)	2009년 생산실적	
				수량(kg)	금액(천원)
계	25	703.3	122	146,780	786,194
대 서	6	165.1	24	31,457	157,924
영 흥	5	102.4	18	17,612	90,921
묵	2	99.5	23	25,930	209,272
신 양	4	192.5	30	47,528	159,574
예 초	8	143.8	27	24,253	168,503

6) 김수현, 「연안어업의 자율적 관리체제 구축에 대한 연구」, 부경대학교 석사학위 논문, pp.30~31.

추자도 연안은 급경사로 조류가 심하고 풍랑이 잦아 자연 포구가 형성되지 않음으로 맨손 어업이 거의 불가능하다. 추자도는 어장이 외항과 연결되는 점, 파고가 높고 태풍이 있으며 겨울철 북서풍이 강하게 부는 점 등의 양식업에는 매우 불리한 환경이라고 볼 수 있다. 그나마 만이 형성되어 있는 묵리, 영흥리, 신양리 포구 안에서 극히 부분적으로 행해지고 있을 뿐이다.

추자도에서의 양식업은 소규모이며 초보수준으로 신양리와 대서리 및 영흥리의 마을어장에서 참돔과 방어를 일시적으로 기르는 가두리 양식형식이다. 치어양식이 아닌 어선어업을 통해 잡아온 어류를 판매하기 전까지 일시적으로 보관하는 형태이다. 추자항 동쪽 방파제 부근에서의 부분적인 가두리 양식과 대서리가 아닌 옆 마을에 있는 멍게양식장이 있다. 2010년도 추자도의 양식어업 생산실적은 다음과 같다.

〈표 4〉 2010년 해면 양식어업 생산실적

구분 / 어업별	품 종	개 소	면 적 (㎡)	품종별	생산능력 (톤)	2010년 생산실적	
						수량(kg)	금액(천원)
계		3개소	30,000		110	42,500	340,000
가두리	어류	2개소	30,000	방어류	60	없	음
연승 수하식	어류	1개소	20,000	우렁쉥이 (멍게)	50	42,500	340,000

〈표 5〉 2010년 육상 양식어업 생산실적

상호	소재지	시설규모(㎡)		품종	2010년 생산실적	
		부지면적	수면적		수량(kg)	금액(천원)
계	1개소	8,172.0	3,398.5	–	52,800	200,000
묵리영어 조합법인	묵리 577외 3필지	8,172	3,398.51	넙치	52,800	200,000

3. 어선어업의 다양성과 멸치·삼치·조기잡이

일제강점기 이전에는 천연적으로 자라는 해조류는 공동으로 채취하였고 어선어업은 일제강점기에 일본인들에 의해 시작되었다. 물론 원시적인 잡어낚시는 있었으나 망어법을 시작한 것은 이때가 처음이며, 추자도에서 어선어업을 시작한 것은 주로 일본에서 이주해 온 어민이나 여수, 목포 등지에 있는 자본가들이었다.

그렇게 일제강점기에 뿌리를 내리기 시작한 어선어업은 지속적으로 확대되었다. 2005년 조사에서는 유자망 60척으로 보통 30-40톤 규모였다. 2011년 추자도의 어선은 157척이 등록되어 있다. 특징을 보면 10톤 미만 소형어선이 69% 차지하고 있으며 주종업종은 조기유자망(49척) 및 삼치, 방어 등의 채낚기(108척)를 들 수 있다. 10톤 미만 선박이 108척을 차지하는 것으로 보아 선박 세력은 영세한 편이다. 원해 어업이 가능한 30톤 이상은 37척에 불과하다. 작은 배들은 연근해에서 삼치를 잡으며 큰 배는 원해로 나아가 조기를 잡고 있다.

〈표 6〉 2010년 어선 현황

(단위 : 척)

톤급별 / 어촌계별	계	1톤 미만	1-5톤 미만	5-10톤 미만	10-20톤 미만	20-30톤 미만	30-50톤 미만	50톤 이상
계	157	4	50	54	0	13	34	3
대 서	81	3	12	25	–	10	28	3
영 흥	27	1	11	11	–	2	2	–
묵	9	–	7	2	–	–	–	–
신 양	29	–	12	14	–	–	4	–
예 초	11	–	8	2	–	1	–	–

어획고에서는 유자망어업이 어로어업 위탁판매액의 약 60%를 차지할 정도로 훨씬 높다. 촘촘한 그물코를 쓰는 유자망은 어종을 고갈시키는 결정적 요인이 되고 있다. 연안어장에서의 채낚기 어업은 어족자원의 고갈로 점점 더 어려워지고 이에 따라 소형어선들이 줄어들기 시작했다. 현재 전국에서 추자도가 조기 유자망 어선을 가장 많이 소유하고 있으며 우리나라에서 판매되는 굴비의 대부분이 추자도 근해에서 잡히고 있다. 유자망은 어업의 미래를 불투명하게 만들고 있다.

유자망

소형어선은 2~3인의 가족 노동력에 의존하여 채낚기 어업이나 통발어업을 행하고 있다. 10톤~20톤급 어선들은 선장, 기관장 갑판장, 화장(취사담당), 선원으로 구성된다. 삼치잡이는 9명, 조기잡이는 10명 정도가 승선하여 조업을 하는데, 최근 일손이 부족해 외국선원이 많이 늘고 있다. 추자도에서 만난 외국인 선원은 수입의 대부분을 고국으로 송금하고 이곳에서는 최소 생활비로 살아간다. 추자도어민 중심의 어업에서 외지인으로의 이전, 더 나아가서 외국인으로의 이전은 추자도의 인종적 단일성을 뒤바꾸고 있는 중이다. 추자도 어선어업의 어종은 참조기가 주를 이루며 삼치, 방어, 멸치의 순이다. 갈치는 조기어망에 부업으로 잡히는 방식이다. 조사 과정에서 나타난 어선어업의 주어종을 중심으로 어장 및 어구, 어종별 조업시기와 그 특징을 정리해보면 다음과 같다.

〈표 7〉 어종별 어로방법

어종	어로방법	특징
멸치	쳇배, 추자도 6척 소유(급감)	원담, 후리(함덕)어법: 제주도 전통
참조기	유자망	흑산도, 연평도까지 다녔음. 잘못해서 북으로 넘어가기 쉬움
삼치	유자망, 채낚기(잇뽄쓰리−本釣り)	연안어업
고등어	유자망	근해어업

어종별 조업시기는 여름철이 성어기인 멸치를 제외한 대부분의 어종들은 가을부터 이듬해 봄철까지가 주어기였다. 다만 온난화의 영향으로 수온이 바뀌면서 최근에는 어장이 이동하고 조업시기도 조금씩 변화를 보이고 있어서인지 예전 자료와 채록에서의 차이가 있다.

〈표 8〉 주어종의 어종별 조업시기

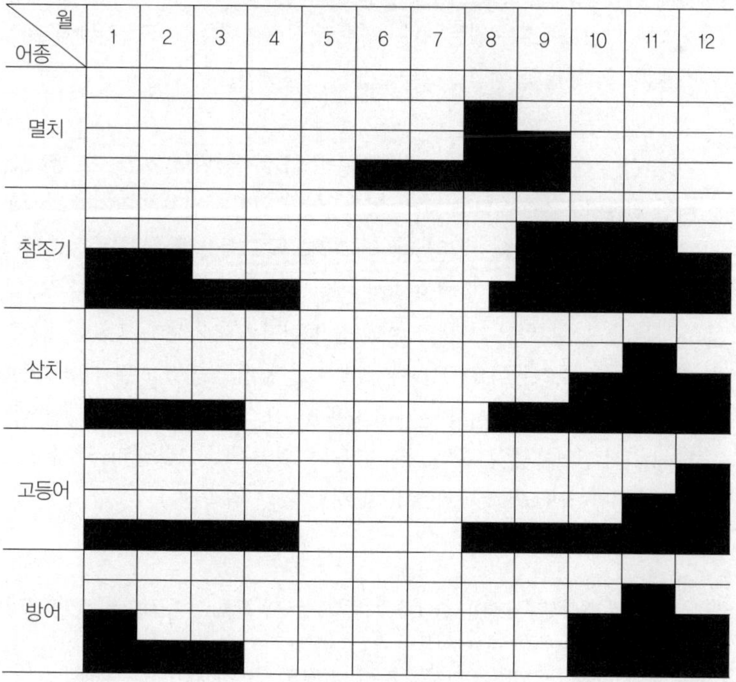

월 / 어종	1	2	3	4	5	6	7	8	9	10	11	12
멸치												
참조기												
삼치												
고등어												
방어												

1) 멸치

멸치는 치어기부터 성어에 이르는 단계까지 어식성 어류들의 주요한 먹이원이 되고 있는데 이는 소형의 플랑크톤을 섭이하고 있는 멸치가 해양의 저차생산력을 이용가능한 자원으로 변환시키는 역할을 담당하는 등 천연의 먹이생태계에 있어서도 중대한 위치를 차지한다.[7] 과거 추자도의 활력소였던 생산량이 최근 급감하는 이유로 기름오염이나 적조현상이 거론되고 있다. 멸치잡이는 음력 5~6월 시작되고 절정은 7~8월로 추자도에서 유일하게 여름철이 성어기이다. 멸치는 챗배로 잡는다. 저녁 6시경 바다로 나가 불을 밝히면 주행성이라 모여들기 마련이다. 그물을 내려 윗물에 뜬 멸치를 그대로 떠내는 방식이다.

> "일본사람들도 옛날에 여기에 있을 때 그렇게 잡았어요. 요즘 채 잡는 어망만 달랐죠. 요즘 잡는 것은 제주도 식으로 잡는 거고. 옛날에는 가스불 키고 했는데 지금은 전기고요..."(홍승기)

> "아홉 살에 해방이 되었으니 일본사람들이 여기 살았던 것은 잘 모르겠어요. 다만 일본인들은 돔이나 삼치를 주로 잡았고 멸치는 잡지 않았지만 낚시법은 많이 가르쳐줬지요. 잇본쓰리[8]라고 하는데 그들은 돔 낚시를 주로 했어요. 일본인들이 떠나고 나서 여기서 가장 많이 한 것은 멸치잡이였지요. 소나무는 송진이 나와서 가지를 엮어 불을 붙이면 오래 가는데 그 불을 비추면 멸치들이 막 따라왔어요. 그러다가 열 살쯤에 가스를 썼고 열 서너살에는 원동기에다 벨트를 걸어서 전기를 사용했어요. 방식은 챗배였고 옛날에는 배에 비해 선원이 많았으니 15명~17명씩 다녔었지요. 그런데 지금은 유압식이니 5명만 가도 되고 많아야 10명 정도지요."(김석권)

7) 和田洋蔵, 「若狭湾周辺海域におけるカタクチイワシ資源」, 『水産海洋研究』 第61巻 第3号, 1997, pp.307~309.

8) 一本釣り : 채낚기, 외줄에 낚시를 8~10개 정도 달아서 감아올리는 방법.

챗배어업이 일제강점기에도 동일하였음을 알 수 있다. 길게 나무를 쳐서 그물을 드리우고 불을 밝히면 멸치가 모여들고 불을 싹 돌리면 멸치떼가 따라오기 마련인데 그럴 때 걷는 방식이다. 빨리 잡으면 10시에도 들어오고, 멜이 많이 없을 때는 3시까지도 조업한다. 챗배는 보통 7-8톤 규모이다. 20여 척 있다가 줄어들어서 현재는 6척이 남아있다. 멸치젓은 7~8월에 담근다. 젓갈은 소금이 중요하다. 소쿠리 하나에 소금 하나 정도로 유지해서 간을 맞춘다. 싱겁지도 않고 짜지도 않게 간을 맞추는 기술이 요구된다. 현재는 젓갈을 플라스틱에 담그지만 예전에는 '젓동이'에 담갔다.

> "젓동이는 잘 깨지잖아요. 항아리는 숨을 잘 쉬잖아요. 똑같은 멜이라도 젓동이에 담아놓으면 맛이 있다는 거예요. 그때만 해도 젓동으로만 했어요. 지금은 젓동으로 하면 깨지기도 하고 불편하기도 하니까, 지금은 이런 식으로 하는 거예요. 할아버지 할머니들이 말을 들어보면 여기에 일본애들이 살아 있었데요. 몇 년 전만 해도 그 집이 다 있었어요. 나무가 참 좋더라구요. 이제는 다 없애 버렸어요. 그 사람들이 있을 때도 멸치를 잡으러 다녔다고, 저희들은 들은 이야기고, 저희들은 실제 잡을 때 40년 전에 기구만 틀렸지 잡는 요령은 다 똑같았어요 (홍승기)."

젓동이 1개에 5kg이 채 못 들어간다. 젓갈을 담그면 일단 3년을 발효시킨다. 3년 발효시키면 살과 뼈가 모두 떨어져나가고 액젓만 뽀얗게 남게 되어 제대로 된 젓갈이 된다. 목포와 추자도를 오가는 화물선에 싣고 나가서 젓동이를 부려놓고 일 년 먹을 양식을 사서 추자도로 돌아온다. 어민 입장에서는 젓갈이 '1년 농사'인 셈이다. 오늘날은 택배시스템을 이용하여 전국으로 나아가고 있다.

멸치 명칭은 대체로 일본식 발음을 그대로 쓰는 편이다. 주바(중간멸치), 오바(붉고 큰 것), 꼽싸리(작은 것) 등이 그것이다. 액으로 빼는 것은 오바가 좋고, 젓갈로 집에서 무쳐서 먹는 것은 주바가 좋다. 추자도에서는 멸치건조를 하지 않는다. 건조에 관하여, "여기는 이루꾸는 잘 안합니다. 삶는 것을 이루꾸라고 하거든요. 따로 지름을 나거든요. 그러니까 잘 안 해요. 아 ,어떤 책에서 보니까 알이 있어서 말리면 터져서 지저분하니까 말리지 않는다고 들었어요"라고 한다. 수익은 '짓'을 나누는 방식이다.

> "쳇배 비용이 들어간다 해서 한 짓 주고, 엔진에 불 킨다고 해서 한짓 주고, 선주 두 짓 주고, 그렇게 해서 한 다섯 짓 정도를 선주한테 줘요. 얼마 남는 것은 그때그때 따라 틀립니다. 많이 잡으면 많이 수입되고, 적게 잡으면 적게 수입되고.... 처음 배를 진수할 때와 지금하고 비교하면은 지금은 멸치가 안 나죠. 돈 액수가 적지만은 적자는 나지 않고... 한통에 25,000원. 작년에 재작년에 삼년 전에 보다 멸치 값이 배 이상 올랐고 소금도 배 이상 올랐고....판매는 한림 80% 성산포 모슬포 10% 나가지요. 제주도는 멸치 많이 나도 젓은 안하고 이루꾸만 하잖아요. 그래서 액젓을 사가지요. 멸치는 상품 있고 하품 있어요.하품은 꼽싸리."(홍승기)

2) 조기

멸치가 남해와 제주에서 유명하다면 조기는 황해의 명물이다. 조기어군은 제주도 남서쪽에서 북상을 거듭하여 평안도 앞바다 발해만에 이르기까지 이동한다. 최여구는 조기의 회유를 연평과 대화도로 들어오는 두 가지 경로를 주장하였으나 그 후 현지조사를 한 필자는 칠산바다로 들어오는 어군을 추가하여 세 가지 경로로 파악하였다.[9)]

9) 주강현, 『조기에 관한 명상』, 한겨레출판사, 1987, p.43.

이러한 회유성 조기의 이동경로를 따라 8월 말~다음 해 4월 말(약간의 차이가 있었음)까지 어장이 형성되나 주어기는 11월부터 2월, 성어기는 9월부터 11월까지 석 달간이다. 가을조기가 총 어획고의 80% 이상을 올리면서 최근에는 추자도 하면 가장 먼저 떠오르는 대표상품으로 정착하였다. 추자도에서 본격적으로 조기어업이 이루어진 것은 해방 이후로 여겨진다.

"해방 전에는 조기배가 없었어요. 저희들이 조기배를 잡을 때는 30년 전. 조기를 옛날 사람들이 추자서 하긴 했어요. 그 때 어장이 삼천포 유지 사람들이 하는 것을, 추자 사람들도 조기를 잡기 시작했어요. 삼천포 사람들이 고기 잡는 어망의 구조를 만들었어요. 자망이죠. 땅에 닿아 가지고 끄는 거. 여긴 조기 낚시바리는 없었어요. 낚시에 잘 안 물어요. 자망은 유자망이예요. 보통 한 폭이 230m, 그 전에는 300폭 400폭을 놨어요. 지금은 800폭까지 놔 버려요. 배가 대형배고, 또 옛날에는 손으로 땡겼어요, 지금은 기계적으로 해가지고 물레로 해요 .그전에 비하면 속도도 빠르고, 옛날에는 줄을 감아서 그물을 뜨게끔 해 놔요. 그래야 올릴 수 있어요."(홍승기)

"조기잡이는 옛날에는 추자도에는 없었지요. 주로 배를 빌려줬었는데 그때 같이 따라갔던 사람들이 가서 배웠지요. 그 후에 추자사람이 흑산도를 다니면서 조기를 잡았는데 파는 것은 법성포 상인들이 했어요. 영광굴비는 결국 추자사람이 잡은 추자도 조기인데 알려지지 않고 있다가 최근에 와서 추자도에도 가공공장이 생기고 하니까 추자산이라는 게 알려졌고 그 옛날 것도 다 추자도 것인 게 밝혀졌어요. 옛날에는 추자도에서 조기를 잡지 않았어요. 조기가 있는 것도 몰랐고. 다만 3, 4월이 되어 따뜻해지면 흑산도에 조기를 잡으러 갔어요. 가서 두 달쯤 하다가 왔는데 연평도까지도 갔었지요. 연평도는 수심이 아주 얕은데 까딱하다간 북으로 넘어가기 쉬웠어요. 대연평도에서 잡았고 추자도에서 조기가 나기 시작한 건 15년~20년쯤 되었지요. 그 전에도 있었는데 몰랐을지도 모르겠습니다. 방법도 몰랐고요. 목포에 있는 조기잡이 전문 배인 중선배가 와서 잡고 그랬으니까요. 여기는 중선배가 없었으니까요."(김석권)

나일론 등장 이전에는 목그물을 썼다. 목그물은 약했기 때문에 감물에 빠뜨려서 질기게 코팅을 하여 썼다. 조기조업은 서해안 조기와 달리 7월 하순부터 8월 9월 계속하며 이듬해 4월까지 한다. 9월, 10월, 11월을 가장 크게 친다. 추자도 조기는 영광조기와 달리 훨씬 단단하고 맛있다고 생각하고 있다. 서해안조기가 뻘밭에서 나는 것에 반하여 추자도 조기는 깊은 수심에서 자라기 때문일 것이다. 제주하고 추자도 사이의 서욱산 밑으로 어장이 형성되고 있다.

본디 동남아 방면에서 형성되어 제주도를 거쳐서 추자도로 들어오기 때문에 추자도 어민들은 설 쇠고 나면 제주 남쪽으로 서른다섯 시간쯤 공해로 내려간다. 공해에서 잡기 시작하여 조기를 따라서 추자도까지 북상하게 된다. 7월 중순~하순에 출어하면 제주도에서 많이 안 내려 간 10여 시간 걸리는 곳에 조기가 있다. 조기가 북상하는 것은 틀림없다는 것이 어민들의 공통적 의견이다. 추자도 사람들도 연평도까지 북상하여 조기를 잡았다.

"연평도까지 여기서 많이 걸리죠. 이틀을 봐야죠. 이틀을 올라가는 거예요. 저희들은 올라가면 조기 따라 가니까 4월 5월. 그런데 고기 변화가 많이 있더라구요. 그전에는 근해에 나가면 있었어요. 안마도, 연평도, 그렇게 덕적도, 인천도 그렇게 가는데 ......지금은 거기까지 못 올라가요. 고기가 올라가다가 사라져 버렸단데나 어쨌가..."(홍승기)

올라갈 때 조기파시라고 들어봤죠. 조기파시라는 말은 흑산도, 위도나 삼치 잡으러 가면 아가씨들이 많이 있어요. 뱃사람들은 제일 그리운 게 아가씨 아닙니까? 배에서 오래 종사하다 보니까 그렇지. 여자가 그립지. 그럼 이 아가씨들이 어떻게 흑산도파시 왔다 하고, 파시가 됐다 하면 아가씨들이 많이 놀러와요. 그때 저희들이 알기로는 300명, 350명, 500명도 와요.(어디서 온 아가씨들이예요?). 모르죠 뭐 술집이 많아요. (뭐 기억나는 집 없어요?)인천 어디서 다 와요. 선원들이 분위기를 잡으려고 10명에서 12명 되는데, 제주도말로 만나고시라고 하면, 선원들 데리고 와서 아가씨들 하고 맞춰주고 하룻밤 자고 일 잘해라, 술 마시고 노래도 부르고 여자들 하고 잠도 자고, 그렇지, 여기도 그랬어요. 파시는 배가 몰려든다, 그 말이여요. 참치하고 조기, 여기는 돈섬이여. 뭐시나도 나는 곳이여. 멸치가 안 나오면 다른 것이 많이 난다든가 그래 서 먹고 살게끔 되가 있어서 사람들은 다 그러잖아, 제주도에서도 서울로 올라가듯 여기서도 자꾸 전라도로 많이 갔어요. (흑산도 파시는 몇 월에 있었습니까?) 보통 가을파시, 그때는 삼치(조기파시는 흑산도에 몇 월이었어요?) 그 파시가 그 파시예요. 가을에 있고 봄에 좀 있고. 연평도는 그렇게 저희들이 자주 안 다녀 봤어요.

3) 삼치와 고등어

그런데 구술상의 헷갈리는 대목을 잘 정리해보면, 추자도파시는 기본적으로 조기와 무관한 삼치파시다. 앞 절에서 거론된 파시는 조기파시와 삼치파시가 혼효된 것이다. 삼치파시가 열리면, 천여 명이 넘는 '뱃동서'들이 일시에 포구로 쏟아져 들어왔으니 술집과 여관이 번성할 수밖에 없었다. 덩달아 일본 기생도 들어오고, 술꾼들은 취하여 쌈박질을 일삼아 이래저래 '난장'이었다. 당시의 여관 흔적 등이 아직까지 남아 있다. 일본인이 물러간 다음에도 삼치어업은 이어졌다.

삼치는 예전 방식대로 잡는 즉시 일본으로 수출했으며, 덕분에 파시도 1970년대까지 명맥이 이어졌다. 일본의 무역선이 상추자도까지 들어와 즉시 실어나갔으니 일제강점기부터 해방되던 해 까지 이어지고, 잠시 중단되었다가 다시 한일협정 이후에 재개되어 1970년대까지 수출이 이루어진다. 파시가 사라진 포구는 늘 그렇듯 을씨년스럽기도 하다. 그러나 '부자가 망해도 삼년은 먹는다'고 과거의 전통을 이어받아 조그마한 포구에 음식점과 다방 등이 유난히 많이 눈에 뜨인다. 추자도 돈대산에 올라서면 완도군 청산도가 한눈에 들어온다. 청산도 삼치파시가 추자도 삼치파시와 다르지 않았음을 확인할 수 있다. 즉, 넓은 의미에서의 쿠로시오 해류의 영향권에 속하는 청산도와 나로도, 추자도 남쪽에 삼치 떼가 몰려든 것이다.

삼치류는 연안회유어로 수온 12도~18도 사이가 주요 어장이며, 흑산도 및 나로도를 중심으로 한 해역에서 제주도 북서해안의 월동장으로 남하하는 11월~12월이 주어기가 된다.[10] 추자도의 삼치잡이는 8월에

10) 김영기, 「한국 남서해역의 삼치어장 형성기구에 관한 연구」, 제주대 석사논문, 1984, p.9.

어청도근해, 위도근해, 태안 안흥까지 잡으러 갔다. 위쪽에서는 유자망으로 잡았고, 남쪽에서는 채낚기로 잡았다. 어가는 그물바리보다는 낚시바리가 가격을 더 받았다. 삼치는 일본 기선이 어장까지 와서 기다렸다가 실어갔다. 나무궤짝에 얼음을 채우고 삼치를 수출하였다. 30,40년 전 일이다. 삼치 채낚기 어선은 200척 넘었었는데 많이 감축시키고 150여척 남았다. 삼치 어종이 많이 줄어들면서 어업 자체가 예전만 못하다.

> 삼치는 어렸을 때부터 잡았어요. 8월 달에 출항해서 예안도, 흑산도까지 가서 한 3개월 있다 오지요. 파는 것은 흑산도에서 파는데 일본을 다니는 무역선이 와서 샀지요. 한국 사람은 삼치를 잘 안 먹는데 일본인들이 먹었어요. 결국 돔이나 삼치는 일본인들이 가르쳐줬고 멸치 잡는 것은 최영 장군이 가르쳐 준 것입니다.(김석권)

임경업장군이 서해안 조기잡이의 신으로 부각된 것과 같이 최영장군이 멸치의 신으로 인식하는 대목이 이채롭다. 돔이나 삼치는 일본인, 멸치는 한국인이라는 뜻에서 멸치어업이 추자도에서는 본디 가장 본질적인 어업이었음을 암시한다. 사실 한국인은 삼치를 별로 선호하지 않았으며, 지금도 특수한 기호어종에 불과하다. 한국인의 입맛이 변하여 삼치 애호가들이 늘어났으나 이는 근년의 현상이다. 추자도에서 삼치는 주로 외줄낚시로 소형어선이 채낚기 방식으로 잡

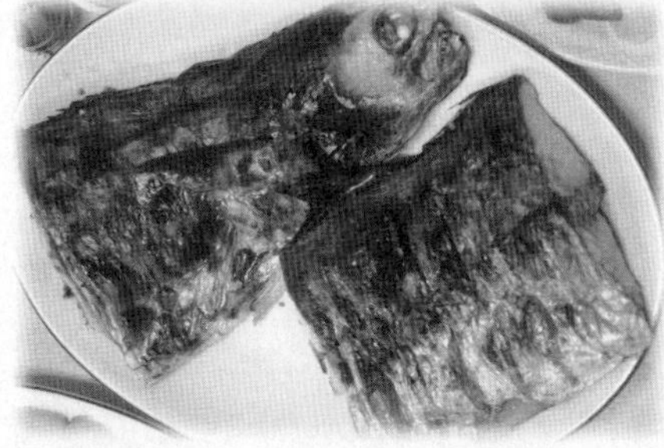

삼치회(상)/ 삼치구이(하)

는다. 2005년의 경우, 채낚기 소형어선이 무려 250척 규모였다.

동중국해에서 대마도를 거쳐 일본의 사카이 연안까지 상당히 넓은 회유역을 가지고 있는 고등어류의 경우, 동중국해의 중심부에 있는 산란장에서 자란 치어들이 쿠로시오난류의 분류인 쓰시마해류를 따라 제주도 연안을 통과하는 10월~12월이 추자도 고등어 어업의 주어기가 된다.[11] 삼치를 잡다가 9,10월이 되면 고등이가 '겁나게 들었제라'고 한다. 자잘한 풍선들이 3-4시간 달려가 제주도쪽 곽개(관탈도)에서 잡는다. 스무셋날(세물)에 떠나면 열두물 셋날(12물)까지 잡다가 돌아온다. 고등어를 잡고 있다 보면 중간에 보선이 다가와서 고기를 실어간다. 배 안에서 먹고 자면서 보름여를 조업하기 때문에 얼굴과 다리가 붓고 고생이 심했다.

그밖에 참돔이 많이 잡히는데 참돔은 연승잡이로 잡는다. 그런데 연승은 손이 많이 가므로 추자도 사람들은 잡지 않고 주로 완도배들이 연승으로 잡아간다. 낚시꾼들이 가장 선호하는 어종이기도 하다.

4. 추자도식의 무레꾼

참조기를 중심으로 한 어선업이 추자도 경제의 중심축인 반면 여성들의 나잠업은 벌써 10년도 더 전에 만들어진 『추자도』지(1999년)에서도 거의 찾아볼 수 없을 정도다.

11) 조규대, 「東支那海의 海況과 施網漁場의 分布 · 變動에 關한 研究-고등어 · 전갱의 어장의 분포」『한국수산학회지』 제14권, 제4호, 1981, p.246.

추자도의 해녀 수(2010년 말 기준)

	구분	계	40~49	50~59	60~69	70세 이상
	계	135	1	43	57	34
	현직	122	1	36	54	31
	전직			7	3	3
대서리 어촌계	계	24		10	6	8
	현직	24		10	6	8
	전직	–		–	–	–
영흥리 어촌계	계	18	1	6	4	7
	현직	18	1	6	4	7
	전직	–	–	–	–	–
묵리 어촌례	계	27		9	12	6
	현직	23		7	12	4
	전직	4		2		2
신양리 어촌계	계	39		14	21	4
	현직	30		9	18	3
	전직	9		5	3	1
예초리 어촌계	계	27		4	14	9
	현직	27		4	14	9
	전직	–		–		

자료: 〈제주특별자치도 2010〉

2010년 말 기준으로 추자도 수협의 해녀는 135명이다. 지금은 물질을 하지 않는 전직 해녀 13명이 포함돼 있다. 현재 무레질(추자에서는 물질을 무레질이라고 한다)을 하는 추자도 현직 최고령 해녀는 최소녀 할머니(1930.2.13일생, 추자면 대서리)이고 최연소 해녀는 최성열(1966.1.3일생, 추자면 영흥리)이다. 평균연령 60세이다. 제주 해녀 고령화가 가속화되면서 노해녀에 대한 불안감은 집 한 켠 바싹 말라버린 두리박(테왁)을 통해 엿볼 수 있다.

추자도는 비교적 바다어장 관리가 잘 된 편이다. 나이가 많은 해녀들이 물질을 그만두고 있지만 아직까지 130명의 상시 해녀가 바다밭을 일구고 있다. 대서리에서 홍

돌미역

강도까지 해서 지금 다니는 사람은 15명 정도다. 마을마다 조금 차이가 있지만 50~60대 잠녀가 96명으로 대부분을 차지한다. 40대 해녀는 3명이 전부. 그 나마 가장 나이가 어린 이는 해녀가 아니 해남(海男)이다. 누가 등을 떠미는 것도 아닌데 이곳 해녀들 역시 하나둘 바다를 떠나고 있다.

묵리 해초

대서리의 상시 해녀는 24명. 다른 마을과 마찬가지로 가까운 작은 섬을 바다어장으로 삼아 물질 작업을 한다. 대서어촌계에서는 대서리 지선 어장과 함께 횡간도와 수령섬 · 낙생이 · 악생이 · 공여 · 노린여 · 문여 · 검은가리 · 오동여 · 직구도 등을 관장한다. 열두물에서 네물, 보통 때는 열세물에서 세물까지 작업하고 부속섬은 하루씩 번갈아 가면서 작업한다.

> 해녀는 제주도에서 들어온 게 아니예요. 어렸을 때부터 어머니들이 하고 결혼하니 마누라가 하고 그랬는데 이제는 딸들은 다 외지로 나가버려서 없고 대서리에는 이제 해녀가 25명뿐입니다. 제주도 해녀가 시집와서 가르친 게 아니어요. 왜냐하면 제주도는 물이 잔잔해서 이쪽 물살에서는 서툴

러요. 여기서 어렸을 때부터 이곳 물살에 익숙한 사람들이 했지 제주도에서 온 게 아닙니다. 여기서도 명칭은 해녀라 했죠. 옛날에는 전복 소라를 잡아도 살 사람이 없었으니 주로 팔 수 있는 미역을 많이 잡았습니다. 미역은 주로 목포에 가서 팔았고요. 빗창은 빗창이라고 했고 태왁은 두름박, 망사리는 좀망태, 소중이는 잠뱅이라 불렀습니다(김석권).

추자도가 제주도로 올 때 사수도도 붙여줬는데 전라도에서 가져간다고 재판까지 한 섬입니다. 그 곳은 해초가 많이 납니다. 옛날엔 너무 멀어서 관리가 힘드니 입찰을 해서 입찰 받은 사람이 여름 내내 거기서 살면서 미역을 채취합니다. 지금은 육성회에서 관리를 하는데 영흥리 해녀들이 낙찰받아 하고 있습니다. 이제 그 곳은 자연보호 구역으로 지정되어 낚시꾼조차 상륙이 불가하며 오직 영흥리 해녀 네 명만 상륙 가능합니다. 해녀들을 왕복비로 70만 원을 받는데 제주시에서 50만 원을 지원해주고 나머지는 해녀들이 채취한 것으로 보충합니다. 한 번 가면 해녀들은 4, 5일 정도 머무르지요. 주로 지금은 소라와 전복을 잡습니다(박종길).

대서리에서 지금 홍강도까지 해서 스물세 명이고, 지금은 좀 아파서 안 오는 사람도 있고 바빠가지고 못 다니는 사람도 있고, 그래서 지금 다니는 사람은 15명 정도 다녀. (그 중에 최고령자는?) 80살이 넘어서 83살인가 먹었어요. (회장님은 언제부터) 물질한지 30년 넘었어요. 추자도에서 태어나서 추자도 남편 만나가지고, 밖에도 나가보지도 못하고 추자도에서 계속 살고 있어요. (물질은 누구한테 배우셨어요?) 아~그냥. 우리가 이제 이 엄마들이 하니까 엄마들 따라다니다가 그냥 배운 거예요. (혹시 제주도 해녀들이 들어와서 사는 경우는 없어요?) 없어요. 제주도에서 살다 들어온 해녀들은 한 분도 없어요. 여기 추자도에는 원래 본토배기들만 전부다 지금 물질하고 있어요. 지금 80살 잡순 분도 마찬가지. (그럼 쫌 뭔가 다른가예? 저쪽 해녀하고 여기 물질방법이나 뭐 별다른 건?) 아 물질방법들은 다른 거가 제주도는 물빨이 안 쎄잖아요. 근데 우리 추자도는 물빨이 엄청 쎄요. 수심도 깊고, 네 그러니깐, 그.. 이 저 자연산도 그 소라 전복 해삼 같은 것도 그거에 따라서 맛이 틀리고 좋고 나쁘고, 그 맛이 틀리게 나오는 거에요. 제주도 것은 확실히 맛이 덜 맛있는데 추자도 거에가 더 맛있어요. 물빨이 쎄다 보니까는 오늘

신양항 해초

> 잡숴보셨잖아요, 맛있잖아요~ 근데 제주도 가서 그거 잡수면 그 맛이 안 나와요. 제주도 소라는 솔직히.....(김막녀)

고령화가 심각한 해녀들의 상황은 대서리도 마찬가지다. 해녀 대가 끊길 것을 우려하자 쿨한 해녀회장의 말이 걸작이다. "할 사람이 없으면 끊기는 거고 그럼 또 다른 방법이 생기겠죠." 수입은 많으면 년 2천만 원을 조금 넘는다. 제주에 비해 해녀들의 목소리가 조금 작은 것 같다. 숫자가 적어서인지 따로 정기총회나 특별히 치르는 행사도 없고 어촌계와 함께 회의도 하고 제도 지낸다.

해녀들은 연중 작업을 하나 금채기간과 간만의 차이가 심한 사리시기를 피해서 작업한다. 주로 소라, 전복 굴 (해초류) 톳, 미역, 우뭇가사리 등을 채취한다. 해녀들은 해산물의 작업 시기와 금채기를 지정하여 작업하고 있다. 이는 어장이나 해산물의 생태에 대한 민속지식의 축적에서 이루어진 것으로 볼 수 있다. 계절에 따라 어장을 이용하고 해산물의 산란기를 피하여 작업에 임한다. 이러한 작업적 특성으로 보면 해녀들은 자연의 이치에 순응하면서 자원을 관리하고 생산 소비적 측면에서 대응했다고 할 수 있다.

최영 장군 사당(외부/내부)

이곳에는 특히 묵호의 난 진압을 위해 제주에 왔다가 풍랑으로 추자도에 머물며 섬사람들에게 어법을 가르쳐 생활에 변화를 가져오도록 도왔다는 최영 장군 사당이 있다. 상추자 풍어제의 일환으로 치러지는 최영 장군 사당제는 영흥리 뒷산(산신당)의 산신제를 시작으로, 중심이 되는 본제인 추자초등학교 윗 편의 사당에서 치러지는 장군제와 바다로 내려와서 치르는 해신제의 순으로 진행된다. 대개는 음력 2월 15일을 전후하여 택일, 제를 지낸다.

5. 맺음말: 생태적 고갈과 미래적 선택

추자도의 과거와 현재를 보고 분석하여 미래를 예측하고 대처를 하는 것은 반드시 필요한 작업일 것이다. 추자도의 어업변화에서 가장 주목할 만한 것은 1980년대까지 주업을 이루던 어종의 변화에 있다. 특히 참조기는 금조기, 돈조기라 불리며 추자도의 많은 부분을 주도하고 있다. 조기가공을 위한 시설이 생기면서 마을 주민들의 일거리가 늘어났고 추자도를 명품 굴비 생산지로 부각시켰다. 예를 들면 조깃배가 항구에 들어오면 그물에 걸린 조기를 바로 떼어내야 하는데 일손이 부족할 때라 동네 할아버지까지 총동원이 된다. 시간 당 만원을 받아 밤샘작업에 들어가기도 한다.

어업관리에서 어민의 경험적 생태정보가 중요하게 활용되는 추세이다. 그런 점에서 추자도민의 대응전략은 의미심장하다. 남획과 고갈에 따른 자원지대의 소멸과 같은 자유어업의 고질적인 문제를 해결하기 위한 일환으로 새로운 방향 선회를 하고 있는 가운데 어민의 생태지식에서 흘러나오는 경험적 자연정보를 어업관리의 과학적 정보와 결합하여 보다 현실적으로 합리적인 어업관리의 의사결정에 반영할 필요가 있다. 토속적 고기잡이에서 얻을 수 있는 다양한 생태적 지식의 일면을 자세히 들여다보면 현실적으로 어업관리에 유용하게 이용될 수 있는 경험적 자연정보가 듬뿍 들어있기 때문이다.[12]

세계화된 이른바 선진적 어로기술을 혁파하고 대안의 기술을 되찾는 일이 필요할 것이다.[13] 그러한 점에서 추자도 어민들은 나름 능동적인 전략을 취하고 있다. 고기잡이는 각자 하지만 해녀물질이나 해초채취 등은 엄격하게 지자체의 통제 아래 두고 있어 어획과 생태보존이라는 두 측면을 고려하고 있기 때문이다. 일제강점기에 이루어졌던 해조류 채취구역 협정이 그것이다. 이 협약에 의하여 미역, 참가사리, 우뭇가사리, 다시마, 김, 앵초, 은행초까지 각 섬에서 나는 해조류의 종류와 연간 채취량, 그리고 그것을 돈으로 환산했을 때의 가격까지도 세밀하게 적는 전통이 이어진다.[14]

12) 이상고, 「세계 각국의 토속 고기잡이에 대한 어업사적 이해」『수산업사연구』 8권, 수산업사연구소, 2001, pp.12-13.

13) 「세계화의 타파를 위하여 - 데이비드 코튼과의 대화」, 『녹색평론』 39호, 1998.3 · 4월호.

14) 추자도지편찬위원회, 『추자도』, 선진인쇄사, 1999, p.66.

본 연구에서는 추자도 본섬만을 대상으로 하였으나 추포도, 횡간도 같은 작은 도서는 물론이고 사수도도 추자도에 포함된다. 한때 소유권 분쟁에 휘말렸던 사수도는 인근 해역이 삼치, 방어, 참조기, 돌돔 등 풍부한 황금어장으로 잠녀들은 전복, 소라를 집중적으로 채취하고 있다. 사수도는 추자도 어장의 생태적 미래를 보장할 요체이기도 하다. 본 연구에서는 사수도에 관하여 별도의 세부적인 조사를 수행하지 못하였으나, 추자도 사람들의 생태전략이라는 측면에서 관심을 요하는 섬이다.

추포도

추자도는 긍정적인 측면만 있는 것이 아니다. 그물과 부표 등 어구쓰레기, 생활쓰레기 등을 자체적으로 해결하지 못할 정도로 위기에 당면하고 있다. 현주민과 외지인을 포함하여 쓰레기를 자체 처리할 수 있는 인구압을 뛰어넘고 있으며 이는 어장환경을 위협하게 될 것이다. 추자도에서 올레 같은 생태관광을 표방한 관광이 시작되고 있다. 그러나 인구압이라는 측면에서 적정 관광객 이상을 받아들이기 어려운 실정이다. 이를 무시하였다가는 낚시꾼에 의해 훼손되어가는 해안가의 전철을 되밟을 가능성이 있다.

추자도는 새로운 시도를 하고 있다. 지구 온난화에 따라 참치가 북상하고 있다. 참지의 어린 종묘를 받아서 본격적인 외해 가두리 참치양식에 들어갔다. 제주도 표선과 추자도가 참치양식의 적지로 인정되고 있다. 2010년부터 참치종묘 포획기술을 연마하고 있으며 실제로 그해 8~9월에 추자도 어산 8척이 시험 조업을 통해 833마리를 포획했다. 추자도의 실험은 지구온난화와 수온상승, 참치자원의 소멸과 고급 횟감으로서의 참치값의 상승이라는 자연환경적, 경제적 요인에 기인한다. 참치양식의 성공은 추자도어업의 성격을 바꿀 수도 있다. 환경에 적응해나가는 추자도 사람들의 대응방식을 엿볼 수 있는 지점이다. 그러나 참치양식도 결국은 다른 어류를 먹이로 던져주어 해결하는 반환경적 요소를 지니고 있으므로 지속가능한 어업의 양태와는 본질적으로 다른 것이다.

조기잡이와 굴비 판매는 이제 추자도의 경제를 담당하는 중요한 요소가 되었다. 한 번 출어로 8천만 원에서 1억 원이 움직이는 조깃배의 선장과 선원들의 얼굴에서 예전과 다른 자신감과 바다를 즐기는 여유가 보이는 것은 참으로 다행이다. 못 먹고 못 살아 할 수 없이 시작한 뱃일은 예전처럼 위험하지는 않아 보인다. 바다를 다니며 암초 하나하나를 표시해가며 자신만의 지도를 그려나가며 개척해 갔던 바다가 지금은 놀랄 만큼 시설이 좋아져 물고기의 이동경로까지 추적해가며 그물을 드리운다. 그러나 그렇게 유자망을 무제한으로 펼치고 기계로 싹 쓸어 올리는 모습에 감탄보다는 경악을 금치 못한다. 추자도 사람들이 금조기라 부르는 조기잡이는 언제까지 지속될 수 있을 것인가?

▌주요 제보자

〈2005년 조사〉

황필운, 38세, 수산직공무원, 추포-횡간 유인도 행정선장

박계식, 68세, 해초 채취 및 가공

〈2011년 조사〉

이름	나이	성	직업	내용	비고
홍승기	64세	남	조깃배선주, 멜배선원	생애사	스무 살 때부터 시작한 어부경력 40년 베테랑
김석권	75세	남	대서리 노인회장	생애사	김해김씨 25대손으로 할아버지가 육지로 가다가 풍랑을 만나 추자도에 정착
박종길	65세	남	어부	사수도 해녀	해녀들의 이동을 담당
원장희		남	어부	추포도, 횡간도	
		남	대서리 어촌계장	어촌계	어촌계장
김막녀	57세	여	대서리 해녀회장	해녀	

홍승기, 64세, 남, 조깃배 선주, 멜 배 선주, 스무살부터 시작한 어부경혁 40년 베테랑

김석권, 75세, 남, 대서리 노인회장, 김해김씨 25대손으로 조부가 육지로 가다가 풍랑을 만나 추자도에 정착

박종길, 65세, 남, 사수도로 해녀들의 이동을 담당

원장회, 66세, 남, 어부, 추포도와 횡간도

김막녀, 57세, 여, 대서리 해녀회장

섬, 그리고 해녀

고미

섬, 그리고 해녀

고미

1. 머리말

바다에서 태어나서 바다로 돌아간다. 제주 사람들은 그렇게 살았다. 바다는 늘 곁에 존재하며 아낌없이 내어주는 어머니를 닮았지만 투쟁의 대상물로 제주의 역사, 그 중 아픔과 함께 했다.[1)]

억척스런 제주 여성의 대명사인 해녀가 바다를 경영하기에 앞서 수탈의 대상이 된 까닭도 그러하다. 척박한 땅과 함께 바다라는 땅도 일군 그들이다. 밭일을 하다가도 물때가 되면 무리 지어 바다로 향했다. 하지만 예부터 조공을 바치고 지배를 받아온 역사 속에 해녀는 가장 밑바닥의 약자였다. 삼국사기 고구려본기에는 문자명황 13년(서기 503년) 탐라에서 나온 패류가 중국으로 건너갔다는 기록이 등장한다.

한반도의 한 지역 '제주'로 편입되고 부터는 바다에서 나오는 각종 수산물을 진상품으로 올려 보내야 했고 그중 해녀들이 바다 밑바닥에서 건져 올린 '전복'은 임금에게만 바쳐야 하는 최고 진상품으로 취급됐다.

1) 해녀박물관, 2009, 『제주해녀사료집』, 제주특별자치도, 15~76쪽.

남편을 지키고, 식솔들을 온전히 먹여 살리기 위한 해녀들의 자맥질은 고통의 연장선이었다.

그런 해녀들의 자맥질은 계절을 가리지 않았다. 타 지역으로 원정을 나가기도 했다. 원정 물질은 일본과 중국, 러시아까지 바다가 있는 곳이면 어디든 이어졌다. 일제 때는 수탈에 맞서 항쟁도 불사했다. 단순히 물질만 하는 존재로서 해녀를 보기에는 그녀들의 역할과 흔적이 크다.

미 국무성이 지난 1960년대 후반 미국과 한국의 학자들에게 해녀 연구를 의뢰할 정도로 제주 해녀들은 기량이 뛰어나 2~3분 정도 호흡을 참고 20여m까지 잠수해 해산물을 채취하기도 했다. 1970년대까지만 하더라도 너무나 흔한 우리네 이웃이었던 해녀는 이제 점점 사라지고 있다. 해녀들의 작업을 돕는다고 1970년대부터 도입된 고무 잠수복은 '해녀병(잠수병)'이란 새로운 병을 만들었고, 급격한 경제 발전은 가장 원시적인 형태의 어업인 해녀 물질을 사회 안에서 밀어냈다.

제주도가 통계를 잡기 시작한 지난 1966년 2만 3,080명에 이르렀던 해녀는 이후 계속 감소해 1980년 7,804명, 1990년 6,470명에서 2003년 말에는 5,659명으로 줄었다. 지난해 말에는 4,995명으로 1960년대의 5분의 1 수준으로 줄었다. 특히 10명 중 8명(78.4%)은 환갑을 넘겼을 만큼 세월을 이기지 못하면서 앞으로 10년을 장담하기 어려워졌다.

이들에게는 물질을 하며 삶을 영위하던 시절이 있었다. 더구나 나잠(裸潛)이라 불리는 그들의 물질 방식은 세계적으로 유례를 찾아 볼 수 없는 독특한 것이고, 제주도와 일본에서만 그 형태가 엿보인다.

이렇게 해녀가 감소하는 이유에 대해 제주도는 경제발전 등을 이유로 꼽았다, 생전 해녀 연구에 몰두했던 고 김영돈 제주대 교수는 물질에 대한 자기비하 때문이라고 분석하기도 했다.[2] 두 가지 이유 모두 환경 변화와 밀접하다.

2) 김영돈, 1999, 『한국의 해녀』, 민속원, 443~450쪽. 제남신문, 1973년 10월 22일자 3면 '해녀들이 바다를 떠나고 있다'. 동아일보, 1993년 4월 4일자 23면 '제주 *海女* 맥 끊긴다'

2. 추자도, 섬, 그리고 해녀

한반도 땅에서 바다가 있는 곳이면 어김없이 해녀가 있었다. 추자도라고 예외는 아니다. 제주 섬의 해녀들은 그나마 다른 일에 눈을 돌릴 수도 있었지만 추자 섬의 해녀들에게 그런 여유는 없었다. 물때만 되면 바다에 가자는 말에 채비를 서둘렀고, 많은 어머니들이 딸을 섬에서 내보냈다. 대물림만은 피하고 싶다는 바람이었는지도 모른다. 그래도 아직 많은 섬 해녀들이 바다를 지킨다. 이곳 역시 제주 섬처럼 물질을 배우겠다고 나서는 이들은 없고, 60대 70대의 해녀가 바다를 지키는 세상이 된지 오래다. 존재감이 적다 보니 이들에 대한 기억마저 온전히 남아있지 못하다.

역시나 4면이 바다인 섬에 잠녀의 흔적은 생각보다 많지 않다. 전체 주민의 90%가 어업에 종사할 만큼 바다 의존도가 높지만 해녀의 존재감은 희미하다. 참조기를 중심으로 한 어선어업이 추자도 경제의 중심축인 반면 여성들의 나잠어업은 벌써 10년도 더 전에 만들어진 『추자도』지(1999년)에서도 거의 찾아볼 수 없을 정도다. 호기심은 번번이 추자도행 배에 몸을 싣게 했다. 지난 2008년부터 시작된 추자 해녀의 흔적 찾기는 여전히 진행형이다. 어떻게든 추자 해녀들의 생애를 기록으로 남기기 위해 해녀박물관 관계자와 동행한 2008년 3월에 이어 2009년 10월, 2010년 7월과 8월 세 차례에 걸쳐 추자도를 답사했다. 이 글은 그 동안 제주 해녀에 대한 연구 기록과 답사, 그중에서도 2010년 7월 29~30일과 8월 28일 집중 조사를 통해 만난 해녀들의 증언을 바탕으로 정리했다. 예전에 어떻게 작업을 했는지 어떤 흐름으로 현재에 이르렀는지를 알아볼 수 있는 것은 '기억'밖에 없기 때문이다.

[그림 1] 작업을 마친 추자 해녀들이 추자항으로 들어오고 있다.

1) 섬에서 태어난 운명

추자도는 변화무쌍한 바닷길만큼이나 많은 우여곡절을 거쳤다. 추자도는 1896년 전남 완도군으로 편입됐다가 1910년에 제주도에 편입된 이후 1946년 8월 1일 제주도제 실시로 북제주군 소속이 됐다. 지금은 제주시 추자면이다. 그런 까닭일까, 섬사람들의 말은 가끔 그 경계가 애매하다. 전라도 사투리인가 싶으면 제주 말 흔적도 있고 일본어 잔재까지 많이 남아있다. 그래도 섬사람들은 언제부터인가 '제주도'라는 배경을 고수한다. 본섬과 섬으로 나눠 말하는 것이 입에 붙었다. 여기에는 해녀에 대한 지원을 아끼지 않는 자치단체의 역할이 컸다.

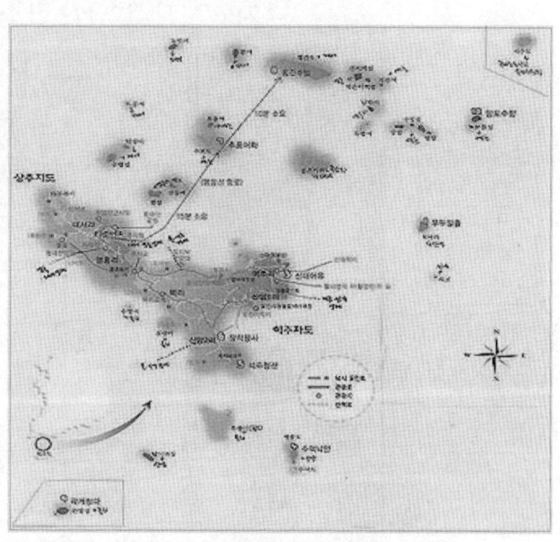

[그림 2] 추자군도와 해녀들이 작업하는 섬들

역시나 4면이 바다인 섬에 잠녀의 흔적은 생각보다 많지 않다. 전체 주민의 90%가 어업에 종사할 만큼 바다 의존도가 높지만 해녀의 존재감은 희미하다. 2010년 말 기준으로 추자도 수협의 해녀는 135명이다. 여기에는 지금은 물질을 하지 않는 전직 해녀 13명이 포함돼 있다. 현재 무레질(추자에서는 물질을 무레질이라고 한다)을 하는 추자도 현직 최고령 해녀는 최소녀 할머니(84 · 추자면 대서리)다. 일평생 섬을 떠난 적이 없는 해녀의 생애담은 뒤에서 상세히 살펴본다. 하지만 제주 해녀 고령화가 가속화되면서 노해녀에 대한 불안감은 집 한 켠 바싹 말라버린 두리박(테왁)을 통해 엿볼 수 있다.

2) 추자도 어촌계별 물질작업의 특성

추자도를 하나의 섬이라고 생각하면 오산이다. 상추자도에는 대서리와 영흥리가 포함되어 있고, 하추자도에는 묵리, 예초리, 신양1·2리가 포함된다. 상·하추자도, 횡간도, 추포도 등 4개의 유인도를 포함해 42개나 되는 섬이 분포해 있다. 이중 39개 섬에서 조업을 한다. 물론 섬은 해녀들에게 중요한 바다밭이다. 대서·영흥·묵리·신양·예초 등 5개 어촌계에 속한 해녀들은 자신들 마을과 가까운 작은 섬 어장을 중하게 여긴다.

추자도의 지역별 전현직 해녀

	구분	계	40~49	50~59	60~69	70세 이상
	계	135	1	43	57	34
	현직	122	1	36	54	31
	전직			7	3	3
대서리 어촌계	계	24		10	6	8
	현직	24		10	6	8
	전직	–		–	–	–
영흥리 어촌계	계	18	1	6	4	7
	현직	18	1	6	4	7
	전직	–	–	–	–	–
묵리 어촌례	계	27		9	12	6
	현직	23		7	12	4
	전직	4		2		2
신양리 어촌계	계	39		14	21	4
	현직	30		9	18	3
	전직	9		5	3	1
예초리 어촌계	계	27		4	14	9
	현직	27		4	14	9
	전직	–		–		

〈표 1. 제주특별자치도 2010〉

추자도는 비교적 바다어장 관리가 잘 된 편이다. 나이가 많은 해녀들이 물질을 그만두고 있지만 아직까지 130명의 상시 해녀가 바다밭을 일구고 있다〈표 1 참조〉. 마을마다 조금 차이가 있지만 50~60대 잠녀가 96명으로 대부분을 차지한다. 40대 해녀는 3명이 전부. 그 나마 가장 나이가 어린 이는 해녀가 아니 해남(海男)이다. 누가 등을 떠미는 것도 아닌데 이곳 해녀들 역시 하나 둘 바다를 떠나고 있었다.

(1) 대서리 어촌계

대서리의 상시 해녀는 24명. 다른 마을과 마찬가지로 가까운 작은 섬을 바다어장으로 삼아 물질 작업을 한다. 대서어촌계에서는 대서리 지선 어장과 함께 횡간도와 수령섬 · 낙생이 · 악생이 · 공여 · 노린여 · 문여 · 검은가리 · 오동여 · 직구도 등을 관장한다. 열두물에서 네물, 보통 때는 열세물에서 세물까지 작업하고 부속섬은 하루씩 번갈아 가면서 작업을 한다.

[그림 3] 대서리 김경자 해녀가 자신의 밀대에 작업한 소라를 싣고 있다.

해녀들이 어느 바다에 나가 작업을 하는지는 비밀이다. 물때에 맞춰 모인 해녀들이 그날 작업할 바다를 정한다. 상군해녀 5명이 연 3,000만원 정도의 수입을 올리는 정도로 소라도 알이 굵고, 겨울에는 몸을 봄에서 초여름까지는 톳 수확을 한다. 횡간도 작업은 조류가 세 쉽지 않다. 상시 해녀 중 4명만이 겨우 작업을 했을 정도다. 양식장인 후포에는 전복과 홍해삼 종패를 뿌렸다.

본섬인 만큼 어선원 숙박시설과 어촌계 창고가 있어 어촌계 수익에 도움을 주고 있다. 이곳 해녀들도 고무 옷을 입는다. 조금은 어색한 접근이다. 제주 해녀이니 처음은 소중이를 입었고 지금은 고무옷을 입고 작업을 한다.

물질을 무레질이라 한다거나 테왁을 두리박으로 하는 것은 제주도 다른 해녀들 사이에서도 찾아볼 수 있다. 흔치 않으니 추자도식 표현으로 느껴지지만 그렇다고 추자도 해녀가 제주 해녀와 다른 특징으로 보는 것은 옳지 않다. 추자도 수협을 통해 소라 등을 계통 출하하고 채취량도 미리 정한다. 대서리 해녀들이 예년과 달라진 것은 2~3년 전부터 사수도 작업을 하지 않는 것 밖에 없다.

2010년 8월 28일 섬을 찾았을 때 만난 김경자 해녀(68 · 대서리)는 마침 수령섬 작업을 마치고 집으로 돌아가는 길이었다. 김 해녀는 "바다야 늘 그러지 뭐 특별한 것은 없다"며 "옛날 물건이 많을 때는 남자 어른이나 자식들이 나와 물건을 옮겨주기도 했는데 지금은 얼마 작업도 못해 밀대로 밀고 가면 된다"고 서둘러 발을 옮겼다.

(2) 영흥리 어촌계

대서리에 횡간도가 있다면, 영흥리에는 사수도가 있다. 한 동안 대서리와 번갈아가며 작업을 했었지만 힘든 섬 작업을 서로 미루다 이제는 영흥리 잠녀들만 작업을 하는 형태로 자리를 잡았다. 지난 2005년부터 전남 완도군과 관할권 다툼을 벌여오던 '사수도'에 대해 해녀는 "한 번도 우리 섬이 아닌 적이 없었다"고 말했다. 예전에는 쉴 새 없이 섬을 오르내리며, 지금도 혹시 모를 낚시꾼들에 의한 훼손과 바다 건너 쓰레기의 습격에서 섬을 지켜온 것은 그녀들이다. 아니 이제는 그녀들 속에 '그'도 있다.

영흥리에서 상시로 작업을 하는 잠녀는 18명 중 사수도 작업까지 하는 이들 몇 안 되는 무리에 유독 눈에 띄는 이는 다름 아닌 해남 최성열 씨(46)다. 누나 · 어머니뻘 되는 잠녀들 사이에서 제법 능숙하게 작업을 한다. 최씨가 물에 들기 시작한 것은 어촌계원 자격을 가지고 있던 어머니가 돌아가시면서. 17살이었던 최씨는 당시 돈 5만 원을 내고 가입 신청서를 냈다. 천초 작업부터 차근차근 바다와 인연을 맺은 최씨는 이제 바다와 떼려야 뗄 수 없는 관계가 됐다. "똘나믄 도새기 잡앙 잔치호곡 아덜나믄 발길질로 조롬팍 친다"(딸 나면 돼지 잡아 잔치하고, 아들 나면 발길질로 엉덩이 찬다)는 여성 중심의 문화를 구축했던 해녀의 특성을 잘 드러낸 옛말에 최씨는 어쩌면 도전장을 내민 셈이다.

[그림 4] 자신의 물질 구역을 설명하는 최성열 해남

사수도 작업을 이끄는 박금실 해녀(57)는 "(최성열 해남은)이제는 혼자서도 섬에 가서 작업을 해. 무슨 일인지 틈만 나면 섬에 가더라고. 작업도 곧잘 하고. 처음에는 안 그랬지. 처음에는 배를 타기도 하고 다른 일도 했는데 배만 타면 사고가 나서 무슨 일인가 했더니 돌아가신 어머니가 씌인 거라고. 처음에는 안 믿었는데 자꾸 일이 안 풀리니까… 혹시나 해 굿도 하고… 심방이 뭐 말을 못했던 어머니가 '너는 내 뒤를 이어 바다에 들어가야 한다'는 말을 남기지 못해서 돌아가서 그런 거라… 이상하게 무레질(물질)을 하니까 아픈 것도 없어지고. 타고 난 거랜(거라고) 밖에"라고 말했다. 해녀에게도 해남에게도 물질을 운명이었던 것일까.

추자도 해녀들은 제주며 다른 지역에서보다 고무옷을 늦게 입었다. '바다'라는 거리적 제약 때문이라고 하기에는 너무 오래 걸렸다. 많은 부분 해녀들의 존재감이 적었기 때문이라는 해석도 가능하다. 제주도에 비해 5~6년은 늦게 고무옷을 입었다. 추자도에서 처음 고무 옷을 입은

[그림 5] 박금실 해녀

것은 박금실 해녀다. 박 해녀는 1970년대 후반 전라남도 여수로 바깥물질을 나갔던 길에 고무 옷을 챙겨 섬에 들어왔다.

박금실 해녀는 "여수로 무레질(물질)을 갔던 게 1977년인가 1978년인가. 처음에는 아예 동네에서 입지 못하게 해서 몰래 입고 하다가 주변 해녀들을 하나 둘 꼬셨제(부추겼지). 입어서 좋다고 하니까 하나 둘 입기 시작하더니 어느새 다 입고 작업을 하더라고"하면서 당시를 기억했다.

⑶ 예초리 어촌계

예초리 상시 잠녀는 27명. 이중 23명이 60대 이상이다. 예초리 어장은 참몸이 많이 난다. 12월에서 2월 겨울에 작업하는 몸은 연간 1억 원 상당에 이른다. 참몸이 많이 나는 곳은 예초리와 묵리 경계인 오지박 부근. 몸을 말리는 건조대가 오밀조밀 모여 있는 것이 참몸 생산량을 가늠할 만하다.

다른 마을과 마찬가지로 이곳 역시 섬을 가지고 있다. 예초리 역시 '동쪽에서 달이 뜬다'고 해서 보름섬이라고도 부르는 대망서와 구멍섬, 상섬, 덜섬 등에서 작업을 한다. 배로 30분은 가야 닿는 대망서에서만 연간 3,300kg 상당의 소라가 잡힌다. 이곳 작업은 한 달 네 번 이뤄진다. 구멍섬과 상섬, 덜섬에서 생산되는 소라는 연간 6,000kg에 이른다. 우비암이라고 부르는 쇠코에서 작업을 하려면 따로 뱃삯 1만 원을 내고 간다고 했다. 소라 외에도 전복이나 오분작도 적잖게 망태기에 들어간다. 톳 등 해조류와 해삼 역시 잠녀들의 생계에 도움을 준다.

일 년 두 번 작업을 하는 '신대 양식장'에서 해녀들은 자신이 채취한 해산물을 자기 몫으로 계산한다. 대신 수수료를 높게 책정해 형평을 맞춘다. 금채기인 6~8월에는 홍합을 캔다. 쉴 틈이 없다. 하지만 이것도 다 옛말이 됐다. 10kg에 1만 5,000원 이상을 받는 것은 몇 년 전이나 마찬가지지만 바다가 달라졌다. 예전에는 수심이 깊지 않은 가까운 바다에서도 작업을 해 벌이가 두둑했지만 지금은 수심이 깊은 먼 바다에 나가야 작업이 가능하다. 상군해녀라면 욕심을 내지 않을까 했지만 그 보다 더 작업이 힘들다고 한다. 또 참조기가 많이 잡히는 시기와 겹치면서 '때'를 놓치는 경우도 적잖다.

[그림 6] 추자해녀들은 배를 타고 먼 바다에서 작업한다.

박선애 영흥리 잠수회장(65)은 "홍합 잡아서 돈 벌었다는 건 옛말이주. 이젠 홍합 많이 못해. 예전엔 많이 잡아서 돈이 됐지, 지금은 뭐 잡으러 가젠하믄(가려면) 바다가 깊어서 작업이 힘들고…. 옛날엔 많이 잡으니까 돈이 된 거고, 이제는 많이 잡히지 않으니까 그만큼 값을 쳐주는 거고, 뭐 그렇게 보면 되주"라며 물질로 돈을 번 것은 예전 일이라고 잘라 말했다.

⑷ 묵리 어촌계

예초리와 마찬가지로 묵리도 참몸 의존도가 높다. 말린 몸은 ㎏당 8,000원에서 많게는 1만 2,000원을 받는다. 70대 잠녀들까지 몸을 캐러 바다에 드는 것을 마다하지 않는다. 1970년대 후반 1980년대 초만 해도 바다 사정이 좋았다. 하루 소라 생산량이 60~70㎏에 이를 정도로 집안 남자 어른이나 젊은 자식들이 무거운 망사리를 들어주기 위해 소라 마중을 가는 일도 흔했다. 하지만 지금은 그런 모습을 찾아보기 힘들다.

윤재인 전 묵리 어촌계장(79)은 "나(내)가 어촌계장 할 때가 1979년인가 했으니까. 그 때만 해도 수협에 넘긴다고 무게를 재면 60㎏는 거뜬했다. 지금은 우리 집사람도 무레(물질)를 하니까 알지만 누가 나가서 망사리를 들어주지 않아도 될 정도로 줄었다. 예전에는 풍족했는데 지금은 말을 안 해도 바다가 다 황폐해져서…" 하고 말을 잇지 못했다.

이곳에서 헛물질을 하는 해녀는 23명. 통계상 27명이지만 4명에게는 '전직'이란 수식어가 달려있다. 역시나 마을 지선 외에도 주위 섬에서 작업을 한다. 섬생이와 수영섬, 푸랭이(청도)에서 주로 작업이 이뤄진다.

'귀양 오는 선비가 이곳에서 관을 벗는다' 해서 이름 붙여진 관탈섬도 묵리 어장이다. 옛날 설문대할망이 한라산에 머리를 베고 이곳 관탈섬에 발을 걸쳤다는 얘기도 전해진다. 어선 좌초 사고 등으로 귀에는 익숙한 만큼 눈에는 낯설다.

⑸ 신양1 · 2리 어촌계

같은 하추자지만 신양리 어촌계 지선에는 참몸이 드물다. 상추자 대서리도 비슷하다. 없는 것은 아니지만 잘 된다고 명함을 내밀기에는 부끄럽다. 대신 여름 홍합작업이나 잔멸치는 유명하다.

상추자 외에도 잔멸치잡이 어선이 있는 곳은 신양리가 유일하다. 여름에서 추석 무렵까지 개인적으로 작업을 해 가공하고 판매한다. 소라 TAC물량은 2만kg 정도로 적은 양은 아니다. 헛물질을 하는 해녀 30명이 열세물에서 네물까지 작업을 한다. '쇠머리'라고 부르는 양식장에서 1년 10번에서 15번 작업을 한다. 대부분 전복과 소라를 채취한다. 양식장 작업을 하지 않을 때는 밖미역(섬)이나 수덕도로 나가 작업을 한다.

늦은 봄에서 가을까지 작업을 하는 홍합은 거의 타 지역으로 나간다. 껍질을 포함해 kg당 1300원 안팎이니 박한 편은 아니다. 관리선을 따로 갖고 있지 않지만 작업 때마다 배를 빌려 이용한다. 많지는 않지만 톳이며 천초 작업도 하고, 풀가사리도 하루 일당벌이는 된다. 식당 · 여관 등을 임대하고 있는 등 수익 사업을 하고 있지만 손익을 맞추는 것은 쉽지 않다. 이곳 역시 전직 해녀만 9명, 이 중 5명은 50대다. 힘든 일을 억지로 하기 보다는 그냥 바다를 포기하는 것을 선택했다.

추자도의 멸치잡이는 음력 5월부터 시작해 8월까지 계속되는데, 8월의 멸치가 젓갈용으로 아주 좋았다. 지금은 참조기에 밀리기는 했지만 아직까지도 추자도 하면 액젓 형태의 '멸치젓'을 떠올리는 이가 많다.

오후 4시 바다에 나간 배는 새벽 5시쯤 들어온다. 처음 덕판배에서 목선과 풍선으로 시대 흐름에 따라 배의 종류도 바뀌었다. 멸치 잡는 배를 이곳에서는 '젓배'라고 불렀다. 멸치 얘기에 '멸치 잡는 소리'를 빼놓을 수는 없다. 추자도에는 박동률이라고 추자도 멸치 잡는 소리를 잘하는 이가 있었다고 한다.

멸치 잡는 소리는 멸치잡이 과정에 따라 배를 타고 나가면서 멸치배가 출발하기 위해 '닻을 올리며 부르는 소리', 멸치 어장으로 배를 타고 나가면서 부르는 '노 젓는 소리' '멸치 잡는 소리', 잡은 멸치를 담는 '가래질 소리', 만선의 기쁨을 담은 '상사소리'가 있다.

박동률 씨는 그 중 '상사소리'를 잘했다. 멸치잡이를 하면서 선배 어른들이 부르는 소리를 어깨 너머에서 들었고, 신양리에서 같이 멸치잡이를 했던 고 유익진 씨에게 제대로 배웠다고 한다. 가창력이 뛰어나고 꽹과리를 잘 쳐서 풍물패의 서두가 되기도 했고, 마을에 상이 났을 때는 상여소리를 맡아서 불렀다. 지금도 박동률 씨의 선창에 이어 뒷소리를 하는 사람들이 있고, 묵리에 살고 있는 윤성하 할아버지(86) 등이 과거 노래를 기억하고 있으나 모두 나이가 연로해 기록 작업을 서둘러야 할 것으로 보인다.[3)]

3) 사수도 해녀

(1) 사수도 이야기

사수도는 하추자에서 동쪽 36㎞ 거리에 있는 넓이 138,701m^2의 무인도다. 이 섬을 전라남도에서는 잊을만 하면 완도군 소안면 소속 장수도(障水島)라고 영유권을 주장해 왔다. 1919년 세부(細部)측량시 예초리 산121번지로 획정(劃定)되고 예초리 사람 김유홍(金裕洪) 명의로 등기, 또 1930년 일본인 다나카(田中斗)가 어장 확보차 매입 등기하고, 조국광복이 되자 국유지가 되었다.

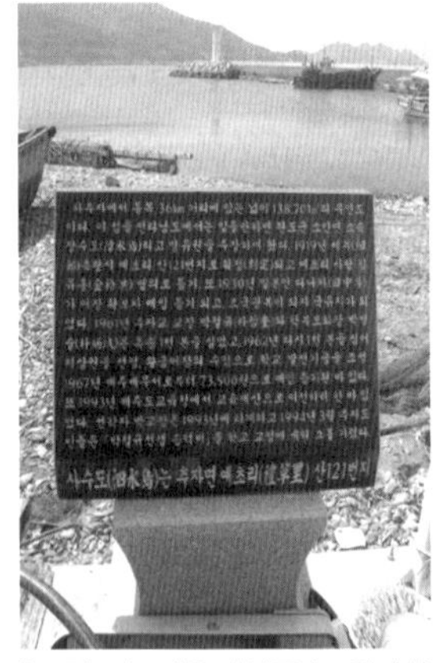
[그림 7] 예초리사무소 앞 '사수도 표석'

1961년 추자교 교장 박철규(朴哲奎)와 학부모회장 박병술(朴炳술)은 흑송 1천 본을 심었고, 1962년 다시 1천 본을 심어 지상권을 선점, 황금어장의 수입으로 학교 발전기금을 조성, 1967년

3) 해녀박물관, 2009, 『제주 해녀의 생업과 문화』, 제주특별자치도, 352쪽.

제주세무서로부터 73,500원으로 매입 등기된 바 있다. 또 1993년 제주도교육청에서 교육재산으로 이전하려 한 바 있었다. 선각자 박 교장은 1993년에 타계하고 1994년 3월 추자도민들은 '박철규선생 송덕비'를 학교 교정에 세워 그를 기렸다.(예초리사무소 앞 '사수도 표석' 중)

[그림 8] 부속섬에서 작업 중인 추자해녀

추자도 부속섬 중에는 지난 2005년부터 전남 완도군과 관할권 다툼을 벌여오던 '사수도'가 있다. 사실 누구나 사수도를 기억하고 있지는 않았다. 제주의 최북단 섬 추자도의 42개 부속섬 중 하나인 사수도는 지난 2005년 관할권 분쟁으로 뜻밖의 주목을 받았다. 내용을 접하고 어리둥절한 추자도 주민들과 달리 본 섬 사람들의 반응은 지극히 소극적이었다. 사실 그 이전부터 논란이 없었던 것은 아니었다. 1999년 제작된 『추자도』지에서도 '사수도 소유권 싸움'이라 하여 관련 내용을 정리하고 있다. 옛 북제주군 토지대장에 사수도는 '추자면 예초리 산 121번지, 임야 6만 9,232㎡'로 기재돼 있다. 1919년 일재에 의해 정밀 측량을 거쳐 추자군도에 부속됐고 해방 후에는 중앙정부에 귀속됐다가 1972년 추자교육성회가 소유권을 이전 받았다.

소유권을 주장하는 완도군은 1979년 내무부의 도서 등록지침에 따라 이 땅을 '완도군 소안면 당사리 산 26번지 임야 21만 4,328㎡'인 장수도로 신규 등록해 버렸다. 한 쪽은 만조 때 수면 위로 올라온 실측자료를 근거로, 한 쪽은 항공촬영에 의한 면적 계산을 기초로 하면서 사실상 같은 섬이지만 다른 섬인 것처럼 존재했다. 그랬던 사수도가 소유권 분쟁에 휩쓸린 것은 사수도 인근 해역이 삼치 · 방어 · 참조기 · 돌돔 등 어장이 풍부하고, 해녀들의 전복 · 소라 채취량이 상당한 등 황금어장으로 부상하면서부터.

전남 완도군과의 팽팽했던 소유권 싸움은 지난 2008년 12월 26일 '사수도 관할권이 제주특별자치도에 있다'는 헌법재판소의 판결로 일단락됐다.[4)]

헌법재판소 2008년 12월 26일 선고사건 최근주요결정 사건번호 2005헌라11 사건명: 북제주군과 완도군 등 간의 권한쟁의 선고날짜: 2008.12.26 종국결과: 각하, 인용 ▶결정 요약문 헌법재판소 전원재판부는 2008년 12월 26일 재판관 8 : 1(일부 각하)의 의견으로 동경 126° 38′, 북위 33° 55′ 에 위치한 섬(이하 '이 사건 섬'이라 한다)에 대한 관할권한은 청구인(제주특별자치도)에게 있음을 확인하고, 이 사건 심판청구 중 피청구인 완도군수에 대한 심판청구는 각하하는 결정을 선고하였다. 육지의 경계확정 분쟁과 유사한 성격을 가지는 이 사건 분쟁의 성격상 지적공부를 중심으로 이 사건 섬의 귀속을 판단하여야 하는데, 지방자치법 제4조 제1항에 따라 1948. 8. 15. 당시를 기준으로 할 경우 당시 지적공부인 임야대장 등에 청구인만이 이 사건 섬을 등록하고 있고, 나아가 위 지적공부상 기재에 명백한 오류가 있거나 그 기재 내용을 신뢰하지 못할 만한 다른 사정이 있다고 보기 어려운 점 등에 비추어 이 사건 섬에 대한 관할권한이 청구인에게 귀속된다고 판단한 것이다. 이에 대하여 피청구인 완도군수에 대한 심판청구가 적법하고 이유 있으므로, 각하해서는 안 되고 인용하여야 한다는 재판관 조대현의 반대의견이 있다. 〈헌법재판소 판결문 2008년 12월 26일. 사건명 북제주군과 완도군 등 간의 권한 쟁의〉

4) 추자도지편찬위원회, 1999, 『추자도』, 74~75쪽.

당시 도기를 게양하는 등 '반짝'했던 관심은 지금은 다시 시들한 상태다. 섬을 찾는 사람들은 생태 변화를 조사 · 연구하는 기관이나 대학, 다큐멘터리 제작자, 낚시객들이 전부다. 한 때 한 번에 12명 넘게 들어가 작업을 했던 사수도에는 이제 해남 최성열 씨(46)를 포함해 4명이 작업을 한다.

최근 사수도 작업을 진두지휘하는 박금실 해녀(57)는 열두 살 때 사수도 바다와 만났다. 처음 겁에 질려 배에서 내렸던 어린 여자아이는 이제 하늘과 바다 햇살에 바닷바람에 전 구릿빛 얼굴에 범접하기 힘든 포스를 내뿜는다. 박금실 해녀는 "본도(추자도)에서만 물질을 해서는 먹고 살기가 힘들어서 섬에 갈 수밖에 없었다. 물건보다는 생계를 위해 섬(사수도)에 간 거다. 날씨가 좋지 않을 때는 5일을 채우기도 힘들지만 지금도 한 달에 12일 정도 사수도에 간다.…본도 바다도 물살이 세지만 섬은 더하다. 섬이 얼마나 영험한지 물건 씨는 날도 있고 못 씨는 날도 있지만(물건을 많이 잡을 때도 있고 그렇지 못할 때도 있지만) 빈손으로 가게는 안 한다. 섬은 다 안다. 섬에 갈 때는 집 식구들 먹는 것도 조심하라고 한다. 혹시 맘이 불편하거나 물건이 많이 안돼서 집에 와 물어보면 식구 중 누군가가 동티나는 것을 먹거나 했을 때였다"고 사수도 작업을 설명했다. 사수도에 대한 관심조차 불편한 눈치에 언제 작업을 하는지에 대해서는 도통 입을 열지 않았다.

처음에는 풍선에 노를 저어 가던 것이 발동선으로 바뀌고, 지금은 날씨만 맞으면 그때그때 이동할 수 있는 최신 낚싯배로 바뀌었다. 그때나 지금이나 마찬가지인 것은 사수도에서 물질을 하는 해녀들을 실어 나르는 일이다. 20~30년 전만 해도 언제 데리러 오겠다는 날짜만 약속하는 게 전부였다. 쉽게 가기고 힘들었던 때라 한번 들어가면 한 달 정도 작업하는 일은 허다했다. 때를 보며 먹을 가져다주곤 했다. 그것도 날씨가

[그림 9] 원용순 선장

맞아야지 그렇지 않으면 배를 곯기 일쑤였다. 무전기를 사용한 것이 채 10년이 안 됐다. 지금은 휴대전화도 터지고 발전기가 있어서 냉장고도 있다. 옛날이나 물이 귀했지 지금은 생수며 얼음까지 가져간다.

반세기 넘게 사수도 해녀를 실어 날랐다는 태성호 선장 원용순 씨(79 · 추자도 대서리 태흥민박 운영)는 "일제시대며 해방 직후까지 사수도에 아이를 데리고 들어가 작업을 하는 일도 많았다. 그때면 밥을 해주고 아기를 봐주는 사람이 동행했다. 큰 뽕나무 아래 집터에는 '온돌' 비슷한 것도 있어서 생활하는 것은 어렵지 않았다. 스티로폼 쓰레기를 모르고 태우다 섬에 타르가 잔뜩 달라붙었던 일이며, 사수등대를 별로 본 안강만 어선이 섬에 부딪혀 좌초했을 때 선원을 구하러 달려갔던 일들이 다 어제만 같다"고 말했다.

사수도 해녀는 단순히 한정된 바다를 극복하기 위해 섬을 찾은 이상의 의미를 갖는다. 오랜 시간, 지금에 이르기까지 실제 사수도에 살면서 지킴이 역할을 했기 때문이다. 사람이 살지 않는 섬이지만 때마다 섬에 들어가 변화를 살피고 머물며 작업을 하는 등 거주에 가까운 생활을 했던 만큼 실효지배적 의미로 주민이라 할 수 있다.

[그림 10] 추자도 잠녀

3. 맺음말

추자도 해녀들의 기억은 섬의 시간을 가늠하는 기준이 된다. '개인적이고 일상적인 경험으로 간주되며 역사적 가치로 존중받지 못하고, 또 기록조차 되지 않았던 여성의 기억'이라는 여성사의 한계는 해녀에게는 더 잔인하게 적용된다. 하지만 그녀들이 기억이 아니고는 추자도의 역사를 따라잡을 수 없다.

추자도 현직 최고령 해녀인 최소녀 할머니(84 · 추자면 대서리)는 일제강점기를 거쳐 해방과 한국전쟁, 근대화 이후의 섬을 기억해 냈다. 원래 할머니의 이름은 '최덕녀'였다고 한다. 영흥리에서 나서 대서리로 시집간, 추자도에서 나고 자란 해녀로 사수도를 드나들며 '덕'자가 '소'자

[그림 11] 최소녀 할머니

로 바뀌었다. 사수도를 지키는 덕녀 할머니의 노여움을 사지 않기 위해서다. 할머니의 삶에는 그렇게 섬과 시간이 가만히 스며들어 있다. 최 할머니는 일제강점기 추자 주변의 바다자원 확보를 위해 섬에 들어온 일본인들이 만든 '이주 어촌'의 위치를 기억하는 몇 안 되는 섬사람이다. 태어나면서부터 섬을 입고 살았기에 온 몸으로 섬의 역사를 이야기하는 셈이다.

이주어촌의 일본인 병원과 짚신을 신고 했던 군사훈련, 해방 직후 일본인들이 버리고 간 가재도구며 귀국을 도운 대가로 받은 배 이야기까지 기억하고 있다. 일제 수탈의 대상이던 '우뭇가사리'가 섬에서 허기를 채우던 수단에서 '쌀'과 맞바꿀 수 있는 귀한 존재가 됐던 상황에 대한 기억도 비교적 온전하다. 이른바 섬을 중심으로 읽는 세상사다. "일본사람들이 가사리 값은 잘 쳐줬다"며 "그 때가 지금보다 살기는 나았다"는 최 할머니의 말은 관심의 중심에서 변방으로 밀린 사정을 고스란히 반영한다.

'섬에서 태어난 까닭에 놀이처럼 무레질(물질)을 배우고 천직이 됐다'는 것도 이제는 다 옛말이 됐다. 할 수 있으면 섬을 떠나라 해서, 또 그렇게 힘든 일을 배워 뭐하랴 싶은 마음에 바다로 향하는 딸의 발목을 잡은 어미가 한 둘이 아니다. 부속섬 작업으로 분명히 남아있을 거라 믿었던 '네 젓는 소리'를 기억하는 해녀는 한 둘이고, 섬에 살면서 아예 무레질(물질)을 모르고 바닷속 사정에 관심이 없는 여성이 반절이다. 제주 사정과 크게 다르지 않다. 어찌 보면 제주 섬 전체의 축소판이라 봐도 과언이 아닐 정도다.

최근 몇 년간 추자도수협의 소라 총허용어획량(TAC)는 완만한 상승 곡선을 그리고 있다. 2007년 9월~2008년 5월 86톤, 2008년 9월~2009년 5월 86톤에 이어 2009년 9월~2010년 5월은 111톤으로 수치상 분명히 늘었다. 올해 역시 내년 상반기 TAC가 확정되지 않았지만 올 연말까지 62톤이 배정되는 등 바다 사정이 나아진 듯 보인다. 하지만 속사정까지 그럴까. 위판을 맡은 추자도수협에서조차 확 줄어든 정도를 피부로 느낄 정도라 말한다.

물건이 준 만큼 사람들도 줄었고, 남은 사람들이 세월을 비켜가지 못한 사정까지 보태면 이해가 된다. 최근 몇 해 추자에서는 오히려 해삼 양식 쪽에 더 공을 들이고 있다. 전복 · 소라보다 가까운 바다에서 작업을 할 수 있고 수입도 낫기 때문이다. 그래도 자식에게는 안 물려준다.

처음에는 "다음 언제 오겠다"는 약속이 전부이던 섬 작업에 무전기가 등장하고 휴대전화에 냉장고까지 환경은 많이 나아졌다. 물 걱정도 않고 고무 옷을 입는 까닭에 추위에 떨다 이가 상한다거나 몇 번이고 배나 뭍에 올라 몸을 녹이는 일도 찾아보기 힘들다. 사수도며 수령섬 같은 무인도는 아직도 해녀들이 지키고 있다. 무거운 망사리를 대신 들어줄 가족 대신 해녀의 이름이 떡하니 적힌 밀대가 잘 포장된 아스파트 길을 지나 수협 공판장으로 간다.

그래도 적막한 섬의 공기를 뚫고 귀를 때리는 숨비소리는 여전하다. 집 한 쪽에 두리박을 준비해 놓고 날만 좋으면 바다에 나서는 일도 숨을 쉬는 것만큼 익숙하다. 문제는 '언제까지냐' 하는 데 있다. 이제 80줄을 넘기고 말리는 '아그' 잠녀들에 대한 서운함을 내비치는 노해녀도, 아직은 어려 한창때라는 50대 해녀도 같은 말을 한다.

추자도 해녀들에 대한 기록 작업은 이제 시작이다. 전체 산업구조상 이들의 차지하는 비중이 작다고는 하나 비교적 온전히 섬을 기억하고 있다는 점에서 이들의 기억을 하루라도 빨리 기록해야 한다. 그 것이 섬을 지키는 일이다.

* 본문 내용 중 나이와 연도 표시는 자료 수집 시점을 기준으로 하고 있습니다.

참고문헌

김영돈, 1999,『한국의 해녀』, 민속원.

전경수 · 한상복, 1999,『제주 농어촌의 지역개발』, 서울대학교 출판부.

제민일보 잠녀기획팀, 2006~, '대하기획-제주잠녀', 제민일보.

제주특별자치도 여성특별위원회, 2007,『제주 여성의 삶과 공간』, 제주특별자치도 · 제주특별자치도여성특별위원회.

제주특별자치도, 2006,『제주수산60년사』, 제주특별자치도.

추자도지편찬위원회, 1999,『추자도』, 추자도지편찬위원회.

해녀박물관, 2009,『제주해녀사료집』, 제주특별자치도.

해녀박물관, 2009,『제주 해녀의 생업과 문화』, 제주특별자치도.

추자도 주민의 종교 생활

조성윤

추자도 주민의 종교 생활

조성윤

1. 머리말

인간은 어렵고 힘들 때 종교에 의지한다. 물론 과학기술이 발전하고 경제가 풍요롭게 되면 될수록 종교가 힘을 잃고 약화되기도 하지만, 인간 사회의 불확실성은 계속 증가하며, 우리는 여전히 불안하고 위험한 사회 속에 살고 있다. 때문에 종교는 언제나 인간 곁에 있었으며, 종교의 틀이 낡아 인간의 종교적 욕구를 충족시켜주지 못하면, 아예 새로운 종교가 등장하고 발전하기도 한다. 오래 동안 민간신앙에 의존하던 사람들이 근대사회가 되면서 민간신앙에서는 벗어났지만, 다시 가톨릭, 개신교 등의 제도 종교로 흡수되고, 그런 공식 종교 안에서 다시 기복을 추구하는 것은 바로 이런 모습을 말해준다.

이 글에서는 근대 이후 추자도 주민들의 종교 생활의 변화를 공식 종교를 중심으로 살펴보려고 한다. 물론 공식 종교만 살피면 주민들의 믿음의 세계를 다 들여다보지 못한다. 왜냐하면 추자도는 어업이 중심인데, 어선을 갖고 고기잡이 하는 선주 집안은 교회에 전혀 나오지 않는다. 전통적으로 풍어를 빌기 위해 무당에게 의뢰해 굿을 해왔는데, 교회에서는 이것을 허락하지 않기 때문이다. 물론 교회에서 정한 형식대로 예배를 드리면 될 법도 한데, 그런 식으로의 변화는 결코 쉽지 않다.

하지만 한때 활발하던 제도 종교 역시 21세기 이후 전반적인 인구 감소 현상 속에서 점차 힘을 잃고 있다. 추자도민들에게는 종교가 필요 없어서일까? 아니면 구원의 대상이 다른 모습으로 등장하는 것일까? 우리는 이 글을 통해서 섬 지역의 종교의 변화, 특히 추자도 주민들의 정신세계, 종교의 미래를 조심스럽게 전망해 볼 것이다.

2. 개신교

1) 초기 단계

추자도에서 가장 눈에 잘 띠는 종교 시설은 개신교 교회이다. 천주교 공소와 불교 사찰이 각각 1개소씩 밖에 없지만, 개신교회는 상추자에 추광교회, 하추자에 신양교회, 묵리교회, 예초교회가 있어 합치면 4개소가 된다. 신자도 천주교 공소나 불교 사찰에 비하면 개신교가 훨씬 많은 편이다. 먼저 개신교회의 역사와 현황부터 정리한다.

1926년에 하추자도의 신양리에서 시작한 개신교회가 지금의 신양교회이다. 그 전, 그러니까 1908년에 제주도로 선교하러 가던 이기풍 목사가 풍랑을 만나 추자도에 잠시 머물렀다가 갔는데, 그 때 추자도 주민들에게 선교를 했다는 이야기도 있지만, 확실한 자료는 구할 수 없다. 그러니 개신교의 시작은 1926년으로 보아야 한다. 물론 1920년에 전남노회 소속의 김용하 장로가 찾아와 전도를 했고, 신양리에서 신도를 모아 가정 예배를 보기 시작했다고 한다. 비공식적으로는 이것이 시작일 것이다. 그러다가 전남노회 여전도회에서 1925년에 평양 출신의 방계성 장로를 파견하였다. 방계성 장로는 평안북도 철산군 출신으로 평양신학교를 다니다가 중도에 그만두고 부산으로 갔는데, 부산에서 사업으로 성공을 거두고 초량(草梁)교회 장로가 되었다. 그런데 주기철(朱基徹) 목사를 만나 마음을 고쳐먹고 다시 전도자가 되었다. 그런 그를 전남노회가 파견한 곳이 추자도였고, 신양교회의 본격적인 출발이 되었다.[1]

[그림 1] 현재의 신양교회

신자가 늘어나자 1929년에는 신양리 441번지에 30평 규모로 교회 건물을 신축하였다. 그 뒤 목회자 방계성 장로가 평양으로 떠나고 1932년에는 장성철 목사가 부임하였다.[2] 1930년대 초에 방계성 장로가 평양으

1) 방지일, 2001, 『야사도 정사로』, 선교문화사, 175-176 방계성목사이야기.

2) 방계성 장로는 평양 교외의 중화군에 있는 중화(中和) 교회에서 시무하다가, 주기철

로 간 뒤 편지를 주고받던 오재길, 오재식 형제는 방계성 장로가 있는 평양으로 가서 학교를 다녔다. 해방 후에 오재길은 정농회(正農會)를 조직하여 한국의 유기농업의 선구자가 되어 유명해졌다. 한편 동생 오재식은 미국 유학을 다녀온 후 다양한 기독교계 활동을 하다가 얼마 전에는 국제 봉사단체인 월드비전(구 선명회)의 회장 일을 맡아 국제적으로 활동한 인물이다. 이처럼 개신교회는 당시 원대한 꿈을 갖고 있던 젊은 이들이 넓은 세상에 나가서 교육을 받고 폭넓은 활동을 할 수 있는 통로 역할을 했다.

신양교회는 1930년대 후반부터 일제 당국이 강요하고 있던 신사참배를 거부하면서 교회는 거의 폐쇄되었는데, 이런 상황이 해방될 때까지 이어졌다.

2) 해방 이후의 성장

일제 식민지 지배를 받던 시기에는 하추자가 중심이었다. 포구는 물론 학교도 하추자 신양리를 중심으로 건설되었다. 그러나 해방 후에는 추자도의 경제와 정치의 중심이 상추자 대서리 쪽으로 이동하게 된다. 6·25 전쟁이 발발하자 피난민들이 추자도에 들어왔는데, 1950년 상추자도 대서리에 피난을 왔다가 지금은 캐나다로 이민을 간 이광옥(李光玉) 집사가 추자도에 교회를 개척할 것을 다짐하고 전도비를 부담하겠다고 자청하였다. 이 덕분에 김봉룡(金鳳龍) 전도사가 파견되었다. 1951년 9월 3일부터는 김만태, 서정일, 박순일, 김효식, 박성철, 이복재 등의

목사가 평양 산정현교회로 옮겨오자, 산정현교회의 전도사로 이동해 함께 일하였고, 평양신학교를 졸업하여 목사가 되었다. 그 뒤 주기철 목사와 함께 신사참배를 반대하다가 옥중에서 순교하였다. 방지일, 2001, 같은 곳.

교인들과 함께 추광초등학교를 빌려서 예배를 드리게 되었고, 1951년 10월 1일 정식으로 추광교회를 창립하게 되었다.

[그림 2] 추광교회 창립 50주년 기념비

그 뒤 마을 유지들의 협조를 얻고 선교사들과 교계의 지원을 받아 구 어업협동조합 건물을 매입, 수리하여 예배당으로 사용하게 되었다. 한참 뒤인 1969년 11월 대서리 58-2번지의 대지 100평을 김동선 집사가 헌납하자, 구 예배당을 60만 원에 매각하고, 현재의 대서리 58-2번지에 교인들의 건축헌금으로 예배당 18평과 사택 8평을 건축하였다. 그 뒤 1976년에는 제주노회가 건축 후원금을 전달하였는데, 이를 계기로 교인들이 다시 헌금을 하고 힘을 모아 대지 150평을 매입 확장하였다.[3] 1982년 3월에는 부속 유아원도 설립, 운영하고 있다가 1996년에 추광어린이집으로 발전하여 현재에 이르고 있다.

이렇게 상추자에 설립된 추광교회가 활발하게 활동을 하자, 이에 자극을 받은 하추자의 신양교회 신자들이 다시 교회를 재건하였다. 해방 전에는 신양교회 하나 밖에 없었지만, 해방 후에는 상추자의 추광교회와 하추자의 신양교회가 나란히 활동하게 된 것이다. 신양교회는 1953년에 장항련 전도사가 부임하면서 신양리 354번지에 함석예배당을 지어 이전하였고, 박봉순 여전도사가 교회를 맡고 있던 1974년에 30평짜리 교회를 지어 다시 이전했다. 1977년도에는 제주에서 김희민 전도사

3) 제주노회사 편찬위원회, 2000, 『濟州老會史』, 대한예수교장로회 제주지회, 185쪽.

[그림 3] 현재의 추광교회

가 부임했는데, 그는 1984년까지 목회를 담당했다. 그는 200년에 다시 추자도로 돌아왔는데, 예초교회를 맡고 있다가 최근 은퇴하였다. 1993년 10월에 대지 250평에 건평 57평의 새 예배당을 짓기 시작해서 1995년에 완공했다. 여기에 1999년에는 다시 사택을 지어 오늘날 교회는 대지 370평에 신축교회 57평, 교육관 30평, 사택 20평, 구사택 10평이다.[4)]

한편 묵리와 예초리에 교회가 설립되기 전에는 이 두 마을 교인들도 하추자도에 하나 밖에 없었던 신양교회에 출석했었다. 그 시기에는 신자가 많아서 성인 교인만 150명이 넘었다고 한다. 따라서 교회 활동도 활발했고, 교회가 지역사회의 중심역할을 할 정도였다. 이 넘치는 에너지가 교회를 나누는 데로 발전하였다. 묵리교회와 예초교회가 신양교회로부터 분리되었다. 교회분리는 대부분의 경우 특정 교회의 교인 수가 지나치게 많아진다거나, 교회가 지리적으로 멀리 떨어져 있는 지역에 신

4) 위의 책, 186쪽.

자들이 많이 증가할 경우에 이루어진다. 신양교회 입장에서는 교회 분리이지만, 묵리교회와 예초교회 신자들 입장에서 볼 때는 창립이었다.

예초교회는 1988년 11월 21일에 창립하였다. 1950년대 초에 예초리 신자들이 마을 안에 기도처소를 마련하기도 하고, 1954년에는 박광옥 전도사를 받아들여서 공회당과 어촌계 창고 등에서 예배를 드리기도 했다. 그러나 대부분의 신자들은 신양교회로 출석했다. 그러다가 교인수가 늘어나고 활동도 활발해지자, 자신감을 얻은 예초리 신자들이 독자적으로 교회를 창립하게 된 것이다. 창립 당시만 해도 신자수가 80명이 넘었다고 한다. 그러나 그 뒤로 점점 줄어들어 현재의 교인은 어른 29명, 어린이 20여 명이 출석하고 있다.

아주 비슷한 시기인 1989년 6월 15일에 묵리교회도 창립했다. 묵리교회도 신양교회에 출석하던 교인들이 거리가 멀어 1989년 6월 묵리 408번지 천세영 씨 창고를 수리하여 예배를 드리기 시작한 것이 시초이다. 1990년 8월 묵리 410번지 대지를 구입하여 예배당을 건축했다.

주목할 것은 1992년 김유문 목사의 부임이었다. 그가 부임한 후 마을의 전화번호부를 만들어 배부하고, 이정표를 만들어 세우는 등 주민들과의 친화에도 적극적이었다. 게다가 1996년부터 김목사와 묵리교회 신자들은 중국 선교를 시작하여 길림성 연길시에 〈삼도만 교회〉, 1998년에 안도현에 〈송강교회〉, 왕청현에 〈석성교회〉와 〈고성교회〉를 건축했으며, 계속 새로운 선교지역으로 영역을 넓혀갔다. 장학사업도 벌여 중학생 8명, 고교생 45명, 대학생 6명, 대학원생 5명에게 장학금을 지급했다.

이렇게 활발하게 활동하던 김유문 목사가 묵리교회를 떠나고 나서는, 교회는 침체기로 접어들었다. 10여 년 전만 해도 어른 60명, 초중등부 29명이 출석하고 있었지만, 지금 교회에 출석하는 신자들은 20명이 안 되고 대부분이 노인들이다. 현재 담임을 맡고 있는 엄홍일 목사는 다른

[그림 4] 묵리교회

곳에서 정년퇴직을 하고 이곳에 왔기 때문에, 활발한 활동을 기대하기는 어렵다.

추자신양교회로부터 예초교회와 묵리교회가 독립한 1980년대 후반은 한국 교회의 절정기라고 할 수 있는 시기이다. 전국적으로 개신교 신도수가 폭발적으로 증가하고 있었고, 그런 영향이 추자도까지도 미치고 있었던 것은 아닐까. 1988년경의 신양교회 전체 신자수는 300명이 넘었다고 한다. 따라서 신양교회는 예초교회와 묵리교회가 독립하고 나서도 150명 가까운 신자를 갖고 있었다. 젊은이들도 지금과 비교하면 훨씬 많았고, 활동도 다양했다. 새 교회는 모두 앞으로 신자수를 더 늘릴 수 있다는 자신감도 있었다.

또 하나 특징적인 점은 묵리교회의 중국 선교이다. 1990년대 초는 한국교회가 해외선교를 한창 전개하기 시작한 시기이다. 그러나 이 시기에 선교에 앞장섰던 교회들은 대부분 서울을 비롯한 대도시의 살림이

넉넉한 교회들이었다. 묵리교회처럼 100명도 되지 않는 적은 신자로 구성된 교회가 중국에 5군데의 교회를 세우는데 주도적인 역할을 한 경우는 매우 드물었다. 어찌 보면 대단한 활동이라고 평가할 수 있다.

그러나 이러한 해외 선교활동이 과연 교회 신자들의 자발적이고 적극적인 움직임이었을까 하는 의문도 든다. 혹시 김유문 목사의 적극적인 의지가 반영되면서, 그의 주장을 교인들이 받아들이고 따랐던 정도는 아니었을까? 김유문 목사의 적극적인 권유와 주도에 따라서 묵리교회 신자들이 움직였지만, 김목사가 다른 교회로 떠난 후에는 금방 식어버렸던 것은 아닐까 하는 것이다. 묵리교회 신자들이 몇 년 동안, 언제까지 이 중국교회들과 교류를 계속했는지 알 수 없지만, 적어도 현재는 아무런 연락도 없이 단절된 상태인 것은 확실하다. 묵리교회 신자들에게 해외선교는 어떤 의미였을까 새삼 궁금해진다.

3) 21세기 개신교회의 모습

지난 10여 년 동안 추자도는 엄청난 변화를 겪었고, 지금도 큰 변화의 소용돌이 속에 있다. 추자도의 어업이 조기잡이 중심으로 바뀌면서 소득이 엄청나게 높아졌고, 추자도의 경제생활은 풍요로워졌다. 한편 제주도 당국이 적극적으로 관심을 기울이기 시작하면서 추진된 행정적인 지원 역시 추자사람들의 제주도 나들이를 편하게 만들어 주었다. 그러나 이러한 풍요로움은 거꾸로 젊은이들을 급속히 추자도를 빠져나가게 만들고 있고, 추자도는 인구가 줄어들면서 활력이 많이 떨어지고 있다.

추자도의 개신교회들도 이런 사회변화의 영향을 받고 있으며, 전반적으로 신자수가 줄어들고, 늙어가는 모습을 보이고 있다. 추광교회 강희도 목사는 오늘날 추자도의 개신교회의 변화를 다음과 같이 요약했다.

> 4년 전에 올 때 주민등록상 인구가 2천850명이었는데 지금은 2천650명 정도입니다. 4년 사이에 200명 정도 줄었을 겁니다. 외국 선원들이 한 200명, 외지 선원들이 육지 선원들이 칠팔백, 그러면 모두 여기서 돌아가는 인구가 3천 몇 백 명 정도 됐는데, 지금은 그것도 많이 감소되었을 거고, 아마 여기에 있는 상주인구 2천6백 명 중에 선원들이 5~6백 명 정도 되지 않을까? 면에 가면 자세히 알 수 있을 겁니다.
>
> 제가 처음 올 때 우리 교회 출석 신도수가 70명에서 75명 정도였는데, 지금은 50여 명, 그러니까 인구 200명 감소에 20명 10%되지요. 그런데 여기 추자도 전체 인구에 비해서 우리 교인 수는 10%가 안 돼요. 우리 교회가 55명~60여 명, 하도에 가면 신양교회가 있는데, 거기도 60여 명, 묵리, 예초교회에 각 20여 명씩, 다 합치면 160여 명 정도로 200명이 안 되죠, 10%도 안 돼요,

물론 약간의 수치 차이는 있겠지만, 강희도 목사의 요약은 매우 정확한 것이다. 추자도의 개신교가 1970~80년대를 거치면서 부흥하다가 다시 쇠락의 길을 걷고 있는 것이다. 1988년에 묵리교회와 예초교회가 신양교회로부터 분리되어 떨어져 나갈 때만해도 각각 70, 80명씩 신자가 있었는데, 이제는 모두 줄어들어서 두 교회 모두 20명을 넘기기 어려운 실정이다. 게다가 대부분의 신자가 노인이기 때문에 앞으로 몇 년을 더 유지할 수 있을지도 의문이다. 그리고 20명 이하의 신자라면 이미 자립교회의 수준으로부터 한참 아래로 떨어진 상태라고 보아야 한다. 즉 외부의 지원, 교단 본부나 노회, 또는 대도시의 큰 교회의 재정 지원을 받지 않고는 목사의 월급도 충당하기 어려운 상태인 것이다.

그러나 다른 한편으로 추자도 개신교회에서 주목할 만 한 점을 보았다. 그것은 바로 예초교회의 노인요양원 설립이다. 예초교회의 김희민 목사는 50명 정원의 노인 요양원 설립 신청을 했는데, 이것이 받아들여

졌다고 한다. 그러나 모두 12억이 들어가는 공사 중에서 대부분은 국비로 충당하지만, 교회가 운영 주체가 되려면, 적어도 2억은 부담을 해야 하는데, 그 돈을 마련하려고 많은 고생을 했다고 한다. 2006년에 공사를 시작해 2007년 10월에 문을 열었다. 사실 나는 이 마을을 지나가다가 처음 요양원 건물을 보고, 제주나 육지에서 추자도 경치가 좋아서 외지인이 와서 콘도를 지은 것이 아닐까 생각했다. 물론 오해였지만, 그만큼 예초리의 다른 건물들과는 달리 눈에 확 띠는 모양새를 하고 언덕에 서 있었다.

예초교회는 신자가 20명도 되지 않는데, 요양원을 지었다는 것은 예전 같으면 사실 생각하기 어려운 일이었다. 하지만 문민정부 이후 한국의 복지정책 수준이 높아지면서 사정이 달라졌다. 정부가 각 지역에 부족한 복지시설을 늘리기 위해 적극 지원하기 시작한 것이다. 그래서 교회가 부지를 내놓고 국비를 지원받아서 새로운 종교복지 시설을 세우는 것이 가능해 진 것이다. 일단 건물을 짓고 운영을 시작하면, 직원들 월급과 수용하는 노인들을 위한 비용이 정부에서 나오고 신자가 일할 수 있는 자리도 생긴다. 이미 제주도에서는 그런 경우가 많다. 제주도 곳곳에 요양원, 지역복지센터가 그렇게 세워졌다.

주목할 것은 이 요양원이 예초교회의 미래와 함께 갈 것이라는 점이다. 김희민 목사는 “예초교회는 추자에서 제일 작은 교회입니다. 제가 다시 부임해 올 당시에 교인이 30명이었는데 점점 갈수록 적어지는 거예요. 한사람이 돌아가시면 두 사람이 나가고. 할머니 할아버지 끼리 살다가 할아버지 돌아가시면 할머니가 아들 있는 곳으로 가버려요. 그러다보니까 20명까지 줄었어요. 교회 살리는 방법은 이 방법 밖에 없다. 요양원을 하는 방법밖에 없다고 했습니다. 하게 된 동기가. 이제는 절대로 교회가 문 닫을 일은 없을 겁니다.”라고 하였다.

3. 가톨릭

추자도에는 정식 성당이 없다. 대신에 공소가 있다. 추자공소는 서문성당 소속이며, 대서리 193-3번지에 있다. 공소에 관해서는 별다른 기록이 남아 있지 않다. 그렇지만『楸子島』지에 "1956년 봄 영흥리 유범수 씨 집에서 제주 중앙 성당 소속 사비나전교회장의 집례로 공소예절을 시작하여 1975년 5월 4일에는 추자공소가 신축 봉헌되었다. 이강귀 씨에 이어 현재는 김대성 씨가 평협회장을 맡고 있다. 성전 30평, 관사 20평이며 현재 등록 교인 수는 97세대, 270여 명이다."라고 되어 있고, 백년사에는 "추자공소 설립일은 1958년 8월. 1999년 말의 신자는 205명으로 기록되어 있다.[5]

공소를 처음 방문한 것은 2010년 7월 1일 오후였다. 공소는 포구앞 대서리 마을에서 비교적 언덕 위쪽으로 자리 잡고 있었다. 가장 먼저 눈에 띤 것은 공소 건물과 함께 그 옆에 자그마한 옛공소 건물이었다. 공소를 지키고 있는 분은 선교사라는 직함을 가진 여성분이었다. 옛날에는 공소는 대개 평소에는 비워두고, 지역 신자들의 조직인 평신도협회가 회장을 중심으로 조직되면, 신자들이 돌아가면서 공소를 청소하고 관리했었다. 그런데 얼마 전부터 평신도 중에서 선

[그림 5] 추자공소 옛 건물

5) 제주선교 100주년 기념사업 추진위원회 편, 2001,『제주 천주교회 100년사』, 천주교 제주교구. 725쪽.

[그림 6] 현재의 추자공소

교사 훈련을 받은 분들이 공소에 배치되어 공소를 관리하고, 지역 주민들에게 선교활동을 하는 시스템이 시작되었다. 그 영향으로 추자 공소에도 선교사가 일하고 있게 된 것이다. 유선교사는 제주교구로부터 파견되어 추자 공소에 온지 8년쯤 된다고 했다. 그의 말에 따르면 한때 신자가 늘어나면서 활기를 띠던 추자도 공소는 2000년대 이후 계속해서 신자가 줄어들고 있고, 현재의 신자는 많아야 70명을 넘기 어렵다고 한다.

현재의 공소는 새로 지은 지 7~8년 밖에 안 된다고 한다. 비교적 새로운 건물인 셈이다. 의욕을 갖고 새로운 예배처소도 지었는데, 추자도 인구가 급속히 줄어드는 가운데 가톨릭만 신자가 늘어나기를 기대하는 것은 무리가 아닐까 생각도 들었다. 신자들은 대부분 상추자도 대서리 거주자들이고, 하추자도 신자들도 10여 명 있다고 한다. 하지만 대부분 미사 때만 모이고, 다른 활동은 점차 약화되고 있었다.

한편 공소를 신축하면서 의욕을 갖고 장례와 관련된 냉동고 등의 시설을 설치한 바 있다. 이것은 제주도 천주교구의 중요한 특징 가운데 하나이다. 한국의 가톨릭, 특히 제주도의 가톨릭은 21세기 들어와 지속적으로 신자가 늘어나고, 새로운 성당 건물도 신축하면서 성장하고 있다. 그 이유 중의 하나가 다른 종교들보다 장례를 철저하게, 성대하게 잘 치른다는 점이다. 그러니 추자공소도 장례미사를 공소에서 치르도록 하기 위해서 비싼 시설을 설치했을 것이다. 그런데 공교롭게도 장례시설을 설치한 그 시점부터 제주와의 교통이 편리해졌다. 그래서 대부분의 추자도민들이 큰 병에 걸렸다 하면, 제주 시내의 큰 병원으로 입원하고, 환자가 사망하면 병원 장례식장을 이용해서 장례를 치르고, 시신을 화장장이 있는 양지공원을 거쳐 제주도의 납골당이나 묘지로 모신다고 한다. 얼마 전만 해도 장례를 치를 때는 의례 꽃상여를 사용할 정도로 장례에 공을 들이고 중요시했었는데, 장례의 절차와 방식이 완전히 바뀌어 버린 것이다. 그러다 보니, 추자공소에서 지난 8년 동안 단 한 번도 장례 미사를 드리지 못했다고 했다.

[그림 7] 황경헌 묘역

공소의 활기가 줄어드는 것과는 달리, 하추자도에 있는 황경헌 묘역을 방문하는 사람들은 엄청나게 많아졌다. 이것은 천주교 제주교구 100주년 기념사업으로 지정한 순례지가 되었고, 때문에 대중들에게 비교적 널리 이야기 되고 있다. 묘역에는 '마리아 丁蘭珠의 아들 黃景憲의 묘역'이라는 비석에 다음과 같은 내용을 새겨 두었다.

> 이 신도(身島)의 예초리 산20번지 605평 되는 황경한의 모역은 제주 천주교 전래 1백주년 기념으로 공원을 조성하였다. 경헌의 모친 정난주는 정약현의 딸이며 다산(茶山) 정약용의 조카이다. 고모님 베두루 이승훈(李承薰)에게 세례를 받고 문과 장원급제한 황사영(黃嗣永)과 결혼, 6년만에 경헌을 낳아 주문모(周文謨)의 유아세례를 받았다. 황사영은 백서(帛書)사건으로 순교하고 아내는 두 살인 아들 경한과 제주 유배중, 호송선이 예초리에 머물자 몰래 이름과 출생일을 적어 저고리에 싸서 물새울 황새바위에 두고 떠났다. 마침 오재일(吳在一)의 고조께서 애울음소리를 듣고 데려다 잘 키웠고 자라서 아들 건섭(建燮)과 태섭(泰燮)을 낳았으며, 오늘날 6세손까지 이어졌다. 한편 정난주의 묘역인 대정읍 동일리 12번지의 2,310평을 성역화하자 전국 신도들의 순례지로 찾아든다.

황경헌 묘역은 최근 개장한 추자 올레 코스에 있어서 앞으로 훨씬 더 많은 사람들이 방문하게 될 것이다. 하지만 이런 방문 코스로서의 묘역 활성화가 침체되어 가고 있는 추자도 가톨릭 공소에 어떤 영향을 줄지는 알 수 없는 일이다.

4. 불교

추자도에는 영흥리에 작은 절이 하나 있다. 이름은 용주사라고 하며, 혜암이라는 승려가 절을 지키고 있다. 불교는 한국에서 가장 강력한 종교이며, 많은 신자를 갖고 있지만, 추자도와의 인연은 별로 깊은 것 같지 않다. 옛날에 영흥리를 절 있는 동네라고 해서 절골, 절기미, 寺九味라고 부를 정도였다고 하나 없어졌다.[6)]

---

6) 「楸子面 學術調査報告」, 『白鹿語文』 8, 제주대학교 국어교육4과 국어교육학회, 1991, 143쪽.

절이 처음 들어선 것은 1997년이라고 한다. 현재의 절은 원래는 영흥리 노인정이 있었던 자리인데, 태고종 소속의 성청이라는 승려가 추자도에 들어와 몇몇 신자들과 함께 이곳을 1997년도에 매입해서 사찰을 세웠다. 그런데 승려 성청은 이북 출신이고, 청와대 경호실 출신으로 키고 크고 힘도 좋았다고 한다. 이상이 혜암이 신자들로부터 전해들은 이야기였다. 그는 이 곳 절의 사정을 다음과 같이 말한다.

[그림 8] 용주사

> 태고종 성청스님 계실 때는 신도들이 많이 있었답니다. 그러다가 돌아가시고 5년 비워두고 제가 왔는데, 저도 한 철만 살고 갈려고 그랬었는데, 너무 좋아서, 삼개월 있다가 가겠습니다 했는데 팔년입니다. … 법회는 초이레하고 열여드레인데 많이들 오는 편이 아니예요. 초파일이나, 백중이나, 백중도 육지처럼 많지 않고. 제주나 육지 부산처럼 그렇게 열심이지는 않습니다. 여기 대서리 분들은 돈이 많기 때문에 절이 누추하다 보니까 이 절에 안 다닙니다. 완도, 목포 그 쪽으로 다닙니다. 명칭은 확실히 모르겠습니다. 또 일부는 목포에 가시는 분도 있고, 그 분은 일 년에 한두 번씩 다니고 그러죠.

혜암의 설명으로는 추자도에 불교 신자가 없는 것이 아니었다. 상당히 많다고 느낄 정도로 있고, 어업 종사자, 선주부인들도 많았다. 말하자면 교회와는 멀고, 시시 때때로 배코사를 하고 배의 안전과 풍어를 빌어야 하는 어업 종사자와 그 부인들은 굿도 하지만, 절에도 다니는 것이다. 그런데 아직 규모가 작고 누추한 용주사를 찾기보다는 목포나 완도 등의 큰 절에 다닌다고 했다.

승려 혜암은 태고종이 아닌 조계종 소속 승려이고, 선승이기 때문에 주지로서 절을 운영하는 데는 큰 관심이 없어 보였다. 물론 기간을 정해 백일기도에 정진하는 등 수행은 매우 적극적으로 하는 편이지만, 적극적인 포교 활동을 펴면서 돌아다니는 것 같지는 않다.

5. 창가학회

추자도에서 창가학회는 2005년경에 들어와 묵리에 거주하고 있는 최영선씨가 포교를 시작하였다. 처음에는 한두 명밖에 없었지만, 조금씩 신자가 늘어나다가, 2009년에 추자반이 구성되었다. 그러니까 본격적인 포교가 시작된 지는 2년 밖에 안 된다. 현재는 부인 15명, 남자 3명, 합쳐서 18명의 회원이 있다. 제주도에서 창가학회가 이미 1960년대 초부터 재일교포들에 의해 포교가 시작되었고, 1975년에 조직적인 활동이 개시된 것과 비교하면, 무척 늦은 셈이다.

추자반은 제주시 동광양지부 산장지구 소속이다. 제주시에는 101개 반이 있고 그 중 하나에 지나지 않지만, 이제 막 포교가 시작된 지역이기 때문에, 제주지역 간부들이 관심을 갖고 추자도 포교에 공을 들이고 있었다. 평소에도 간부들이 추자도를 방문해서 최영선 반담과 함께 새로운 신자들을 찾아다니고, 매달 1차례 열리는 좌담회 때는 간부들이 여러 명 추자도를 방문한다. 내가 방문했던 2010년 7월 첫주에 열렸던 좌담회에도 제주권장, 제주중앙지역장 등의 간부들이 참석해서 지역 회원들을 격려하는 것을 볼 수 있었다. 추자도의 인구가 전체적으로 줄어들고 있는 상황이지만, 다른 종교들과는 달리 앞으로 창가학회 신자는 증가할 가능성도 상당히 높다고 생각된다.

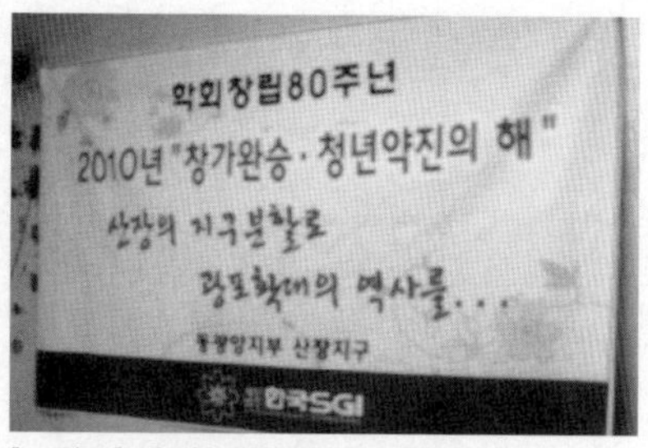

[그림 9] 추자도 창가학회 좌담회

그러나 어려움도 있다. 최영선 반담이 추자도에 들어와 주민들에게 창가학회의 교리를 전파하려 했을 때, 돌아온 첫 번째 반응은 "남묘호렌게교. 그거 사이비 아냐?" 하는 질문이었다고 한다. 지금도 대부분의 추자도 주민들은 창가학회 또는 SGI라는 교단 명칭은 모르고, 그저 '남묘호렌게교'라고만 알고 있다. 그리고 이 종교가 일본에서 건너온 '왜색종교' 정도 이상의 지식은 전혀 갖고 있지 못하다. 물론 이런 어려움은 추자도만의 것은 아니다. 한국사회 어디서든 창가학회에 대한 인식은 크게 나을 것이 없기 때문이다. 그런 점에서 추자도에서의 창가학회의 포교는 바로 이 인식을 어떻게 극복하는가에 달려 있을 것이다.

[그림 10] 창가학회 회원들

6. 민석박물관

신양리에 전에 보지 못하던 새로운 건물이 신축중이다. 주민들에게 물어보았더니 별로 자세하게 가르쳐 주려고 하지 않았다. 그래서 직접 방문해서 관계자와 이야기를 나누고 돌아와 관련 자료를 찾아보았다. 방문한 장소는 [그림 11]의 민석박물관이었다.

민석박물관을 짓고 있는 사람은 김민석(金旼奭)이다. 그에 관해서 현재까지 인터넷에 유포되어 있는 정보는 대부분 신종교 연구자 탁명환이 발간하던『현대종교』에 1984년에 실렸던 내용이다. 그 내용은 다음과 같다.

> 그는 신양리 출신으로 새로운 종교를 창시한 인물이고, 본명은 김윤렬(金允烈)이다. 김민석은 나중에 하늘로부터 받았다는 이름이다. 그는 1934년 4월20일 신양리에서 태어났다. 국민학교를 제주에서 마친 그는 제주에서 중학교를 나오고 서울에 올라가 계속 공부를 했다고 한다. 최종 학력이 고려대학교 졸업이라고 하나 확인되지 않고 있다. 그러나 설악산 신흥사 주지1년, 불국사 총무 2년, 해인사 교무2년의 경력을 가졌다고 본인은 주장하고 있다. 그는 1974년 3월18일 '에덴문화 연구원'이란 이름으로 경북 성주군 수륜면 백운동 산 56-2 가야산에 대지 150평, 건평 40평짜리 세멘블럭, 슬레트 집을 건립하여 해인 기도원이란 이름으로 사용하다가 1975년 8월에 에덴문화연구원으로 개칭했다. 그러나 1976년에 동 건물은 철거되고 교주는 서울로 올라와 강서구 화곡동 57-137에 자리를 잡았다. 그 후 교명을 만교통화교(萬敎統和敎)로 개칭하여 현재에 이르고 있다.[7]

문제는 이 정보 이외에는 다른 정보를 찾을 수 없다는 점이었다. 때문에 이 종교단체가 지금도 유지되고 있는지, 아니면 명칭을 변경했는지

7)「에덴문화연구원 (민석대왕 심판주 주장, 예언으로.)」,『월간 현대종교』1984년 11월호, 국제종교문제연구소.

[그림 11] 민석박물관

등에 관한 아무런 정보도 얻을 수 없었다. 그래서 인터넷 서핑을 포기하고 관련 서적을 찾았는데, 다음의 4권을 볼 수 있었다.

김윤렬, 1992, 『光明에는 秘密이 없다』, 도서출판 높은자아.
金旻奭, 1997, 『한국의 부패한 대통령』, 도서출판 光明.
金旻奭, 2005, 『하나님의 나라, 대한민국』, 도서출판 光明.
任光愛, 2001, 『이 땅에 심판주(審判主)가 오셨다』, 도서출판 광명.

현재 민석 박물관을 짓고 있는 장소는 바로 김민석이 살던 집터였다. 집터를 개조해서 새로운 건물 2채를 짓고 있는데, 민석박물관 건물이 한 채이고, 다른 한 채는 연구소와 사무실로 쓸 예정이라고 한다. 이곳을 택해서 박물관과 연구소를 짓는 이유는 아마도 이곳이야말로 교주가 탄생한 성지이기 때문이라고 생각할 수 있다. 공사 현장을 지키고 있던 분은 김민석의 친동생이었는데, 그의 설명에 따르면 김민석 교주가 최

[그림 12] 추자도 신대산 용머리에서의 민석

근에는 은퇴하고 2대 교주로 성균관 대학 교수를 지낸 임광애 씨가 취임했다고 한다. 임광애의 책을 보면 추자도 신양리를 '지구의 태극(太極)'이라고 부르면서 "추자도 신대산 용머리에서 법을 운행하는 민석"이라는 설명과 함께 민석의 사진을 싣고 있다(그림 12). 이를 통해 민석과 만교통화교의 소식을 일부 알 수 있었다.

지역 주민들 여러 사람에게 김민석에 관한 이야기를 해달라고 부탁했다. 그리고 추자도에서 민석을 따르는 신자가 있는지 물었다. 그러나 주민 김○○(60대)는 "여긴 신자가 아무도 없지요. 왜냐하면 어느 누가 믿어주지를 않으니까. 그 사람을. 딴 데 나가서 사이비 교주가 됐지만은, 동네에서는 인정해 주는 사람이 아무도 없거든요. 동네에서는 안 좋은 이미지만 남긴 분이니까. 심지어 그 옛날에 먼 방송에 나왔던데, 수사반장 드라마 있잖아요. 거기에도 나올 정도에 그런 인물이었으니까."라고 했다.

더 이상 대답을 하지 않기 때문에 자세한 내용은 알 수 없지만, 마을 주민들에게 그리 좋은 인상을 주지는 못하고 있다는 생각이 들었다. 본인은 고향 마을에 자부심을 갖고 있고, 때문에 돌아와 박물관도 건립하려 하지만, 정작 마을 주민과는 별로 가까워 보이지 않았다. 어쨌든 두 건물의 공사 진척도가 느려서 언제 완공하지는 아직 알 수 없지만, 완공이 된다면 추자도가 낳은 신종교 교주가 있다는 사실을 많은 방문객들에게 알리는 역할을 하게 될 것이다.

올해 들어 중앙 일간지와 제주 지역 일간지에 동시에 광고가 실린 적이 여러 번 있었는데, 한 번은 3월11일 일본의 지진과 쓰나미 이후의 원자력 발전이 가져올 재앙에 대한 경고였고, 다른 하나가 김정일 사망 직후 북한의 핵공격 위험성을 지적하는 경고였다. [그림 13]은 한라일보 2011년 12월 27일자에 민석대왕 심판주의 사자 김민석의 이름으로 핵공격에 대한 경고문을 게시한 것이다. 이것이 가장 최근의 민석을 알리는 광고 내용이다.

전면광고 11

핵보유국들은 들어라..!

내가 김정일을 사망의 세계로 보낸 것은 핵(核)에 대한 경고다

김정일은 나의 명을 거역하고 2011년 12월 24일, 크리스마스이브, 0시를 기하여 남한을 핵(核)공격 하려고 했다. 핵무기를 보유한 나라는 멸망한다.(민석성서 44장 11절) 핵무기 사용은 나 민석의 뜻에 위배되는 것이다. 민석대왕심판주께서는 2012년까지 열강들이 보유한 핵을 버리지 않으면 멸망하는 심판의 예텔법으로 자폭케 하신다 하셨다.

나는 2011년 12월 16일 새벽, 김정일이 핵미사일로 남한의 4곳(서해, 동해, 서울, 대전)을 공격하기 위하여 김정은을 데리고 군부대를 시찰하면서 남침계획을 준비하는 것을 보고 12월 17일, 김정일을 사망의 세계로 보냈다. 열강들은 들어라. 2012년까지 핵무기를 버려라. 그러지 않으면 일본 대지진, 김정일 사망보다 더 무서운"하나님의 심판"이 임한다는 사실을 경고한다.

김일성, 김정일의 남침계획 일지

민석대왕심판주의 사자 김 민 석

[그림 13] 한라일보 신문광고

묵리의 정월 풍경

윤순희

묵리의 정월 풍경

윤순희

1. 머리말

2010년 여름부터 가을까지 세 차례 추자도 묵리를 방문하였다. 여름철 휴가 성수기, 조기축제, 가을철 조기 수확기 이처럼 때를 달리하여 방문했지만 하추자 묵리의 분위기는 항상 차분하고 비워있는 느낌이다. 뱃길이 자주 열리면서 묵리 주민들의 섬 밖으로 외출이 잦아졌기 때문이다. 외지에 사는 자식들에게 해산물을 공급하기 위해서, 병원 치료를 받기 위해서, 집안 의례에 참가하기 위해서 등 섬 밖으로의 출입이 잦아져 묵리에 남아있는 사람은 적다. 그나마 마을 사람들을 쉽게 만날 수 있는 곳은 노인회관이다.

묵리 마을 한 복판에는 마을회관, 노인회관, 정자가 큼직하게 자리잡고 있지만 노인회관에만 사람들이 있다. 평소 20~30여 명의 노인들이 노인회관을 찾는다. 이들은 대부분 몸이 불편하여 물질은 고사하고 해초 뜯는 작업도 힘든 상황이다.

노인들이 노인회관을 찾는 이유는 무엇보다도 노인회관의 시설이 집보다 양호하기 때문이다. 노인회관은 정부에서 냉난방 비용과 중식이 지원되고, 큰 화면의 TV와 노래방 시설, 각종 의료장비가 있어 여가 시간을 지내기에 적당한 편이다.

노인회관에서 어르신들과 이장, 노인회장, 마을 사람들을 만나서 마을이야기와 그들의 삶에 대해 이야기를 들었다. 묵리 마을 사람들과 면담 끝의 느낌은 한숨 섞인 외로움, 과거에 대한 그리움과 같은 향수뿐이었다. 그도 그럴 것이 이야기를 나눈 대상들은 모두 60대 이상의 고령자들이었다. 지나간 시간이란 것은 아무리 괴롭거나 고통스러워도 뒤돌아보면 추억으로 자리 잡게 마련이다. 비록 가난하고 허기져 있었을지라도 그들에게 과거의 삶은 왕성했던 젊은 날의 그리운 추억이기 때문이다. 또한 살아가야 할 이유가 되었던 대상인 가족이 함께 했었기에 더욱더 과거를 그리워하고 있었다.

그들과 대화를 나누면 그들의 외로움만큼이나 마을 분위기는 무겁게 내려앉기 마련이었다. 그래도 언제부터 시작했는지 모르지만 그들은 여전히 새해가 되면 과거처럼 걸궁을 하고 당제를 지내며 새해를 맞이하고 있다. 예전처럼 농사를 짓지 않고, 어업이 활성화되지 않는데도 참여하는 사람이 적으면 적은대로 정월 명절이 되면 마을의례를 통해 제액초복을 기원한다.

정월이라는 주기성을 갖고 되풀이되고 있는 마을 의례에는 그 시대 자연관, 신앙관, 인생관, 생활관 등이 잘 담겨 있다. 산업사회, 핵가족화라는 사회 변동을 거친 65세 이상 노인이 태반인 초령사회[1]인 묵리의 정월 명절의 풍경을 통해 달라진 민속사회와 그 의미를 살펴보도록 하겠다.

1) UN은 노인인구 비율이 7% 이상이면 고령화 사회, 14% 이상이면 고령 사회, 20% 이상이면 초고령 사회로 분류한다. 묵리는 이미 전체인구의 2/3가 65세 이상으로 초고령 사회이다.

2. 묵리 현황

묵리는 하추자의 작은 마을이다. 마을 앞에 앞산, 뒤에 뒷산, 동남쪽에 돈대산 등 마을 앞뒤를 산이 둘러싸고 있다. 묵리 주민들은 추자도 내에서 명석한 인물을 많이 배출한 것에 대해 자부심이 강하다. 반면에 마을 이름에 대한 주민들의 해석은 분분하다. 마을 앞뒤를 산이 가로막아 답답하고 그늘이 많이 진다해서 '먹 묵(墨)'이라는 의견과 유교문화 영향으로 마을 사람이 점잖은 성품을 지녀서 '고요할 묵(黙)'이라는 의견도 있다. 한편에서는 과거 번성했던 묵리를 그리워하는 해석도 있다. 과거 묵리의 이름은 신흥리였다고 한다. 예전에 마을에 큰 바위를 허리에 차고 다니는 힘센 장사가 있었다. 이 장사가 있어 주변 마을 사람들이 무서워 묵리 사람들을 건드리지 않았다. 그런데 나중에 행정 개편을 하면서 마을 이름을 바꾸게 되었는데 신흥리 대신에 묵리라 불리게 되었다. 당시 신흥리(현재의 묵리) 마을세를 시샘하던 다른 마을에서 "신흥리 마을을 한 방 묵이고 들어가자."해서 유래되었다고 한다. 이처럼 마을 이름 유래에 대한 저마다의 다른 해석에서 과거 활기찬 묵리 분위기를 엿볼 수 있다.

묵리에는 현재 84 가구에 130여 명이 살고 있다. 84호 가운데 원주민 가구는 75세대이다. 원주민이 아닌 가구는 낚시가 좋아서 묵리에 정착한 경우가 대부분이다. 원주민 75세대 가운데 70%가 65세 이상 인구로 구성되었다. 20여 세대가 경제활동을 하고 있는데 수입원이 제일 높은 분야는 해녀어업이다. 해녀는 20여 명이 있는데 소라와 홍합, 해조류 채취가 주 수입원이다. 묵리의 농토는 넓지만 주민들은 농사를 짓지 않는다. 가정에서 필요한 채소밭만 일구고 나머지 농토는 놀리고 있다. 농사를 지으려면 사람과 농기구가 있어야 하는데 여건이 부족해서 짓지 못하고 있다. 배는 6척이 있는데 관광 낚시와 채낚기 어선이다. 관광

낚시는 민박을 겸하면서 운영하는데 묵리 원주민 보다는 외지에서 유입된 사람들이 운영하고 있다. 채낚기 어선은 주로 삼치를 잡는데 11월이 성수기이다. 해마다 어획량이 줄어들고 있어 어선 수입원도 줄고 있다. 경제 활동을 하지 못하는 대다수의 노인들은 정부에서 지급하는 노인기초연금과 자녀들의 보조에 의해 생활하고 있다.

원주민 가구 75세대 가운데 기독교 15세대, 불교 10세대, 천주교 3세대, 48세대는 무종교 세대이다. 전통시대의 종교 양상과 비교하자면 구성 면에서 다양해졌다. 예전과 달리 불교와 천주교 신자들이 등장했기 때문이다. 불교는 1992년에 영흥리에 사찰이 신축된 것을 계기로 어선어업을 하는 사람들이 중심이 되어 믿게 되었다. 이들은 생업인 물질이나 출어로 인하여 절기마다 꾸준히 사찰에 다니지는 못하고 있지만 종교 여부를 물을 때 불자라고 대답한다. 천주교는 외지에 살면서 영세를 받고 묵리에 귀향한 사람들이 믿고 있는 사례다. 이들은 상추자에 있는 성당에 다니고 있다. 묵리의 종교 양상은 예전에 비해 다양해졌지만 참여하는 구성원이나 열의 면에서 쇠퇴의 길을 맞고 있다.

종교 현상이 쇠퇴하고 있는 것은 무엇보다도 근대화로 인한 인구감소로 들 수 있다. 인구 감소는 자녀 교육 뒷바라지와 경제적 여건으로 발생하였다. 중학교밖에 없는 추자도에서 묵리 마을사람들은 자녀들을 상급학교로 진학시키기 위해 1970년대 중반부터 서서히 섬을 떠나기 시작하였다. 10척이나 보유했던 항구는 더 이상 규모가 큰 배를 수용할 수 없어서 마을의 부자라는 선주들은 큰 항구를 찾아 섬을 떠날 수밖에 없었다. 마을의 자랑이던 넓은 농토는 산업화된 시대에서는 놀릴 수밖에 없다.

교육과 경제적인 이유로 묵리에서 떠나간 사람들은 섬에 다시 돌아오지 않는다. 뱃길이 하루에 두 번씩 열려 가까워졌다고 하여도 심리적인 거리는 여전하다. 바다라는 환경이 예측 불허의 공간이어서 산업사회에서 예측 불허의 행동은 불안하기 때문이다. 그래서 섬 안에서 이루어지는 의례들은 점차 의례 주최자의 형편에 맞게 섬 밖에서 이루어지고 있다. 명절과 제사와 같은 가정의례는 물론이고 섬 안에서 발생한 죽음의 처리 절차 또한 섬 밖에서 이루어지고 있다. 섬 밖의 자녀들은 연로한 부모의 임종이 가까워지면 원활한 장례절차를 위하여 부모를 서둘러 섬 밖으로 모시고 나간다. 혹은 묵리 안에서 초상이 나더라도 제주 지역의 병원 영안실에 시신을 옮겨놓고 날짜를 택해 장례를 치른다. 시신은 화장이나 외지에 매장을 하여 섬 안에 들어오지 않는다. 부모라는 연고가 사라진 섬 밖에 사는 자녀들에게 묵리와 일상 공간의 거리는 멀어지게 되고 묵리를 방문할 기회는 없어지게 된다.

3. 예전 묵리의 정월 풍경

마을 사람들과 마을의 전통에 대해 이야기 나누다 보면 '예전'이라는 단어가 많이 등장한다. 마을 사람들이 공통적으로 기억하는 '예전'은 묵리가 가장 번성하고 활기찬 1980년대를 가리킨다. 1980년대에는 물이 풍부하여 농토가 비교적 좋으면서도 넓어서 식량 공급이 안정적이었다. 마을 앞쪽에는 논이 있었고 산의 비탈진 밭에서는 고구마와 보리쌀을 심었다. 항구의 입지 조건도 좋아서 채낚기 어선과 유자망 어선이 10여 척이 있었다. 섬으로서 반농반어가 적절히 조화를 이루어 마을 사람들의 경제상황이 추자도 안에서 윤택한 편이었다. 집안의 재산은 맏아들에게만 승계가 이루어지는데, 큰 집이 아니면 농토 소유가 미약하였다. 농토 소유가 적은 가정도 병작을 하면 1년 식량을 마련할 수 있었다. 수확한 농산물은 '말레' 안에 보관하였고 한 해의 첫 수확물은 성주독에 보관하였다. 성주독에 담긴 쌀은 집안의 기둥이라 생각하여 남에게 절대로 빌려주지 않았다.

마을에는 천씨, 배씨, 윤씨가 집성촌을 이루고 있었다. 가구 수는 150여 호인데 1가구당 가족 숫자가 많아서 인구가 500여 명에 이르렀다.[2)] 인구에 비해 주택이 부족해서 셋방살이 하던 가정들도 있었다. 마을 사람들끼리 계가 활성화되어서 가정마다 3개 정도의 계에 가입했다. 일반적으로 상여계, 이불계, 돈계 등이었는데 같은 계원끼리 돌아가면서 모임을 주최하여 모일 때마다 장구나 북을 두드리면서 밤새도록 놀았다. 돈계는 목돈을 만드는 계모임이다. 이 시기는 "추자도에서 돈이 필요하면 묵리에 가면 된다"는 말이 떠돌곤 하였다.

마을 사람들의 일상생활은 생업 세시력에 맞춰 진행되었다. 설날의 차례는 큰 집을 중심으로 이루어졌다. 섣달그믐 자정에 차례를 지내고 이튿날 오전은 성묘와 세배를 중심으로 지내었다. 성묘는 제사 때 모셔지는 조상의 산소에서만 행해졌다. 묵리 지역의 산소는 마을 뒷산에 분포하였는데 가깝기도 하거니와 뒷산에 모두 농사를 지어서 다니기가 편하였다. 성묘를 마치면 직계가족의 중심의 세배를 하였다. 세배를 마치면 남성들만 친족들에게 세배를 다녔다.

세배를 마치면 가정별 명절 공식행사가 끝나는 것이다. 그리고 마을 축제가 시작되었다. 음력 정월은 바다와 들, 일상생활의 노동을 멈추고 새로운 힘을 비축하기 위해 쉬는 시기이다. 걸궁은 마을의 제액초복을 기원하는 의례이기도 하면서 마을의 남녀노소들의 한바탕 춤판이 이루어지는 굿판이었다. 섣달그믐에서 시작한 걸궁은 보름날까지 이어졌다. 실제 걸궁은 섣달그믐날 '고기부르는 제'로 시작하여 3일 동안이지만 묵

2) "묵리 안에서 1961년 출생인 어린이가 40명이나 있을 정도로 사람이 많았다." (윤재옥, 재제주묵리향우회장, 50세, 2010. 12. 13. 전화면담)

리 사람들은 정월 대보름 걸궁 때까지 같은 계원끼리 모임을 구성해서 놀았다. 밤새도록 나무젓가락으로 상다리를 두드리면서 노래 장단을 맞추어 가며 노는데 젓가락이 두 동강 나는 것은 예사이고 심지어는 상모투리가 닳아 없어지기도 하였다. 별도의 술안주가 없더라도 술자리는 밤새도록 이어지는데 신명을 내며 두드리는 장단은 걸궁 때 쓰이는 굿장단의 예행연습이었다. 어른들의 장단 소리는 아이들의 귀에 서서히 학습되어 아이가 별도로 연습 과정을 거치지 않더라도 성인이 되면 자연스럽게 걸궁에 참여하여 장단을 맞출 수가 있었다.

걸궁 때 쓰이는 악기와 복장은 별도로 보관하던 집이 있었다. 명절이 되면 걸궁의 집기들을 꺼내놓는데 하루 빨리 걸궁패의 일원이 되고 싶은 아이들은 명절 때가 되면 빨리 세배를 마치고 걸궁 집기를 보관하는 집으로 가서 악기를 두들겼다. 평소 귀에 익혀진 장단을 실제 악기를 가지고 실험해 보는 것이다. 그리고 어른들이 하는 실제 걸궁을 따라다니면서 다시 한 번 눈에 익혀두고 청년이 되면 명절 때 자랑스럽게 걸궁의 일원이 되었다. 아버지가 쉐잽이면 아들이 쉐잽이가 되고, 아버지가 장구잽이면 그 아들이 물려받는 것이 묵리의 마을 전통이었다.

낮의 걸궁이 끝나면 다시 밤의 밤굿으로 이어졌다. 밤굿은 걸궁이 끝나고 저녁에 마을 사람들이 다시 모여 한바탕 흥을 나누는 공동체 유흥놀이이다. 예전에는 마당이 넓은 집으로 남녀노소 모두 모여서 밤새도록 북 장단을 치고 놀았다. 집 주인은 마을 사람들이 마당을 밟으면서 그 집의 액운을 막아주는 대가로 쌀죽을 끓여 대접하였다.

정월의 가정 단위의 의례들도 빈번하게 진행되었다. 마을에는 점쟁이가 2~3명이 있어 마을 사람들의 크고 작은 무속의례를 담당해주었다. 경제적으로 여유가 있는 몇몇 집은 지신밟기를 하더라도 정월이면 한해 가정의 복을 비는 안택굿을 하였는데 점쟁이가 이 역할을 담당하였다. 여유가 없는 가정에서는 주부 스스로 사제가 되어 가정의 평안을 기원하였다. 입춘이 되면 가족들의 1년 운세 점을 치는데 운수가 사나운 가족이 있으면 정월 대보름날 저녁에 마당에서 상을 차려놓고 달을 보면서 무사안녕을 기원하였다.

당시 어황은 초여름의 멸치와 가을의 삼치가 주를 이루었다. 어장이 형성되어 배가 나가기 전에 뱃고사를 지내는 가정이 많았다. 배에다가 선왕이라 해서 짚을 짜서 만드는 데 그 밑에 음식을 차려놓고 고사를 지냈다. 선왕제 할 때는 마을의 점쟁이를 데려다 꽹과리 치면서 굿을 하였다. 그리고 정월 명절과 추석 명절에는 배에다 오색기 달아놓고 집안 가장을 중심으로 고사를 지내 풍어를 기원하였다.

4. 현재 정월 풍경

1) 설 명절

제주와 추자 사이의 뱃길은 하루 두 번 열린다. 제주에서 출발하게 되면 오전에는 추자를 거쳐 목포를 가는 배편과 오후에는 추자를 거쳐 완도를 가는 배편이 있다. 오후 배편 선원의 말에 의하면 평소 추자를 가는 인원은 70~80여 명 내외라 한다. 그런데 정월 명절 사이에는 두 배인 150여 명이 이용한다고 하였다. 선원의 말에 맞게 정월 명절 기간

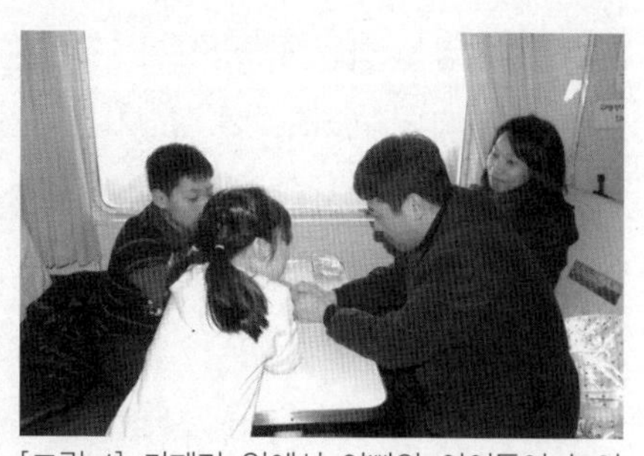

[그림 1] 카페리 안에서 아빠와 아이들이 놀이를 하고 있다

[그림 2] 신양항에서 설 명절을 쇠러 고향에 온 사람들을 환영하는 장면

의 추자도행 배 안에는 아이를 동반 가족들이 대부분이었다. 마룻바닥으로 구성된 삼등칸에는 어린이와 유아를 동반한 젊은 부부들이 차지하고 있었다. 의자가 놓여있는 이등칸에는 청소년 자녀를 동반한 부부들이 대부분이었다. 삼등칸에는 두 시간 여 뱃길이 지루한 관계로 부모와 아이들은 주로 자면서 가게 된다. 반면에 이등칸에는 지루해 하는 아이들을 위해 부모와 아이들이 간단한 오락을 하거나 TV시청을 하거나 전자오락 게임을 하는 등 양상이 나뉘었다.

추자도에는 고등학교가 없어서 중학교부터는 주로 제주 본섬으로 유학하게 되는데 이들은 일 년에 한 번 정월 명절에 귀향한다고 한다. 평소에는 부모들이 제주 본섬으로 자주 나와서 유학하고 있는 자녀들을 돌보기 때문에 이들의 표정에는 오랜만의 귀향에서 볼 수 있는 들떠있는 모습이 보이지 않았다. 연휴에 추자도를 찾아가는 관광객들은 낯선 풍광에 설레며 갑판으로 나가 시원한 바다 풍광을 즐기려 한다. 반면에 관광이 아닌 설을 쇠러 추자도를 찾아가는 이들에게서는 바다는 풍광이 아니라 육로와 같은 도로로 험한 장시간의 바닷길은 지루하게 느껴질 뿐이다.

정월 명절 묵리를 찾은 귀향객은 점점 줄어들고 있다.[3] 명절이 되면 거꾸로 섬 밖으로 나가는 주민이 많아지고 있어 가뜩이나 인구가 적은 마을이 평소 때 보다 빈 집이 더 많다. 그 이유는 묵리 안에서 지내는 가정의례가 사라지기 때문이다. 묵리는 여성 독거노인이 많아서 주로 자녀들이 거주하는 추자 밖으로 나가서 의례를 지내기도 하고, 제사를 지내지 않더라도 예측할 수 없는 섬이라는 환경으로 인해 독거노인인 부모 혼자서 명절을 지내기도 한다.

안00 할머니는 자녀들이 모두 서울과 부산에 흩어져 살고 있다. 10년 전 남편을 여의고 현재까지 여건이 되지 않아 본인 혼자서 제사와 명절을 준비하고 있다. 제사는 일 년에 세 번이다. 제사와 명절 제수를 장만하려면 시장을 봐야 하고 떡도 해야 하는데 건강이 여의치 않아 최대한 간단하게 지낸다. 올해 준비한 명절상 차림은 메, 콩국, 과일3종, 바다제숙, 나물3종, 계란부침개이다. 제상에 올리는 음식들은 상추자에 가서 사와야 하는데 마을의 젊은 사람들에게 미리 부탁을 하여 준비하였다. 바다제숙은 마을에 거주하는 조카사위가 선물해주었다.

[그림 3] 안00 할머니 혼자 차례상 진설을 하고 있다.

추자도의 설은 섣달그믐 자정에 지낸다. 차례는 조상에게 지내는 제사이니 제사와 같이 자시(子時)에 지낸다는 관념으로 그믐날 지낸다. 설날 아침에 조상 성묘와 세배로 오전을 보내고 정오 무렵 마을 회관에

3) 저녁에 마을 동산에서 바라보면 불이 켜 있는 가구를 셀 수 있었는데 40여 호에 지나지 않았다.

[그림 4] 차례상 진설을 차린 모습

[그림 5] 따로 차린 상

[그림 6] 초대받지 못한 걸신을 위한 퇴송

모여 걸궁하는 것으로 지내게 된다. 그런데 예전에는 자정에 지내었지만 최근에는 늦은 오후부터 차례상을 진설하고 저녁 무렵 차례를 지내고 음복과 저녁 식사를 겸하는 것으로 바뀌었다.[4]

안00 할머니는 섣달그믐 오후 4시부터 차례상 진설을 하였다. 진설을 마치면 1시간여 쯤 지나 파제를 하게 된다. 파제에 앞서 퇴송을 준비하는데 퇴송은 조상상에 초대받지 못한 걸신을 위한 것이다. 제주 지역에서는 잡식이라 하여 제반걷음의 음식을 놓게 되는데 이곳에서는 상에 올린 것과 똑같이 별도로 음식을 장만하여 집에 들어오는 길목 어귀에 신문지를 깔아 그 위에 놓았다. 퇴송을 마치면 초를 끄고 혼자서 저녁식사 겸 음복을 하고 저녁 설거지를 마친 뒤 잠자리에 들었다.

4) 제사 또한 일찍 앞당겨 지내고 있다고 한다. 시기는 정확하지 않지만 가정의례준칙의 영향이라 한다.

[그림 7] 묵리의 설날 상 차림

설날 아침은 성묘하는 것으로 시작하였다. 박00 할머니는 10여 년 전에 남편을 상처하고 기독교신자이다. 슬하에 4남 1녀를 두었는데 자식들은 모두 추자도 안과 밖에서 거주하고 있다. 올해 설에는 외지에 거주하는 두 아들네가 참석하지 못하였다. 묵리는 유산을 장남에게 물려주는 풍습이 있어서 큰집이 조상의 산소를 관리하게 된다. 박00 씨는 큰집이 아니어서 남편의 산소 1기만 성묘하였다. 산소는 마을 뒷산 집 가까이에 있는 밭 한가운데 자리하였는데 농사를 짓지 않아 억새와 잡초가 무성하였다. 성묘할 적에 별도의 제물을 준비하지 않고 절만 하였는데 기독교 방식대로 하얀 국화를 헌화하였다.[5)]

[그림 8] 설날 아침 성묘

5) 자녀들은 기독교신자가 아니어서 조상에게 절을 한다고 안00 씨가 귀뜸해주었다.

성묘를 마치고 집에 돌아와서 아침 식사를 하고 세배를 하였다. 가족들 간의 세배를 마치면 마을에 거주하는 친족들에게 세배를 다녀야 하는데 근처의 고모님 댁만 찾아갔다. 큰집을 비롯하여 친족들 거의가 추자도를 떠나 살기 때문에 설날 고향을 찾아와도 친족에게 세배를 할 수가 없었다. 세배를 할 친족들이 묵리에 없다는 것은 어른들 못지않게 아이들에게도 아쉽다. 해마다 설을 쇠러오는 사람들이 줄어들면서 아이들의 세뱃돈 부피도 줄어들기 때문이다.

2) 걸궁

1980년대의 묵리는 추자도에서 유일하게 열두머리굿을 하던 곳이었다.[6] 마을에 열두머리굿을 잘 아는 상쇠가 있어서 해마다 진행하였다. 섣달그믐이 되면 마을 뒷산의 높은 곳에 올라서 '고기부르는 제'를 하였다. 그러고 나서 설날 오후에 샘굿과 지신밟기, 당제, 밤굿으로 지내었다. 그러나 10여 년 전부터 마을의 어선어업이 쇠퇴하자 '고기부르는 제'를 생략하고 샘굿부터 지내고 있다. 지신밟기 또한 묵리 안에서 명절 지내는 가구가 줄어들고 노인들만 남게 되어서 생략하였다. 현재 묵리의 걸궁은 굿을 칠 수 있는 사람도 없고 굿판이 제대로 전수되지 않아 세머리굿만 진행하고 있다.

설날 오후 2시경부터 마을 이장은 마을 회관의 방송 시설을 이용하여 걸궁 시작을 알리고 주민들의 협조를 구하였다.

존경하는 묵리 주민과 민족의 명절인 설을 찾아 마을을 찾아온 귀향객

6) 묵리회장 윤재산 면담(2010. 11. 13. 묵리 리사무소)

여러분에 알립니다. 아울러 마을을 찾아주신 귀향객 여러분을 진심으로 환영합니다. 잠시 후 두시 반부터 우리 마을 자랑이자 전통인 걸궁을 시작합니다. 존경하는 주민 여러분과 귀향객 여러분께서는 바쁘시더라도 서둘러서 가정 일을 마치시고 마을 회관으로 나와 주시기 바랍니다. 손자, 손녀, 며느리 모두 함께 손을 잡고 나오셔서 마을의 전통인 걸궁에 참여해주시기를 진심으로 바랍니다. 특히 젊은 청년들께서는 한 분도 빠짐없이 참여해주시길 부탁드리겠습니다.[7)]

오후 2시30분에 시작한다던 걸궁은 3시가 되어야 시작하였다. 예전에는 11시만 되면 방송을 하지 않더라도 알아서 모였던 사람들이 이장의 여러 번 권유 방송이 나간 후에야 모이기 시작하였다.

[그림 9] 마을회관 앞에 모여서 걸궁 준비

[그림 10] 걸궁을 시작하면서 제를 올리고 있다

사람들은 마을 회관에 도착하면 이장이 미리 준비해둔 복장으로 갈아입고 악기들을 선택한다. 꽹과리와 장구는 걸궁에서 중요한 역할을 담당하는 악기이다. 걸궁 참여의 경험이 많고 장단을 맞힐 수 있는 장년층들이 담당하였다. 걸궁 참여의 경험이 부족한 청년들은 북이나 징을 선택하였다. 걸궁에 처음 참여한 젊은 사람이 머쓱해 하자 마을 어른들은 참여하는 데 의의가 있다고 용기를 주었다. 3시가 되어 걸궁의 구성원이 대강 갖추어지자 상쇠의 지휘

7) 묵리 이장의 방송내용.

[그림 11] 가장 큰 샘을 먼저 찾아가 샘굿을 한다

[그림 12] 마을의 무사안녕과 풍요를 기원하는 샘굿

[그림 13] 집을 찾아다니며 지신밟기

[그림 14] 마을 이장 집에서 지신

아래 걸궁패들끼리 간단하게 장단을 맞추었다. 서툰 이가 많아 장단이 맞지 않자 흥이 나지 않은 상쇠는 여러 번 걸궁패에게 주의를 주었다.

걸궁은 마을의 샘굿을[8] 치는 것으로 시작되었다. 샘굿은 마을에서 가장 수량이 풍부한 '큰 샘'부터 시작한다. 포수 2명이 샘에 가서 간단히 비념을 하고 춤을 추는데 이때 걸궁패들이 장단이 이어지게 된다. 여러 차례 장단이 맞지 않자 못마땅한 표정의 포수가 특정 악기를 맡은 사람들을 가리키면서 소리를 내라고 지시하였다.

샘굿을 마치면 지신밟기를 하게 된다. 예전에는 가구마다 돌면서 하다 보니 3일이나 소요되었는데 최근에는 명절을 지내는 가구가 많지 않아 생략하고 마을을 대표하는 이장댁만 방문한다. 올해 신임 이장은 묵리교회의 장로이다. 평소 제사를 지내지 않

8) 묵리에서는 우물을 샘이라 한다.

지만 이날만큼은 마을의 전통문화이니 마을 수장으로서 그대로 수용한다. 포수가 먼저 제상이 마련된 이장댁 마당으로 들어가서 비념을 하고 춤을 춘다. 이어 걸궁패들이 마당으로 들어서게 되는데 한바탕 굿이 벌어진다. 굿이 끝나면 포수가 술잔의 술을 지붕 위로 던져 올리는데 걸궁패들의 기원이 성사된 것으로 간주한다. 이어 이장 주머니에서 걸궁패를 위한 두툼한 굿돈이 나온다. 굿돈 봉투를 쥐어든 포수는 굿돈이 부족하다 생각했는지 이장댁 창고로 들어간다. 걸궁패들도 포수의 뒤를 이어 창고로 들어가서 굿을 친다. 포수는 이장 부인이 잠수이어서 잠수복과 망사리에다 돈을 넣었다 빼는 동작을 여러 번 익살스럽게 취하는데 주 수입원인 잠수 어업의 풍요를 기원하는 것이다. 이어 이장 부인이 다시 굿돈을 더 내놓게 되고 이에 흥이 난 걸궁패들은 또다시 한바탕 굿을 치는 것으로 지신밟기는 마무리한다.

[그림 15] 지신밟기

[그림 16] 잠수 어업의 풍요를 기원

[그림 17] 헌식제를 위하여 차린 상

[그림 18] 헌식제에 진설한 제물

[그림 19] 헌식제 걸궁

[그림 20] 주민들도 참여하는 축제

다시 마을의 다른 샘터로 향해 샘굿을 치고 마을 회관 앞에 차려진 제물 앞에서 헌식제(거렁제라고도 한다)를 올린다. 헌식은 바다에서 돌아간 조상을 위로하기 위한 제차이다. 걸궁패들은 가구별로 준비된 제상을 돌면서 다시 한바탕 굿을 친다. 이때는 마을 주민들도 참여해서 흥을 돋우는데 설 명절을 쇠러 마을을 찾은 어린 꼬마들이 굿 장단에 마냥 신나서 함께 어깨를 들썩거렸다. 걸궁굿이 벌어지고는 있는 리사무소 마당 한편에서는 굿 장단에 맞추어 춤추고 있고 한편에서는 오랜만에 만나는 동향인들끼리 새해 인사하기 바빴다. 거동이 불편한 노인들은 한쪽에 앉아서 오랜만에 펼쳐지는 흥을 감상하면서 걸궁패들의 굿 치는 것에 훈수를 두기도 하였다. 뒤늦게 합류된 마을 사람들도 함께 참여하면서 헌식제의 시간은 길게 지속되었다.

[그림 21] 헌식제는 마을 축제이다.

[그림 22] 어르신과의 한마당 겨루기

[그림 23] 수중고혼을 위한 제물을 따로 옮겨 놓는다.

[그림 24] 포수들이 제물을 모두 가마니에 집어 넣는다.

흥이 최고조로 익을 즈음 포수는 헌식제의 제물을 가마니에 모두 부었다. 제물로 가득 찬 가마니는 수중고혼을 위로한 제물이기 때문에 처녀당이 있는 마을 앞바다에 던져지게 된다. 물에 던져진 가마니가 물에 뜨면 마을에 액운이 닥치기 때문에 가마니에 무거운 돌을 매달아야 한다. 나이가 많고 술에 취한 포수가 여러 번 뒤뚱거리면서 겨우 짊어지고 바다로 향하였다. 걸궁패들이 가마니를 들고 바다로 향하면 구경하던 마을 사람들은 각자 집으로 돌아갔다.

[그림 25] 포수가 제물을 짊어지고 바다로 간다.

[그림 26] 가마니에 매달을 돌도 갖고 간다.

포수는 마을 앞 바다에 도달하면 가마니를 바다에 던지고 간단히 비념하고 춤을 추었다. 포수가 가마니를 던질 적에 걸궁패들이 강하면서 빠른 장단을 연석으로 쳤다. 헌석을 마치면 처녀당으로 가서 당굿을 치고 다시 길굿을 치며 마을회관으로 향하였다.

오후 6시가 되어서 공식적인 걸궁제가 마무리되었다. 행사를 마친 걸궁패들은 걸궁 복장을 벗어놓고 마을회관에 앉아 화려했던 그들의 과거 걸궁 이야기를 안주삼아 술을 마셨다. 올해 새로 참여한 젊은 청년들은 마을 어른들에게 굿을 가르쳐 달라고 배우기도 하였다. 예전에 어른이 되면 당연히 아버지를 이어 쉐잽이나 북잽이가 되었다. 때로는 굿을 치

[그림 27] 포수들은 가마니를 바다에 빠뜨리고 춤을 추며 기원을 한다.

[그림 28] 가마니가 바다에 빠질 때 빠른 장단으로 기원한다.

다가 틀렸다고 호통을 듣기 일쑤였지만 그래도 그때가 재미있었다. 그러나 지금은 누구도 걸궁의 일원이 되는 것을 기꺼워하지 않고 고향도 찾지 않는다. 정월의 걸궁은 그냥 노인들에게만 마을의 화려한 시절을 추억하는 의례일 뿐이다.

[그림 29] 처녀당에서 당굿을 치고 길굿을 하며 마을로 돌아온다.

낮의 걸궁이 끝나자 오랜만에 동향인들이 헤어지기 아쉬워 예전의 밤굿을 지속하였다. 예전의 밤굿은 동네 남녀노소가 참여하는 데 반하여 낮에 걸궁에 참여했던 남자들과 마을을 찾은 남자 귀향객만 참여하였다. 장소 또한 마당 넓은 집에서 마을회관 마당으로 달라졌다.

낮 걸궁의 여흥이 남은 이들을 위해서 마을 회관 마당에 술상이 준비되어 있다. 한켠에서는 윷놀이를 하고, 다른 한켠에서는 술을 마시며 예전처럼 돌아가면서 노래 경주를 하였다. 노래 경주는 순서대로 돌아가면서 노래를 부르는 것인데 앞소절만 시작하면 나중에는 다같이 부르게 된다. 이들의 노래 소리는 이튿날 새벽까지 이어졌다.

3) 처녀당제

묵리의 서북쪽 해안 절벽에는 처녀당이 있다. 날씨가 청명할 때는 처녀당이 있는 곳에서 남쪽 바다 방향으로 제주 본섬이 보인다. 처녀당의 당신은 제주에서 물질하러 묵리에 온 잠수가 데려온 유모이다. 제주 해녀들은 일제강점기 이후 제주도 밖으로 출가 물질을 하기 시작하였다. 아이가 어리거나 임산부 해녀들은 아이를 돌보아 줄 어린 여자아이를 동행하여 출가 물질을 가게 된다. 언제인지 모르지만 묵리에도 유모를

[그림 30] 정월 명절 당제에 처녀당에 깃발을 세운다.

동반한 제주해녀가 왔었다. 마을 사람들에 의하면 해녀가 물질하러 간 사이 유모는 아이를 업고 이곳에서 서성거리다 아이와 함께 절벽 아래 떨어져 죽었다고 한다. 처녀의 원혼이 마을에 해가 될까봐 두려워서 묵리 마을 사람들은 마을 차원으로 당을 세워 제사를 지내고 있다. 계속 지내다가 사라호 태풍 때[9] 당집이 소실되면서 제를 멈추었다. 그런데 제를 멈춘 뒤에 어선 어업을 하는 사람들에게 해상 사고가 발생하자 마을 회의를 거쳐 다시 당제가 부활하였다. 현재는 행정 기관의 도움을 얻어 건물을 짓고 그 안에 영정 그림을 그려 모시고 있다. 처녀당의 영정은 그림 실력이 좋은 마을 주민이 직접 그렸다.

당제는 음력 2월 초하루와 정월 명절, 추석 명절에 지낸다. 정월 명절

9) 1959년 발생한 태풍. 중심 최저기압이 905mb, 중심 최대풍속이 85m/s로, 9월 15~18일에 한국의 중부와 남부 지방에 많은 피해를 주었다. 제주도와 영남지방을 비롯한 전국이 심한 폭풍우에 휩쓸렸으며 곳곳에 홍수가 났다.

과 추석 명절에는 제관만 참여하여 음식을 준비하고 절을 하는 것으로 간단히 지낸다. 2월 초하루는 마을 차원에서 크게 지낸다. 새벽에 제관과 마을 유지가 처녀당에서 제를 지내고 마을 사람들이 함께 음복하게 된다.

정월 명절의 당제는 섣달그믐 처녀당 입구에 깃발을 세워놓으면서 시작된다. 당에 깃발이 세워지면 제관과 부인은 저녁에 준비된 제물을 갖고서 당에 진설한다. 제물 진설을 마치면 제관은 절을 올리고 집으로 돌아온다. 다음날 걸궁패들이 헌석을 마치고 당에 도착하면 제관은 제물을 당집 밖으로 내어 놓는다. 걸궁패들이 굿이 끝나면 제관은 올린 제물을 모두 거두어 땅에 묻는 것으로 정월 당제는 끝나게 된다.

제관은 마을 총회에서 결정되는데 임기가 2년이다. 예전에는 어선 어업을 하는 가구에서 맡았는데 현재는 제사 준비 관계로 부부가 있는 가구에서 맡고 있다. 당제가 임박하면 제관들은 정성을 들여야 하는데 당제 3일전부터 초상집 방문을 금하고, 부부싸움을 삼가고 몸가짐을 경건하게 하고 있다. 제사 비용은 수협과 마을에서 공동 부담하고 있다.

묵리 주민들은 마을 관계자를 제외하면 처녀당제의 제일을 정확히 기억하지 못하였다. 마을 규모의 당제이지만 남자 제관을 중심으로 의례가 진행되고, 어선 어업을 하는 사람들 중심으로 의례가 부활했기 때문이다. 현재 생업이 어선어업과 거리가 멀고 주민의 대다수가 노인층인 관계로 생업현장에 멀어진 그들에게 의례의 필요성은 낮아 보였다.

추자도의 의례는 정월에 모여 있다. 정월 1일부터 15일까지 집중적으로 이루어진다. 그런데 묵리의 처녀당 제일은 2월 1일이다. 처녀의 죽은 날이 2월 1일지도 모르지만 마을 차원의 처녀당 의례가 유독 2월에 있다는 것은 제주 본섬의 무속신앙과 연관지어 볼 수 있다. 제주 본섬은 음력 2월 1일부터 15일 까지 영등할망이 섬에 머무는 기간으로 해변 마을을 중심으로 육상과 해상의 안전, 풍요를 기원하는 의례가 이루어진다. 특히 잠수들과 어선어업에 종사하는 사람들의 필수적인 의례이다.

[그림 31] 처녀당에 바친 제물

묵리의 해녀들은 예전부터 공동의 안전과 풍요를 기원하던 생업의례가 없었다. 어선어업의 의례 또한 정월의 '고기부르는 제'를 제외하면 개별적으로 이루어졌다. 제주도 남쪽 마라도에 묵리의 처녀당 기원과 흡사한 의례가 있다. 해녀를 따라온 어린 유모를 기리는 당인데 마라도의 본향당으로 자리 잡았다. 시기적으로 선후를 가늠하는 것은 애매하지만 제주 해녀의 출가 물질이 일제강점기에 시작한 것을 감안하면 묵리의 처녀당제는 마라도 보다 나중이라 생각된다. 제주도의 남쪽과 북쪽에 유래가 비슷한 의례가 존재하고 특이한 제일이라는 점에서 제주 본섬과 묵리의 문화 교류라는 측면에서 의미가 있다.

4. 맺음말

1980년대만 해도 추자도에서 제일 잘 사는 마을이라고 했던 묵리는 이제 예전의 활기와 풍요를 찾아보기 어렵다. 또한 외지에서 터전을 닦고 있는 묵리 출신들이 다시 고향을 찾는다는 것은 기대하기 어렵다. 마을 주민들은 생업인 어업이 활성화되기를 고대하고 있다. 상추자의 대서리와 같이 항구가 개발되어 유자망 어선이 들어오면 이에 따라 젊은 사람들이 마을로 돌아오고 예전처럼 활기를 띨 수 있다고 여긴다. 그런데 교육과 경제적인 이유로 묵리를 떠난 사람들은 섬에 돌아오기 쉽지 않다. 육지와 연결하는 뱃길이 하루에 2번씩 열려 가까워졌다고 해도 떠난 이들의 심리적인 거리는 여전하다.

점점 축소되어 가고 있는 사회에서 이웃끼리 공존하는 길은 전통문화를 최대한 지속하는 것이다. 새로이 배워 익히는 자가 없는 걸궁일지라도도, 제관 구하기 어려운 당제일지라도, 세배 오는 사람이 없는 설 명절일지라도 전통문화를 지속함으로써 과거를 재현하고 유대감을 나눌 수 있기 때문이다. 그래서 생업이 변하고 인구가 줄어들고 있지만 묵리는 여전히 정월이면 걸궁을 하고 당제를 지낸다.

섬이어서 더욱 각별한 전통

기제사와 말래 공간

김윤정

섬이어서 더욱 각별한 전통

기제사와 말래 공간

김윤정

1. 머리말

추자도는 아름다운 자연 경관과 풍부한 어장 덕택에 낚시꾼들의 발길이 끊이지 않는 곳이다. 낚시꾼들 중에는 며칠 동안 머무르면서 낚시를 하다가 떠나는 사람도 많이 있지만 추자도에서 낚시하는 것이 너무 좋아 아예 추자도로 거처를 옮겨버린 사람도 볼 수 있다. 그만큼 낚시꾼들에 있어 추자도는 하나의 로망이다.

최근 추자를 찾는 발길이 더 많아지고 있다. 2010년 6월말 추자도 전역의 아름다움을 만끽할 수 있는 추자도 올레코스가 개장했기 때문이다. 2010년 하반기에 추자도 조사차[1] 방문 시 올레꾼 등으로 배가 전석 매진된 사례만 바도 이러한 분위기를 충분히 감지할 수 있었다. 추자도를 찾는 외지인들 중에는 낚시꾼이 대부분이었던 추자도가 이제는 남녀

1) 2010년 7월과 11월 두 차례에 진행된 조사를 말한다.

노소 할 것 없이 일반 가족 단위, 친지 단위의 다양한 사람들이 찾는 명소가 되어 활기를 띠고 있다.

그런데 추자도가 외부와 왕래할 수 있는 교통수단은 선박이 유일하다. 하루 중 제주에서 추자를 방문할 수 있는 배가 오전과 오후에 각각 1번, 육지부에서 추자를 방문할 수 있는 배편도 각각 오전과 오후 한 번밖에 없다. 어쩌면 왕래할 수 있는 교통수단이 적어 추자도가 보다 더 신비한 섬으로 각광받게 될지도 모른다. 하지만 추자도에 살고 있는 노부모와 육지와 제주도에 살고 있는 자녀들에게 있어서는 가족들 간 만남의 기회를 제한하는 요인도 되고 있다. 배가 매일 운행한다고는 해도 날씨가 안 좋을 때는 결항이 되는 경우도 많기 때문이다. 그런 만큼 추자도를 찾는 배에는 기다림과 애석함과 반가움이 묻어 있다.

이 배는 사람들만 실어 나르는 것이 아니다. 추자도에 살고 있는 사람들이 일상생활에 사용할 각종 음식 재료와 물품들, 선주들이 어선에 사용할 각종 어구 등을 실어 나른다. 또한 추자도에 살고 있는 부모가 육지와 제주도에 살고 있는 자녀들에게 보내는 각종 해산물과 물건들도 실어 나른다. 이 배가 추자도와 외부와의 왕래를 위해 중요한 역할을 하고 있는 것이다.

[그림 1] 여행객 등이 상추자 대서리에 있는 추자항에 내려 마을로 들어가고 있다.

추자도는 자녀교육, 취업 등을 위해 청장년층은 대부분 제주도나 육지부로 나가 있다. 추자도에는 학교가 초등학교와 중학교 밖에 없어 적어도 아이들이 중학생이 되면 고등학교 진학을 위해 외부에 나가 생활할 수밖에 없다. 그래서 추자도에는 어업 종사자, 상인 등을 제외하고는 대부분이 노인층이다.

우리 손자들이 여기서 중학교 졸업해 가지고 제주도로 전학 갔어요. 공부 때문에. 여기는 고등학교가 없잖아요. 애들 때문에 할 수 없이 다 전학 갔어요. 저 혼자 있고 중학교 다니는 손자 하나하고 나하고 있어요. 그래서 나만 남는 거에요. 우리 추자도가 나이 많은 사람들만 남았어요. 여기가 섬이니까. 젊은 사람들은 다 아이들 가르치려고 나가고. (영흥리 이씨, 여, 64세, 2010. 7. 2)[2)]

추자도는 추자교를 중심으로 대서리, 영흥리의 상추자와 묵리, 신양 1·2리, 예초리의 하추자로 나누어진다. 대서리에 있는 추자항에서 배에서 내려 추자교를 지나 내려가다 보면 오른편에 보이는 아담한 마을이 묵리이다. 묵리는 김씨, 윤씨, 배씨 등이 집성촌[3)]을 이루고 있는 마을로써 집안에 큰 일이 있을 때면 가까운 곳에 살고 있는 친척들끼리 서로 도와주며 지내는 것이 지극히 당연했고 그런 모습을 흔히 볼 수 있었던 곳이었다. 하지만 한 곳에 모여 살던 가족과 친척들이 자녀교육 등의 문제로 제주나 육지부로 나가 생활하게 되면서 묵리도 이제는 노인층 세대가 인구의 대부분을 차지하는 고령화 마을이 되었다.

[그림 2] 묵리 처녀당에서 내려다 본 묵리마을 전경. 마을 앞뒤로 산이 둘러싸고 있다.

이 글에서는 2010년 7월과 11월 두 차례에 걸쳐 진행된 추자도 현지조사를 토대로 점차 노령화가 진행되고 있는 묵리 마을을 중심으로 섬이라는 여건을 갖고 있는 추자도에서 조상의례로 행하고 있는 기제사[4)]가

2) 괄호안의 내용은 순서대로 구술자 성명, 성별, 나이, 조사일자를 말한다.
3) 추자도지편찬추진위원회, 1999, 『楸子島』, 55쪽.

어떤 특징을 갖고 있고 현재 어떠한 변화를 보이고 있는지를 살펴보려고 한다.

2. 제사참여

추자도에서의 제삿날은 일 년에 한 번 윗대 조상에게 정성껏 장만한 음식을 올리면서 가족들과 조상을 기리는 엄숙한 날인 동시에 오랜만에 가족들과 맛있는 음식을 나누어 먹으며 담소를 나누는 즐거운 시간이었다. 하지만 사회 전반적인 경제 향상과 산업구조의 변화로 한 마을에 함께 살던 가족들과 친척들이 제주도로, 육지로 많은 사람들이 고향을 떠나 살게 되면서 추자도는 이전 제삿날과 비교하면 제사에 참여하는 혈연가족의 범위가 대폭 축소되었다. 옛날에는 4촌 형제, 6촌 형제 할 것 없이 모두 한 마을에 살았기 때문에 제삿날이 되면 제수(祭羞)[5]장만에서부터 제사 마무리까지 서로 돕고 지내는 것이 너무나도 당연했고 어렵지 않은 일이었다. 하지만 지금은 자녀들의 교육문제 및 직업문제 등으로 외부로 나가 생활하는 사람들이 점점 더 많아지고 기상 상황에 따른 추자도의 교통문제가 걸림돌이 되면서 가족들의 제사 참여가 더욱 더 어려워지고 있다.

> 남편 형제들이 제사 지내기 위해 제주에서 오지. 올 때도 있고 안 올 때도 있어. 옛날에는 형제간들 다 나눠 먹으려고 했지만 지금은 매일

4) 기제사(忌祭祀)는 해마다 사람이 죽은 날, 즉 기일(忌日)에 지내는 제사를 말한다. 이하 특별한 언급이 없는 한 '제사'를 '기제사'의 의미로 사용한다.

5) 김미영은 동일한 발음을 가진 제수(祭需)를 제례에 소요되는 물품으로, 제수(祭羞)를 제사상에 차리는 음식으로 구별하여 사용하였다.(「조상제례의 일상성과 비일상성」, 『비교민속학 35집』, 비교민속학회, 2008, 523쪽)

쌀밥이어서 안 와. 옛날에는 제사할 때 가족들 많이 오다가 지금은 형제간들만 와. 과일들 사 놔도 안 먹고, 옛날에는 계란 하나도 네 쪽으로 나눠먹고 그랬어. (묵리 김씨, 여, 74세, 2010. 7. 3 조사)

우리 집 제사에는 자식들이 오는데 객지 갔으니까 날씨 좋을 때 오고 날 뭐 할 때는 안 와요. (묵리 김씨, 남, 65세, 2010. 7. 4)

옛날은 여기 종가집이 있을 때는 제사 다 다녔지. 종가집이 서귀포로 이사 가면서는 못간 때가 많았지. 서귀포까지 가려면 날 궂고 갔다 왔다 힘들지. 옛날에는 제사에 형제간들, 사촌, 육촌까지는 다 모였지. 이제는 서귀포에 살고 어디 가 살고 못 오고. 자식들만 할머니 제사라고 오지. 자식들도 날 궂히면 못 오고. 날 궂히면 자식들이 명절에도 못 와. 저번에 서울 올라가서 아들네 다 보고 왔어. (묵리 이씨, 여, 74세, 2010. 11. 13)

옛날에는 여기서 농사짓고 할 적에는 다 추자 와서 살았지. 농사 안 하고 하니까 다 나가고. 자식들은 중학교는 여기서 마쳐도 고등학교부터는 제주도에 다 보냈지. 이제는 그렇게 해서 다 나가버렸어. (묵리 이씨 이웃, 여, 60대 초반, 2010. 11. 13)

이웃집 제사 참여는 어떠할까? 전통적으로 제주 지역에서는 이웃집 기제사에 제주(祭酒) 등을 들고서 제삿집을 찾아가던 것이 하나의 관습처럼 되어왔지만 현재 기제사에 이웃의 참여는 드문 현상이 되고 있다.[6] 마찬가지로 추자도에서도 옛날에는 이웃집에 제사가 있으면 멥쌀 등을 들고 제사 집을 찾아가던 모습을 자주 볼 수 있었지만 이제는 한 마을에서 함께 생활하던 가족들과 이웃들이 대부분 외부에 나가 생활하게 되면서 그만큼 이웃집의 제사에 참여하는 모습도 많이 사라져 버렸다.

6) 현혜경, 1999, 「제주 농촌마을의 기제사의례 변화」, 『제주도연구』 제16집, 제주학회, 199쪽.

이웃집 제사는 친척 아니어도 갈 만한 데는 가고 그러 안하면 안 가고. 우리 집 제사에도 가까운 이웃들도 올 사람은 오고. 안 올 사람은 안 오고. (묵리 이씨, 여, 74세, 2010. 11. 13)

옛날에는 다 그런 데들 다녀봤어. 옆집 가 제사다 그러면 우리가 멥쌀도 갖고 가고 그랬는데. 지금은 아예 일체 안 다녀. (묵리 이씨 이웃, 여, 60대 초반, 2010. 11. 13)

또한 가까운 길이든 먼 길이든 간에 멥쌀 하나씩, 술 한 대씩을 들고서 제삿집을 찾아 와준 가족들과 이웃들에게 고마움의 표시로 그들이 돌아가는 길에 떡반(제물 祭物)로 올렸던 음식을 조금씩 나눠주는 것)을 나눠주는 풍경은 추자도에서도 예외가 아니다. 추자도에서는 이렇게 제사에 참여한 가족들에게 떡반을 나눠줄 뿐만 아니라 제삿날 다음 날 이웃 사람들 몇 분을 집으로 모시고 그들에게 식사를 대접하면서 조상의 응감[7]에 깃든 복을 이웃들과 함께 나누어 가진다.

형제간들 오면 주지. 그리고 그 뒷날 날 새서 우리가 이웃사람 데려다 먹일 사람 다 데려다 먹이지. 집으로 오시라고 해서 먹일 사람 먹여. (묵리 이씨, 여, 74세, 2010. 11. 13)

옛날에는 멥쌀 들고 술 한 대씩 갖고 그러고 왔지. 이제는 주로 술, 음료수로 들고 와. 돈으로는 잘 안 줘. 친척들이 첫 제사라고 해서 지내고 할 때는 이녁 가깝고 돈 줄만한 집에는 돈으로 한 이만 원 씩 줘. (묵리 이씨, 여, 74세, 2010. 11. 13)

7) 김미영은 제례의 마지막 절차인 음복(飮福)례에 대해 "음복례는 음식뿐만 아니라 조상의 응감(應感)에 의해 깃든 복(福)까지도 나누어 가진다는 점에서 더욱 주목된다"고 하였다. (「조상제례의 일상성과 비일상성」, 『비교민속학 35집』, 2008, 520쪽)

3. 제사봉행

부모가 연로하여 조상의 제사를 더 이상 지내지 못하게 되면 누가 제사를 승계할까? 제주도에서는 장남이나 종손이 제사를 전담하지 않고 여러 자손들이 조상제사를 나누어 지내는 제사분할(祭祀分割)의 관행이 일반적[8]이지만 추자도에서는 장남이 윗대의 모든 제사를 승계하게 된다. 장남이 종교상의 이유 등으로 제사를 지내지 못할 특별한 사유가 있는 경우를 제외하고는 장남이 집안의 모든 제사를 맡게 된다. 장남에게 제사봉행 등의 의무를 부담시키는 만큼 집안의 재산도 모두 장남에게 상속된다.

제사는 큰 아들이 다 지내죠. 큰아버지, 할머니 제사, 3대고 4대고 다 장남이 다 지내요. 우리 같은 경우는 장남이 아니고 차남인데요. 우리 큰집이 시숙님 돌아가시면서 교회를 다녀버렸어요. 그래서 큰집에서 제사를 안 지내버려요. 우리 집 아저씨가 나도 자식인데 안 된다면서 이제는 우리가 지내잖아요. 나중에는 우리 큰아들한테 제사 물려야죠. (영흥리 이씨, 여, 64세, 2010. 7. 2)

나중에 제사 아들대로 물려주게 되면 큰 아들이 지내야지. (묵리 이씨, 여, 74세, 2010. 11. 13)

여기 추자는 집이고 재산이고 다 거의 장남한테 주더라구요. 차남은 일절이 없어요. 우리 집도 차남이니까 하나도 물려받은 게 없어요. (영흥리 이씨, 여, 64세, 2010. 7. 2)

8) 이창기, 1992, 「제주도 제사분할의 사례연구」, 『민족문화논총』, 영남대학교 민족문화연구소, 194쪽.

추자도에서는 제사가 다 끝나갈 무렵이면 제사상에 올렸던 음식을 조금씩 뜯어 모았다가 그것을 지붕위에 던지거나 깨끗한 담 위에 신문지 등을 깔아서 그 위에 비워 놓는 절차가 있다. 추자 사람들은 이것을 '내전' 또는 '걸판'이라고 부른다. 이는 제주도에서 기제사가 거의 끝나갈 무렵에 집사가 제사상에 올렸던 음식을 전부 숭늉에 조금씩 뜯어 놓고 지방도 태운 후 그것을 지붕 위로 던지는 '잡식'이라는 절차와 비슷해 보인다. 이 '잡식'의 의미에 대하여 2010년 11월 6일 조사시 제주도 대정읍 상모리 이씨(여, 74세)는 조상님하고 같이 온 친구 분들에게 음식을 권하는 의미가 있다고 하였고 제주도 애월읍 납읍리 김씨(여, 83세)는 지붕위에 올려서 조상님이 후손들의 정성을 마음으로 느끼도록 하는 의미가 있다고 얘기한 바 있다. 추자도에서의 '내전' 또는 '걸판'이라는 절차의 의미도 이와 크게 다르지 않을 것으로 보인다.

우리 집은 근본부터 나 와서부터 내가 천주교 다녀서 그런지 몰라도 미신 믿어 갖고 집에서 굿하고 그라는데 우리는 아직까지는 그런 거 전혀 안 해봤어. 천주교 믿는 사람들은 제사음식 지붕에 던지고 그러지 말라고 해. 내전, 걸판 하지 말라고. 다른 집은 지붕 위에 안 던지고 저런 깨끗한 담에다 신문이다 깔고 그 위에다 해 놔요. 옛날에는 짚 깔고 했는데. 지금은 신문 같은 거 깔고 거기다 해놔요. 수저도 꽂지 말라고 했는데 난 수저는 꽂아. 수저가 있어야 밥 먹지. (묵리 이씨, 여, 74세, 2010. 11. 13)

숭늉 올릴 때는 제사상 위에 있는 밥에서 세 숟가락씩 떠. 거기에 수저 놓고 젓가락 놓고 대접 위에다 해서. 밥그릇은 옆으로 살짝 밀어 놓고 밥그릇 뚜껑으로 딱 덮어 놔. 이렇게 반만. 이렇게 하는 것은 조상님이 오면 잡수고 가시라고 다 안 드셨으니까 그렇게 한다는 것이야. (묵리 이씨, 여, 74세, 2010. 11. 13)

4. 제수음식

제주도에서는 제사 하루 전날에만 미리 장을 보고 제삿날 아침부터 제수음식을 장만해도 시간상 큰 무리는 없지만 추자도에서는 기상상태에 따른 배의 운항 여부를 염두에 두어야 하기 때문에 좀 더 일찍 제수음식 준비에 들어간다. 추자도에서 준비할 수 없는 재료를 외부에서 구입해야 하기 때문이다. 이전과 비교해서 전남권에 비해 제주도와의 왕래가 많아지고 있는 추자도 사람들은 이러한 제수음식 재료를 현재 제주도에서도 많이 구입하고 있다. 교통이 편리해지고 자녀들이 제주도에 많이 살고 있는 상황이 구입처를 제주도로 선택하는데 한 몫 하고 있는 것으로 보인다.

제삿날 당일 제수음식 준비는 제주도에서와 마찬가지로 추자도도 동서지간, 며느리 등 가족들이 모여서 준비를 하고 있었다. 하지만 추자도의 교통 여건상 멀리 육지에 나가 살고 있는 며느리나 비교적 가까이 살고 있어도 직장을 다니는 며느리는 제사음식 준비에 참여하는 것은 무척 어려워 보였다. 이러한 제사음식 준비는 차치하고서라도 기후상태가 나쁘지 않아 자녀 내외가 제사에 참여할 수 있는 것만으로도 다행이었다. 그래서 추자의 어머니들은 이러한 자식들에 대해 꾸짖기보다 이해를 하려고 하는 면이 강해 보였다.

> 제주도 가서 미리 사서 준비 해놓지. 여기 텃밭에서도 가꾼 거도 올리고. 목포는 안 가. 옛날에는 목포가 많이 다녔는데 이제는 제주도를 많이 다니지. 배도 다니고 자식들도 제주도에 살고. (묵리 이씨, 여, 74세, 2010. 11. 13)

> 자식들이 멀리 가 사니까 내가 여기선 다해. 큰 며느리는 직장 안 다녀

도 워낙 뭔 데가 사니까 못 오고. 제주도 며느리는 다 직장 다니니까 올 수가 없지. 막내며느리도 서울 가 사니까 먼 데가 사니 못 오고. (묵리 이씨, 여, 74세, 2010. 11. 13)

추자도에서는 제사상에 올리는 밥은 제주도와 마찬가지로 '메'라고 하지만 국은 제주도와 달리 '메미국'이라고 부른다. 제주도에서는 국을 아무런 수식어 없이 '갱'이라고 표현하는데 추자도에서는 국이라는 단어 앞에 수식어가 하나 덧붙여 있다. 메미국을 어떻게 끓이는지 물어 보았다. "메미국은 콩나물에 있는 콩국에다가 고기 머리하고 고기하고 해서 콩국으로 만들어." 묵리에 거주하는 60대 초반 아주머니의 설명이다. 여기에서 '고기'는 추자 주민들이 바닷고기를 그냥 '고기'로 지칭하는 경우가 많아 여기에서도 바닷고기를 지칭하는 것으로 보인다. 대체적으로 '메미국'은 '바닷고기를 넣어 푹 끓인 콩국' 정도의 모습이 아닐까 한다.

또한 추자도는 현재 조기잡이를 비롯한 어업이 지역산업의 주를 이루고 있고 추자도 주변에 풍부한 어장을 형성하는 만큼 제사 음식도 추자도의 현지적 특성을 그대로 반영하고 있다. 제사상에 어적이나 어전 등 생선을 주재료로 한 음식이 오르는 것은 제주도뿐만 아니라 다른 육지 지역에서도 충분히 볼 수 있는 모습이다. 하지만 추자도에서는 그 외에도 지역에서 나는 갖은 생선류와 전복, 소라, 해삼 등 각종 해산물을 정성껏 준비해 오랜만에 고향에 들르시는 조상님에게 한 상 진수성찬을 올린다.

지금에야 많이 안 차리는 거죠. 옛날에가 있는 그대로 다 차려놨죠. 바다에서 고기를 몇 가지씩 상에다 놨어요. 떡도 많이 했어요. 지금은 이렇게 개량 되가지고 불을 안 넣고 살지만은. 그때는 다 불 땠죠. 산에서 나무 해다가 불 때가지고 부엌에서 시루 걸어서 떡 하고. (영흥리 이씨, 여, 64세, 2010. 7. 2)

떡하고 메미국 하고. 시루떡. 여기는 주로 시루떡 해서 상에다 놓지. 그리고 지지미 같은 거 주로 세 가지 볶아서 놓고. 동태는 이런데 없으니까. 고기 해 놨다가 하거나 고구마 그런 것으로 썰어서 부치고. 여기는 고기가 흔한 데니까. 삼치도 해놓고, 조기도 해놓고, 네발이도 해놓고, 상어 같은 거. 오징어는 건포로 다 해 놓고. 계란 같은 거. 소라 같은 거. 전복 같은 거. 해삼 같은 거. 문어도 다 잡아서 해 놓고. 소고기, 돼지고기 산적 끼워서 익혀서 상에 놓고. (묵리 이씨, 여, 74세, 2010. 11. 13)

5. 제사공간

추자도에는 각 가정마다 제사공간으로 사용하던 '말래[9]'라는 공간이 있다. 대체적으로 이 말래라는 공간은 집안 북서쪽 안쪽에 자리 잡고 있다. 추자도에는 현재 이곳을 제사공간으로 사용하지 않더라도 말래 공간의 흔적이 남아 있는 집이 많이 있다. [그림 3]은 묵리에서 현재에도 제사를 모시고 있는 말래 공간이다.(묵리 김씨, 74세)

제사상과 병풍, 제기(祭器) 등 제사에 쓰이는 물품들이 놓여 있어 제사 공간임을 충분히 알 수 있다. 말래 정면 벽면을 보면 함이 하나 보이는데 추자사람들은 이 함을 '귓개상재'라고 부른다. 조상의 신위를 모시는 함이다. 이 귓개상재에는 각 대 조상을 위한 개별 공간을 마련해 놓았다. 귓개상재는 제사를 모시는 집마다 모두 있었던 것은 아니다. 귓개상재는 집안의 4대조 제사를 모시는 종손집안에만 있었다.

매해 제삿날이 되면 해당 조상의 신위를 모신 함을 열어 제사를 지내며 명절에는 네 개의 문을 모두 열어 제사를 지낸다. 이 귓개상재는 조상

9) 추자사람들은 '말래'라는 공간을 '말래' 또는 '마루'라고 지칭하고 있다.

의 신주를 모시는 감실(龕室)이라는 공간을 조상 각 대에 따라 개별적으로 마련하기는 어렵기 때문에 벽의 윗부분에 설치해 신주를 모시는 벽감 형태를 취하되 창독(窓櫝)으로 구분하여 신위를 모신 것으로 보인다.

[그림 3] 말래. 이곳은 현재도 말래에서 제사를 지내고 있다. 말래 입구가 여닫이 문 형태로 되어 있고 창문이 정면에 있다. 벽면에는 신위를 모신 귓개상재가 걸려 있고, 제사상, 제기, 병풍 등이 가지런히 정리되어 있다.

제사를 모시는 윗대 조상을 같은 공간에 모셔 놓았지만 그 안에 각각의 개별 공간을 별도로 마련함으로써 각 대의 조상들이 편안하게 머무를 수 있도록 하였다. 또한 각각의 귓개상재 함마다 여닫을 수 있는 문을 설치하여 외부 공간과 내부 공간을 분리함으로써 평상시에는 외부에 노출시키지 않는 신성성을 유지하고자 하였다. 이 뿐만 아니라 말래 공간 자체에도 입구에 여닫이문을 설치하여 제사 공간 전체를 외부 공간과 분리함으로써 공간 전체의 신성성과 후손들의 조상에 대한 존귀함을 드러내고 있다고 할 수 있다.

> 말래에 있는 상자를 귓개상재라고 해. 할아버지네 이름 써놓은 거지. 제사 때 이름을 써놔야 제사 먹는 거지. 제사 때는 문 하나씩 열고 명절 때는 방긋이 다 문 열고 지내. (묵리 김씨, 여, 74세, 2010. 7. 3)

[그림 4] 귓개상재. 4대조 신위를 모셔놓은 상자. 오른쪽에서 시작해서 왼쪽으로 1대조부터 4대조까지 신위를 모셔놓았다. 제사날이 되면 해당 조상의 신위가 모셔있는 함의 문을 열고 제사를 지내며 나머지는 닫아 놓는다. 명절에 차례를 지낼 때는 함을 모두 열어 놓는다.

귓개상재 안에 있는 신위는 각 함마다 양위(兩位)로 모셔져 있다. [그림 5]에 모셔져 있는 신위는 '顯祖考學生府君 神位(현조고학생부군 신위)'와 '顯祖妣孺人 淸州韓氏(현조비유인 청주한씨)'로 조부모님을 모신 신위이다. '顯'과 '考', '府君'은 돌아가신 아버지를 나타내고 '祖'가 있어 돌아가신 조부를 모시고 있음을 나타낸다. 이런 형식으로 아버지는 '顯考', 증조부는 '顯曾祖考', 고조부는 '顯高祖考'라고 쓴다. 위 신위의 '學生'은 돌아가신 조부가 벼슬을 지내지 않았음을 나타낸다. 마찬가지로 '顯'과 '妣'는 돌아가신 어머니를 나타내고 '祖'가 있어 돌아가신 조모를 모시고 있음을 나타낸다. 위와 마찬가지로 어머니는 '顯妣', 증조모는 '顯曾祖妣', 고조모는 '顯高祖妣'라고 쓴다. 또한 위 신위의 '孺人'은 남편의 벼슬이 없음을 나타내고 '淸州韓氏'는 조모의 본관과 성씨를 나타낸다.[10)]

또한 [그림 5]의 신위 왼편 하단을 보면 '孝孫正厚奉祀(효손정후봉사)'라고 적혀 있는 것을 볼 수 있다. '큰 손자[11)] 정후가 모신다'라고 하여 이 신위를 모시고 있는 사람이 누구인지를 분명하게 나타내고 있는 것이다. [그림 4]의 묵리 김씨(여, 74세)댁 귓개상재 안의 신위에는 봉사자가 '孝子', '孝孫', '曾祖孫', '五代孫'이라고 표기하여 신위와 봉사자의 관계를

10) 한국의 맛 연구회, 2010, 『제사와 차례』, 동아일보사, 39쪽~43쪽.

11) 같은 책, 39쪽~43쪽.

[그림 5] [그림 6] [그림 7]

[그림 5,6,7] 묵리 윤씨(여, 90여세)댁 귓개상재 안의 신위. 신위는 각 함마다 양위(兩位)로 모셔져 있다. 신위 옆에 봉사(奉祀)자 이름이 명기되어 있고 지방(紙榜)을 정성스럽게 접어놓은 모습이 눈에 띈다.

더욱 구체적으로 나타내고 있다. 두 가정 모두 신위에 봉사자를 명시하고 있기 때문에 향후 봉사자가 바뀌게 되면 신위를 다시 준비해 제사를 지내게 될 것이다.

[그림 7]을 보면 신위를 백색 한지에 적어 놓기만 한 것이 아니라 종이를 정성스럽게 접어 귓개상재에 잘 세울 수 있도록 하였다. 이는 신주가 없을 때 임시로 만드는 조상의 표상[12]인 지방(紙榜)과 달리 오랜 기간 귓개상재에 보관하면서 조상의 제사가 돌아올 때마다 열어 제사를 지내는 신주의 역할을 하기 때문에 좀 더 공을 들여 준비하지 않았을까 한다. 후손들의 윗대 조상을 위한 세심한 배려와 정성이 느껴지는 부분이다.

그런데 말래에는 보쌀(보리쌀)을 넣는 독아지(항아리)도 보관한다. 항아리를 보관할 장소라면 집안의 다른 공간도 충분히 있을 텐데 왜 하필이면 말래라는 공간을 선택했을까? 후손들이 1년에 한 번 조상을 위해

12) 같은 책, 40쪽.

정성껏 음식을 준비해 제사를 모시는 공간에 말이다. 우선 이 보리쌀을 누가 먹는 지가 중요할 것 같아 묵리 경로당에 들려 함께 모여서 이야기를 나누고 계시던 할머니들에게 여쭤 보았다. 이 보리쌀은 함께 생활하는 본인 가족들밖에 먹지 못하고 부정한 사람들한테는 이 쌀을 주지 않는다고 했다. 추자 사람들은 말래에 보관하던 이 항아리를 지세독, 성주독, 조상단지라고 부르고 있었다.

먹고 사는 것 자체가 힘들었던 옛날에는 쌀이건 보리쌀이건 귀하지 않은 것이 없었고 이것을 어느 공간에 보관하든지 간에 귀하기는 마찬가지였을 것이다. 하지만 이 보리쌀을 가족들에게만 주고 부정한 사람들한테는 주지 않았다는 점, 이 보리쌀을 담은 항아리를 가신(家神) 가운데 맨 윗자리를 차지하는 성주를 모시는 '성주독'이라고 부른 점, 물론 대상은 다르지만 집안에서 조상의 신령을 모시는 '조상단지'라고도 부른 것을 보면 식량 자체의 귀함을 넘어서서 말래라는 공간에 '신성성 · 경외감'의 의미를 부여하고 있는 것으로 보인다.

> 지세독은 별도로 있어. 옛날에는 그런 걸 크게 썼지. 지금은 다 버려버리고. 깨버리고. 다 말래에다 담아 놓고 쓰는 거지. 보쌀(보리쌀) 담아 놓고. 이녁 가족 식구밖에 못 먹어. 부정한 사람은 안 줘. (묵리경로당 할머니, 여, 약 70세, 2010. 11. 13)

> 지세독을 다 나놨지 옛날에는. 옛날에는 보쌀(보리쌀)하고 쌀하고 담아서 놓고 앞에다 빈 공간에다 상 차려 제사 지냈지. 옛날에는 보리쌀을 먹었으니까. 식구가 여기서 열이 살았으니까. 그 때는 쥐가 말래로 막 들어오니까 독아지에다 안 해 놓으면 다 먹어버렸지. 뚫고. 그래서 지세독에 담아서 뚜껑 딱딱 덮어서 해놨다가 쥐 못 먹게 하고 그랬지. 제사상 차릴 때만 남겨놓고 말래에다 양식 독아지를 쌓아. 그랬다가 거기서 양식 갖다 먹고. 양식 담아 먹은 독아지여 그것이. (묵리 이씨, 여, 74세, 2010. 11. 13)

하지만 이 말래 공간도 급격한 사회 변동에 따른 인구 이동 및 사회 구조 변화에 따라 현재는 남아 있는 곳이 별로 없다. 집 안에 다른 공간이 필요해서 집 전체적으로 구조를 바꾸게 되면서 이 말래 공간이 축소되거나 아예 없어지기도 했다. 그래도 아직까지는 제사를 지내는 가정에서는 공간이 가능하다면 말래 공간으로 사용했던 장소에서 제사를 지내고 아예 말래 공간의 흔적이 없어졌다고 할지라도 말래 공간이었던 곳을 염두에 두고 제사를 지낸다.

6. 맺음말

추자도는 자녀 교육 등의 문제로 제주도나 육지로 나가 생활하는 청장년층 인구가 많아지면서 추자도 주민 평균 연령이 점차 높아지고 있다. 외부와의 유일한 교통수단인 배의 운항이 기상 상황에 많이 좌우되기 때문에 기상 악화 시에는 외지에 나가 살고 있는 가족들이 제수 준비는 차치하고서라도 제사 참여 자체도 어려울 때가 많다. 급격한 사회 변동에 따른 공동체 해체라는 요인 외에도 섬이라는 지리적 요인과 '교통수단'이라는 환경적 요인이 추자도에서 제사 참여 범위가 축소되는데 큰 원인이 되고 있는 것이다. 제사 음식은 조기잡이를 비롯한 어업이 지역 산업의 주를 이루고 있는 현지적 특성만큼이나 각종 생선류 및 해산물을 풍성하게 차려놓는 독특함을 지니고 있다. 지금은 많이 사라져 가고 있는 말래라는 공간은 추자도 사람들에게 있어 해마다 정성껏 음식을 준비해 조상을 기리는 제사 공간인 동시에 부정한 사람은 먹을 수 없는 귀한 보리쌀 항아리를 보관하는 '신성한' 공간이다. 앞으로 추자도는 자녀 세대로 제사가 승계되면 제사 봉행 장소가 추자도가 아닌 자녀들이 살고 있는 제주도나 육지부로 바뀌게 될 가능성이 높다. 이러한 추자도 출신 자녀 세대의 제사 문화에 대한 연구는 향후 또 하나의 '추자도 제사 문화 변동'이라는 측면에서 후속 연구가 필요한 부분이다.

▌참고문헌

김미영, 2009, 「관혼상제에 투영된 유교적 세계관」, 『비교민속학 39집』, 비교민속학회.

김미영, 2007, 「제례공간의 통과의례적 속성 – 정침, 사당, 묘소를 중심으로」, 『비교민속학 34집』, 비교민속학회.

김미영, 2008, 「조상제례의 일상성과 비일상성」, 『비교민속학 35집』, 비교민속학회.

임돈희, 1988, 「한국조상의 두 얼굴 : 조상덕과 조상탓 – 유교와 무속의 조상의례의 비교」, 『한국민속학』 제21집, 한국민속학회.

이창기, 1992, 「제주도 제사분할의 사례연구」, 『민족문화논총』, 영남대학교 민족문화연구소.

최재석, 1978, 「제주도의 조상제사와 친족구조」, 『행동과학연구』, 고려대학교 행동과학연구소.

현혜경, 1999, 「제주 농촌마을의 기제사의례 변화」, 『제주도연구』 제16집, 제주학회.

바람과 물, 삶과 집

추자섬의 자연환경과 가옥구조

양성필

바람과 물, 삶과 집

추자섬의 자연환경과 가옥구조

양성필

1. 머리말

추자도는 전라도와 제주도 사이에 위치해 있으면서, 예전부터 내륙과 제주를 이어주는 뱃길의 중간 매개지역과 같은 역할을 해 왔다. 행정구역상 지금은 제주도에 속해 있기는 하나, 오랜 기간 전라도에 속해 있어 왔고 또한, 전라도의 유민들이 지속적으로 정착해 온 탓으로 언어와 풍속은 제주와는 다른 내륙의 문화적 영향을 더 많이 받았다는 것이 통설이다. 또한 가옥의 유형적 특징으로 볼 때도 7량집을 기본으로 하고 있는 제주민가보다는 5량집을 기본으로 하는 내륙의 민가와 구조를 같이 하고 있고, 남해 도서지방의 민가와 거의 같은 공간구조를 하고 있다는 것이 추자도 민가를 이해하는 기본 바탕이기도 하다.

하지만, 주거문화를 이해함에 있어서 이러한 역사적이며 문화적인 배경을 토대로 하여 설명하는 것이 매우 중요한 열쇠이기는 하나, 섬이라는 자연환경적 요인을 배경으로 바라볼 때는 또한 고립되고 제한되어진 삶의 공간에서 어떻게 환경적 제약조건을 극복해 나갔는가라고 하는 점에서는 또 다른 주거문화에 대한 이해를 바라보는 관점을 요구하게 된다.

A.라포포트는 주거 형태를 특징 짓게 하는 가장 중요한 요소로 자연적 환경보다는 문화적 요인이 더 중요하다는 점을 강조하였다.[1] 그에 의하면 비슷한 자연환경에서도 매우 다른 형태의 주거형태는 있어 왔으며, 비슷한 건축 재료를 사용한다고 하여도 전혀 다른 형태 집을 만드는 경우가 있다는 것이다. 이러한 주장은 제주도와 추자도가 유사한 섬이라는 자연환경을 배경으로 하고 있다고 하더라도, 다른 형태의 주거형태를 할 수 밖에 없는 것은 그 문화적 배경이 다르기 때문이라고 할 수 있는 근거가 될 수 있다.

하지만, 그러한 문화적 배경이 주거형태의 모든 것을 결정지을 수 없다는 것도 역시 반론의 근거가 된다. 일례로 말래[2]라는 공간이 추자도에도 있고 전라남도 해안에도 있다고 해서 추자도의 가옥이 전적으로 전라남도의 문화권의 영향 안에 놓여 있다고 단정 지을 수는 없다. 왜냐하면 그 말래가 수장공간과 제사공간을 공유하는 모습이 전라도 내륙과는 또 다른 형태로 이해되기 때문이며, 차후 논의하겠지만 말래 성격의 제주 가옥구조와 그 기능적 연관성을 가지고 볼 수 있는 것은 문화적 유사성에 의한 것이 아니라 자연환경을 극복하는 과정에서 얻어지는 기능적 이유일 것이라는 추론을 가능하게 한다. 이 글에서의 추자도 가옥

1) 아모스 라포포트, 이규목 역, 1993, 『주거형태와 문화』, 열화당, pp.37~49.

2) 예초리에서 길에서 만난 할머니에게서는 '말래'라고 들었으며, 묵리 박00 할아버지의 부인은 '말리'라고 발음 하였다. 묵리에서 전 이장님으로 부터는 역시 '말리'라고 들었는데, 본문에서는 인용한 경우를 제외하고는 '말리'로 명칭을 통일하도록 하였다.

을 이해하려는 시도는 추자도의 인문적 배경이 전라남도의 영향권에 있음에도 불구하고, 섬이라는 차원에서 접근할 때, 내륙과는 다른 성격을 보여주는 주거형태의 특징이 무엇에서 비롯되는 것인지를 살펴보고 제주도민의 삶과 빗대어서 이해할 수 있는 섬사람들의 독특한 생존 방식으로서의 주거문화를 보고자 하는 것이다.

이글에서의 논의의 대상은 하추자의 예초리와 묵리 두 곳으로 한정하였다. 그것은 조사기간이 짧은 탓도 있었고, 예초리와 묵리가 갖는 지형적인 상대성이 두 곳을 비교해 봄으로써 추자도민의 지형에 대한 이해를 극적으로 드러내 줄 것으로 기대되었기 때문이기도 하다. 두 마을의 입지를 비교하여 보면, 예초리의 경우는 마을이 바다를 향해 적극적으로 돌출된 지형에 자리 잡고 있었으며, 묵리의 경우는 반대로 어촌마을이라고 하기에는 바다에 접한 부분이 적고 내륙 쪽으로 길게 마을을 자리 잡고 있는 특징이 있었다. 지형적으로 볼 때, 예초리는 바람과 같은 자연환경에 극히 불리할 것으로 보이며, 묵리는 어업활동을 적극적으로 하기에는 불합리한 마을 형상을 하고 있는 것으로 보인다. 그들이 선택한 이러한 마을의 입지는 서로 다른 장단점을 가지고 있는데, 이는 두 마을의 주생활의 조건이 다를 수 있다는 것을 의미한다.

두 마을은 다 과거에는 마을의 규모나 경제적인 활동이 타 부락에 비해 발달했던 시절이 있었으며, 이는 환경적으로 불리해 보이는 그들의 입지가 타 부락에 비해 특별히 유리한 점을 가지고 있었기 때문이라고 예상할 수 있다. 서로 극적으로 다른 두 환경에서 묵리와 예초리의 사람들은 환경을 어떻게 이해하고 받아들였는지, 또 그로 인해 어떠한 주거환경을 스스로 만들어 내게 되었는지를 살펴봄으로써, 섬사람들이 갖는 강한 생명력의 근원와 삶의 지혜를 엿볼 수 있으리라 필자는 기대하고 있다.

2. 바람

대체로 섬이라는 곳은 바람에 노출되어 있다. 내륙과는 달리 대개의 섬은 바람을 잠재울 수 있는 장애물을 많이 갖고 있지 않다. 때문에 가옥 구조는 겨울에 북서쪽에서 불어오는 하늬바람과 여름에 남동쪽에서 불어오는 마파람을 의식하지 않을 수 없다. [그림 2]에서 보듯이 햇볕을 잘 받을 수 있는 좋은 좌향으로 여기는 남동향이 섬에서는 쉽게 선택하기 어려운 방위가 된다.

더욱 이러한 상황을 피할 수 없는 마을의 좌향을 가지고 있는 것이 예초리이다. 예초리는 남측과 동측으로는 높은 지형을 하고 있는 반면 북쪽과 서쪽으로는 해안으로 돌출된 지형에 마을이 위치하고 있어서 여름 태풍에는 유리하지만, 겨울의 추운 하늬바람에는 매우 취약한 구조이다. 이러한 마을의 입지는 겨울에는 불리하지만, 어업을 생계로 하는 어촌마을이라는 점에서 남측에서 올라오는 태풍을 더 중요하게 의식한 것으로 여겨진다.

[그림 1] 예초리 위성사진. 사진의 위쪽이 북쪽이며, 마을 전체가 북서쪽해안으로 노출되어 있어서 겨울의 북서쪽 하늬바람의 영향을 받게 된다.

[그림 2] 예초리 항공 확대사진. 대부분 바다를 측면으로 하고 남서향을 좌향으로 선택하였다. (사진의 위쪽이 정북임.)

이러한 마을의 입지는 예초리의 가옥들이 대체적으로 서향을 할 수 밖에 없는 이유를 설명해 준다. 예초리에서 면담한 김00 씨(70세 가량)에게 예초리의 담벼락이 매우 높은 이유를 물어보았더니, "여기가 도로 나기 전에는 자갈밭이여 몽돌밭. 파도칠 때는 집안으로 들어오고, 파도 막이로, 묵리는 우짝으로 많이 올랐지 않아요. 여기는 갯가쪽이 집단으로 이루고..."라고 대답하였다. 또한 예초리에 있는 집들이 모두 남서쪽으로 향하는 이유를 물었더니, "지는 쪽 해를 많이 봐야지. 여기 집을 요렇게 앉으면 되겟소? 이렇게 앉으면 해풍이 심하고, 그챦아. 아, 남동으로 앉으면 해풍 때문에 그렇지. 그래서 자연히 비바람, 마파람 그런 거 하늬바람, 그것을 피하기 위해서, 지는 해까지 바라보기 위해서 방향을 그렇게 튼 거지. 집마다 다 그렇게 돼있지."라고 하신다.

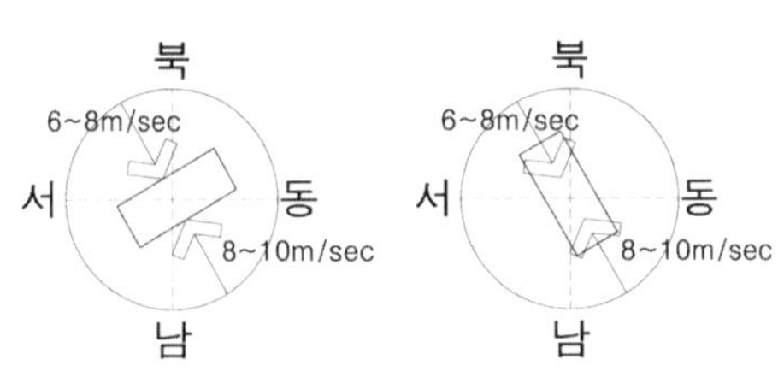

[그림 3] 풍향과 좌향의 관계. 좌측의 도판처럼 남동향을 하였을 경우 가옥이 바람에 노출이 되기 쉽고, 우측의 도판처럼 북동향 혹은 남서향 가옥의 경우가 바람의 영향을 줄일 수 있는 좌향이 된다. 풍속은 제주기상청 홈페이지 자료를 참조하였음.

김00 씨의 설명은 지는 해를 바라보기 위한 것이라는 운치 있는 나름대로의 설명을 하고 있지만, 그러면서도 기능적으로는 해풍을 피하기 위한 것이라는 점을 자연스럽게 설명하고 있었다. 이러한 설명은 예초리의 돌출된 환경과 가옥의 배치의 관계를 설명하기에 적절한 설명이라고 할 수 있으며, 이는 제주북서부지역인 협재[3)]와 귀덕 등의 가옥이 대체로 남서향을 하고 있는 것도 같이 설명될 수 있는 것이다.

반면 묵리는 예초리와는 매우 다르게 자연환경을 이해할 수 있다. 묵

3) 김태일, 2002, 『제주의 마을공간조사보고서 '한림읍 협재리'』, 한국건축가협회 제주지회, pp.41~43 ; 김태일 교수는 협재의 가옥이 남서향을 하고 있는 이유를 풍향에 의한 것으로 판단하였다.

리는 해안변으로는 170미터 정도밖에 면하고 있지 않은 반면, 내륙 방향으로는 460미터 정도로 뻗어있다.[4] 대개의 어촌마을이 해안변을 따라서 발달하는 것을 생각해 본다면 추자도에서는 매우 특이한 마을구조가 아닐 수 없다. 이는 이 마을이 본디 어업을 주 수입원으로 하지 않았을 가능성도 배제할 수 없는 형태라고 할 수 있다. 묵리에서 만난 박00씨(74세)는 묵리가 본래 타 지역에 비해 농사를 많이 지었다는 이야기를 들려주었다.

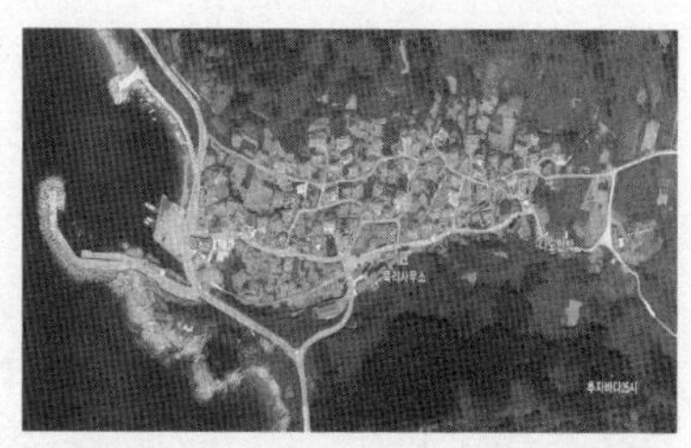

[그림 4] 묵리 위성사진. 묵리 리사무소 앞을 동서방향으로 지나는 가로길이 묵리에서 가장 낮은 지형을 갖고 있으며, 묵리의 가옥들은 북쪽의 산을 등지고 경사면을 따라 배열된 모습을 하고 있다. 묵리의 옛지명은 '검둥개'라고 하며 이는 묵리의 분지형 지형으로 인해 늘 그림자가 드리워 있는 동네라는 의미라고 한다. 사진에서 묵리사무소 앞을 지나는 동서방향의 길이 이 마을의 주 도로이면서 가장 낮은 위치라고 할 수 있다. 즉, 묵리는 분지형 지형을 하고 있지만, 경사의 북면에는 가옥을 짓지 않고, 남쪽으로 경사진 지형에만 집을 위치하여 북쪽으로 언덕을 등지고 있는 형태를 하고 있다.

"추자도는 채소류는 자급자족을 하지요… 콩, 팥, 마늘 종류는 저의 마을 같은 경우는 생계 유지가 되는데, 대서리는 옛날에도 집을 크게 지어서 텃밭이 없었어요. 대서리에는 마당이 없죠. 대서리는 마당이 없는 이유가, 조그만 방이라도 만들어서 세 줄라니까, 도시식으로. 옛날에도 그랬죠. 뱃사람도 많고, 이동인구가 많았어요."라고 말을 하고는 이어서 "저희 마을 같은 경우는 저기 짝 보시면, 전부 다 밭이었어요. 저희도 그렇고, 저 옆에도. 그런데, 삼분의 일은 저희 마을에서 농사를 지어서, 한 삼 개월은 생계유지가 됐어요. 고구마, 보리, 조, 수수, 주로 많이 한 게 보리하고 고구마… 그래갖고 생계유지가 됐으니까. 한 이십 년 전에는 저희 마을이 부촌이었어요. 그런데 인제 바다가 개척되고 조기가 나고, 바다에서 돈이 많이 생기고 하니까, 그쪽은 만날 농사 지어봐

4) daum 위성지도에서 개략 측정한 길이이다.

야 돈 몇 푼 됩니까. 그러니까 바다로 나가자고 해서 바다로 나가니까 산처럼 밀어버린 거지요."라고 말하였다. "그러면, 옛날에는 묵리 쪽에서는 배를 안타는 사람도 많이 있었나요?"라고 필자가 물었더니, "많이 있었지요. 많이 있었는데, 다 전승 밀어버렸어요. 예전에는 농사지어서 부촌이었는데, 바다에 종사하다 보니까, 바다에 종사하는 사람이 부촌이 되어 버렸지요. 한 오십년 전쯤에..."라고 대답하였다.

즉, 박00 씨의 증언에 의한다면 50년 전인 1960년대에는 묵리 주민의 삼분의 일은 농사를 지었으며, 그 당시에는 어업을 하는 것보다 농사를 짓는 것이 경제적으로 더 유리한 활동이었다는 설명이다. 그러던 것이 어업으로 인한 수입이 늘어나면서 농사일을 안 하게 되었다는 것이다. 그러고 보면, 묵리의 마을구조는 본디 어촌마을이기보다는 해안에 위치한 농촌마을과 같은 형태라고 이해 할 수 있는 것이다.

[그림 5] 제주도 애월읍 하가리

[그림 6] 묵리의 주택입구

묵리 마을회관에는 오래된 마을 사진이 걸려있었는데, 묵리 해안가에는 거의 초가지붕만 보일 정도로 담장이 높은 집들이 찍혀 있었다. 박00 씨는 사진을 보면서 담들이 높았던 이유를 남서풍에 의한 파도 때문이라고 하였다. "왜 담들이 놓았냐 하면, 파도가 치면, 집까지 파도가 들어오니까. 지금 생각하면 우리가 방풍하는 것처럼." "바람은 겨울에가 영향이 큽니까. 여름이 영향이 큽니까." "이럴 때는 남서풍이 제일 컸지요. 우리 마을의 경우에는 지금도 남서풍이 크게 불어옵니다."

박00 씨의 설명대로 남서풍의 영향이 크다는 것은 여름철 태풍의 영향을 많이 받는다는 의미이며, 이는 해상 활동이 불리한 지형이라는 의미이기도 하다. 예초리가 북서풍의 영향에 노출되어 있지만 남서풍에는 유리한 지형을 가지고 있는 것과는 반대로, 묵리는 북서풍은 경사지형으로 인해서 큰 영향이 적었지만 남쪽으로 경사진 지형으로 인해 여름의 남동풍이 드세게 느껴졌을 것이다. 박00 씨가 여름의 남동풍을 남서풍이라고 하는 것은 묵리 해안이 마을이 서측에 있기 때문으로 바람의 방향을 남서풍으로 이해하는 것으로 보인다.

[그림 7] 예초리 주택입구

이러한 북풍을 막아주는 묵리의 지형은 바람의 세기에 대응하는 심적 부담이 예초리에 비하면 훨씬 적었을 것으로 여겨진다. 집들은 자연스럽게 남향을 지향하게 되고, 묵리마을의 담장은 예초리와 비교하면 확연할 정도로 낮은 형태를 하고 있다.

그럼에도 불구하고, 예초리나 묵리는 가옥의 입구를 틀어서 들어오는 형식을 거의 반드시 채택하고 있다. 이는 제주도에서 올레를 통해 마당으로 들어오는 바람의 세기를 줄이려는 것과 비교할 수 있는 유사한 태도라고 할 수 있다. 다만, 바람에 대한 입지가 서로 다른 두 마을의 가옥을 비교하면, 묵리는 비교적 낮은 담장으로 바람을 완전히 차단하려고 시도하기 보다는 지나가는 사람들의 시선을 의식한 듯한 정도의 수준에 불과하며, 반면에 차가운 겨울 북풍에 노출된 예초리의 경우에는 담장도 매우 높거니와, 가옥들이 지붕면이 보일 정도로 낮은 지형에 위치하게 놓이는 경우를 쉽게 볼 수 있다. 특히 예초리의 해안길에 면한 주택에서는 담장 높이가 2.4미터에 달하고 입구의 꺾임을 분명하게 만들어 놓아서 마치 적들을 방어하기 위한 성벽을 보는듯한 느낌을 줄 정도로 폐쇄적인 형상이 강렬하다. 이렇게 바람에 대한 두 마을이 직면한 상황은 마을의 경제 활동에도 영향을 주었을 뿐 아니라, 가옥의 배치와 담장의 구조 역시 서로 다르게 대응하도록 하고 있음을 보여준다.

3. 물

섬을 육지와 다르게 만드는 것은 고립된 공간이라는 것이며, 그 고립의 물리적 장애를 만들어내는 것이 바로 물이다. 그만큼 섬이라는 공간에서의 생존과 물이 지니고 있는 이미지라는 것은 태생적으로 매우 중요한 연관을 가지고 있다. 만난 박00 씨는 추자도가 내륙으로 왕래하는 것이 매우 어렵고도 중요한 일이었다고 설명한다.

박00 씨는 "옛날에는 우리 조상들이요. 멜치젓 미역 해조류를 해가지고, 돛단배를 해서 목포를 가서 판매를 하고, 무동력이죠. 거기에서 일년 묵을 양식을 싣고 오다가 홍간도 부근에서 전복 되가지고 많이 돌아가셨어요. 지금은 지붕 개량이 스레트로 되어있는데, 옛날에는 초가집일 때, 전부 강진이나 해남에서 짚을 사가지고 지붕개량을 했었거든요. 짚도 돛단배에다 많이 싫고, 지금은 멸치젓을 플라스틱에다 판매를 하고 있는데, 옛날에는 사기옹기, 멸젓옹기라고 있어요, 그 조그마한 것들, 그래갖고 앞마당에, 차근차근 재 가지고, 그늘지게끔 짚나라미나 가마니로 전부 싸가지고, 직사광선을 못 받게 해가지고, 그 동이를 돛단배로 몇백 개씩 실고 나가지요."라고 설명하였다. "소금이나 이런 거는 어떻게 구했나요?"라고 물었더니, "소금은 돛단배로 염전에 가서 사가지고 왔었어요. 주로 젓는 노, 노로 목포까지 간다고 해도 과언이 아니죠. 그러니까 배에 한두 사람이 가선 안 되고, 다서 여섯 사람이 가면서, 노 젓고, 교대하고, 배에서 밥 해먹고 가면서 왕래를 했었어요."라고 하였다. 이렇듯 섬사람들에게 물이란, 그들의 삶을 고립시키고 위협하는 올가미이기도 하지만 다른 한편으로는 생존을 위해 필수불가결한 것이기도 하다.

[그림 8] 묵리에서는 이러한 두레박을 각각 집마다 갖고 있으면서, 물을 뜰 때는 제각기 들고 와서 물을 길었다고 한다.

[그림 9] 묵리의 우물 모습. 묵리에는 이러한 우물이 여덟 군데가 있었다고 한다. 지금은 각개의 집으로 급수관을 연결하고 펌프로 물을 끌어 쓸 수 있도록 되어있다.

생활용수로서의 물이라는 것은 그들의 삶에서 어떤 모습이었을까? 통상 마을에서 식수를 공급받는 우물이라는 것은 중요한 공공의 장소라는 성격을 갖는다. 우물가라는 장소는 주민들이 정보를 주고받는 모임의 장소이면서, 처녀 총각들의 만남이 이루어질듯한 낭만이 있는 곳이다. 그런데, 그렇게 통상적으로 이해해 온 공공장소로서의 우물과 추자도에서의 우물은 좀 다른 국면을 보여주고 있으며, 이를 사회적으로 설명하는 것은 추자도의 삶을 이해하는데 중요한 한 면을 보여줄 것이라고 여겨진다. 예초리에는 2개의 우물이 있었고, 묵리에도 8개의 우물이 있었다고 하는데, 섬이라는 곳은 물이 부족할 것이라는 생각과는 달리 식수에 대해서는 곤란함을 겪지 않았다는 것이 묵리와 예초리에서 공통적으로 들은 이야기였다. 그런데 독특하게 생각된 것은 우물의 물을 뜨기 위한 두레박을 집집마다 개별적으로 소유한다는 것이었다.

묵리에서 만난 60대 후반의 아주머니는 우물가에 두레박이 어디 묶여 있었냐는 질문에 "집집마다 있었어. 다들 사다가 썻제. 여기서 뜨고 갖고 가고."라고 대답하였다. 하도 의아해서 재차 "자기 꺼는 자기가 갖고 가는 거예요?"라고 물었더니, "예. 예. 여기 매달아 놓는 거이 아니지. 공동으로 사용하는 거이 그런 거 없었어."라고 대답하였다. 그러면서 아주머니는 두레박을 우물가에 매달아 놓으면 누가 부숴 버릴 것 아니냐고 말하였다. 또한 묵리에서 같이 만난 이00 씨(69세)는 우물을 관리하는 사람이 지정되어 있었는가하는 물음에 "따로 특별히 관리하는 사람은 없고요. 일단 그 우물에서 가까운 사람들이 많이 관리를 하지요. 일정한 어떤 사람을 정해놓고 관리한 게 아니고, 우물하고 가까운 사람이 더 많이 관리를 하고, 펌프 시설이 안 왔을 때는 다 자기 집에 두레박이 있었죠."하고 대답하였다.

왜 추자도민들은 우물가에 공동의 두레박을 매어놓고 같이 사용하지 않았던 것일까? 이러한 의문이 던지고 있는 것은 공동체에 대한 그들의 생각이 육지부의 농촌사회에서 보여주던 상부상조의 미덕과는 다른 형태로 보여진다는 점이다. 이러한 독특한 그들의 생활모습을 가늠하기 위해서 돌절구라는 것을 살펴 볼 필요가 있다. 사진에 보이는 돌절구가 어느 시기에 추자도에 보급되었는지를 기억하고 있는 이를 만나지는 못했다. 그런데 아무리 생각해 보아도 놀라운 것은 이 돌절구가 집집마다 없는 집이 없을 정도로 발견할 수 있다는 것이다. 보통 제주의 농촌 마을에는 소나 말을 이용한 방앗간이 있어서, 곡물을 이 방아를 이용해서

찧게 된다. 그런데, 예초리나 묵리에서는 공동으로 곡식을 찧는 방아를 볼 수 없는 반면에 거의 모든 집에서 절구를 보게 된다. 우물에서 개별적으로 사용하는 두레박과 집집마다 있는 돌절구를 어떻게 이해해야 할까? 이는 흔히 농촌에서의 상부상조의 미덕과는 다른 삶의 방식을 반영하는 것은 아닐까?

[그림 10] 추자도의 대개의 집에서 볼 수 있는 돌절구. 공동의 방앗간은 볼 수 없어도 집집마다 돌절구는 볼 수 있다.

추자도의 모든 골목에는 물을 흘려 내리기 위한 배수로가 설치되어있다. 지금은 모두 복개되어 배수로가 도로 하부에 숨겨져 보이지 않지만, 복개 전에는 모든 길옆으로 물이 흐르는 배수용 도랑이 있었다고 한다. 이 도랑은 모든 집의 마당으로 연결되어 있어서, 단순히 빗물을 처리하는 정도가 아니라, 집안을 청결하게 하기위한 배수로의 역할을 하게 되는 것이다. 추자도의 대부분의 가옥은 바람의 영향을 고려해서 도로보다 낮게 집을 만든 경우를 흔히 볼 수 있는데, 그럼에도 불구하고 또한 모든 집들에서는 집 밖으로의 배수가 가능하도록 물길이 만들어져 있었던 것이다. 이러한 물길이 있었기 때문에 돼지를 잡는 등의 일들이 각개의 가옥에서 할 수 가 있었다.

묵리의 박00 씨는 "옛날엔 하수구 물길이 다 있었죠. 그런데 하수구 물길을 다 덮개를 만들어 버리니까 알로만 물이 흐르죠. 제주시 같으면 산지천 개방하듯이 개방을 했는데, 지금은 물이 흘러가는 걸 안보이게끔 복개를 해 부렀으니까 안보이죠. 한 십 년이나 이십 년 전에는 도살장이 있었어요. 돼지는 마당에서 잡아요. 마당에서 잡으면 물이 잘 흐르는 데서 잡아요, 아니면 내창 물이 흘러갈 때 잡아요. 먹지 않는 우물가나 내창에서 많이 잡았어요... 다 집근처에 내창이 있었어요."라고 말한다.

[그림 11] 지금은 복개되어 보이지 않지만, 이 길의 하부에도 배수를 위한 도랑이 여전히 있다고 한다.

[그림 12] 지금도 볼 수 있는 길옆 배수로.

필자가 만난 추자도 주민들이 사는 모습은 매우 청결하다는 인상을 받았다. 그러한 청결한 생활 습관은 모든 집들마다 연결이 되어있는 배수로가 한 몫을 하고 있었던 것이다. 또한 추자에서 물은 그들의 생존과 직결되어 있다. 물은 그들을 고립시키는 대상이기도 하고, 그들의 삶을 유지시켜 주는 윤활유이기도 하다. 그것을 그들은 공유하면서 누리기보다는 개인적 삶에 밀접하게 끌어들이고 있음을 보게 된다. 주민들과의 대화에서 그들은 결코 물이 부족하지 않았다고 증언하였지만, 집집마다 두레박을 가지고 있고, 나중에는 집집마다 펌프를 걸어서 물을 끌어들이고 있는 그들에게서 결코 물이라는 것은 서로 나누어 가질 수 있는 풍요로운 산물이 아니라, 어떠한 경우에도 확보하고 통제할 수 있는 대상으로서의 물이었을 것이다.

4. 가옥의 구조

그들의 삶의 모습과 추자도 가옥의 형태는 어떤 관련성을 가지고 있을까? 추자도 가옥의 전형적인 평면의 형태는 묵리 491번지의 가옥처럼

[말리-방-정지]가 나란히 있는 모습이며, 4칸집으로 성장하였을 경우, 묵리 695번지의 평면처럼 [말리-큰방-정지-작은방]의 모습이라고 할 수 있다. 이중에 말리라는 공간은 수장과 제사를 겸한 공간으로 추자도의 독특한 공간이라고 할 수 있다.[5] 하지만, 말리라는 공간은 추자도에 국한된 것이 아니라, 전라도의 도서지방과 전남 해안에서 그 명칭과 공간을 확인할 수 있다. 특히 전남 도서지방에서는 말리뿐만이 아니라 공간구성의 기본 모양도 거의 같은 유형을 취하고 있다.[6]

예초리 308-1번지 빈 가옥을 실측할 때, 그곳에서 만난 아주머니에게 말리라는 공간이 어떤 곳인지를 물어보았다.

> "독이 있어, 이렇게 선반 맹그는 독이 있는디, 거기다 모셔놓고 제사지낸다고, 그걸 독이라게 독."
> "항아리 같은 건 아니고요?"
> "응, 나무, 상자 맨크름 짜져갖고 한아버지(조상?)를 독에 모셔놓고, 제사지낸디, 물항 같은 것은 부엌에 가 있었는디 다 가져가붓써."
> "그러면 여기서 제사지내고, 다른데서 제사 지내는 데는 없었나요?"
> "그건 모르겟소. 그것은. 우린 말래에서만 지내봤지."

또한 예초리에서 만난 70세 가량의 김00 씨에게서도 말리에 대한 이야기를 들을 수가 있었다. "토방이 마루니까, 여가 문이 달렸지. 여기가 말리, 그건 제사 때 하는 거고.. 위패 가끔 써갖고 하니까."라고 말리에서 제사를 지낸다는 말을 하였다. 제사를 지낼 때 말리 안에 있는 물건들을 꺼내놓고 하는지를 물었더니, "아니 그대로 놓고, 제상만 가지고 차리지. 말리 안에선, 말리서 지내니까 제사는. (절은) 사람이 많으며는

5) 김병성, 1996, 「추자도의 어업과 어촌 연구」, 고려대 지리교육학 석사학위논문, p.68.

6) 김광언, 1993, 『한국의 주거민속지』, 민음사, 대우학술총서, pp.378~405.

마루에 서 갖고서 하기도 하고, 제일 큰 데지 거기가."라고 대답하였다. 추자에서는 말리에서 제사상을 차리고, 절은 사람이 많을 때는 말리앞의 대청에서 절하기도 하였다는 설명이었다.

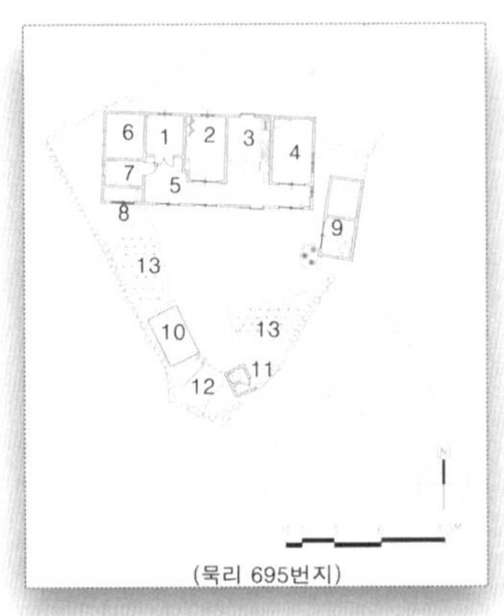

[그림 13] 1.말리 2.큰방 3.부엌(개량) 4.작은방 5. 대청 6.창고 7.욕실 8.보일러실 9.세면장 10.창고 11.변소 12.돼지울청(구) 13.삼밭(텃밭)

말리는 더러는 흙바닥으로 되어 있다는 기록도 있지만,[7] 현지에서 면담한 바에 의하면, 말리는 대개 마루 널이 깔린 형태로 이해하는 것이 보편적이었다.[8] 말리라고 하는 수장과 제의를 겸한 이 공간은 제주도뿐만 아니라, 내륙의 어느 지역에서도 그 공통점을 찾기 어려운 추자도의 독자적인 공간으로 여겨지는 것은 분명하다. 이 말리가 추자도만의 독자적인 공간으로 이해되는 것은 곡식항아리를 보관하는 수장공간이면서도 '귀껫상자'라고 부르는 위패를 모시는 감실이 설치되어있고, 제사를 늘 이곳에서 지냈다는 특이성 때문이다. 얼핏 보면 제사를 안방에서 지내지 않고 따로 두었다는 의미에서 매우 유교적 관념이 강한 것이 아닌가하는 생각을 해 볼 수 있다. 하지만 실제 현지에서 면담을 하여본 바에 의한다면, 말리는 제사를 지내기 위한 방이라는 생각보다는 단순한 창고라는 생각이 더 강하다. 신동길은 남서해 도서지역의 민가에서 말리[9]는 말리의

7) 신동길, 1979, 「남서해 도서 민가건축에 관한 연구」, 홍익대 건축공학 석사학위논문, p.144.

8) 전게서, p.404 ; 김광언은 마래(말리)는 널을 깐 것이 먼저이고, 흙바닥 마래(말리)는 나중에 생겨났을 거라고 추정하고 있다. 하지만, 실재 필자가 묵리와 예초리에서 면담한 바에 의한다면, 말리는 마루를 까는 것을 거의 원칙으로 여기고 있었다.

9) 전게서, p.163 : 신동길은 광, 말리, 마리를 '마루방'을 지칭하는 용어로 규정하면서,

복합적인 성격에도 불구하고 수장공간의 성격이 더욱 강하다고 주지한다. 그럼에도 불구하고 꼬방과 같이 부엌에서 허드레 물건을 두는 수장공간과는 달리 곡물이나 집안의 중요한 물건을 보관하는 수장고라고 여겨진다.

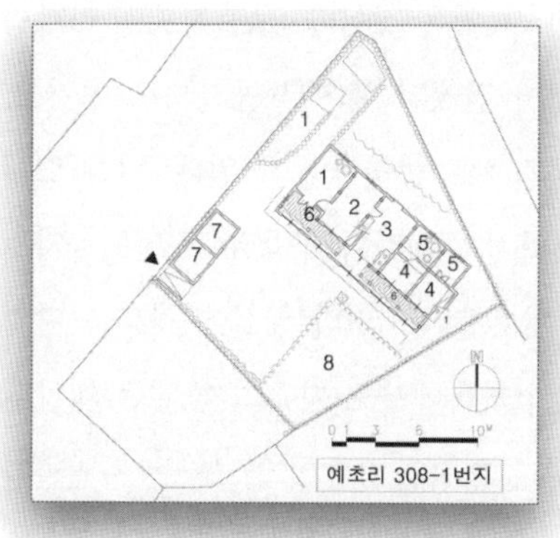

[그림 14] 1.말리 2.큰방 3.정지 4.작은방 5.꼬방 6.대청 7.창고 8.삼밭(텃밭)

말리라는 것이 또한 추자도에서 보편적으로 통용되는 명칭인지도 확인할 필요가 있다. 신양리에서 면담을 하였을 경우에는 묵리와 예초리에서는 통용되었던 말리 혹은 말래라는 명칭으로 이해하기보다는 마루라는 명칭으로 이해하고 있었다. 이러한 용어의 혼란은 사실 기존의 연구에서도 말리, 마래, 마리라는 다양한 호칭으로 기록되어지고 있으며, 마루방이라는 용어에서도 보여지고 있다. 제주도에서도 초집의 가운데 마루 널이 깔린 공간을 '상방'이라고 부르는 곳도 많지만, 상방이라고 부르지 않고 '마리'라고 부르는 지역도 상당히 넓게 분포한다.10) 물론 제주도에서의 마리는 추자도의 말리와 같은 수장공간의 성격은 갖고 있지 않으며, 비교한다면 대청에 가까운 성격을 가지고 있어서, 쉽게 연관지어 설명하기는 어렵다.

추자도의 말리는 그 형태를 본다면 전남 서해안의 말리과 같은 구조

이를 순수하게 수장의 기능만 갖는 경우와 수장과 제사의 기능을 같이 갖는 경우를 구분하였는데, 마루방이 순수하게 수장만 하는 경우에는 '광'이라 불리고, 거실용으로 사용할 경우에는 '대청'이라 하고, 기타의 경우 '마리'라고 불렀다고 하고 있다.

10) 필자가 확인한 바로는 제주의 모슬포, 덕수 등의 지역에서는 '상방'이란 용어와 함께 '마리'라는 용어로 더 쉽게 불리어 졌으며, 하도 등의 지역에서는 '마리'라는 용어보다는 '상방'이란 용어에 더 친숙해 있었던 것으로 기억하고 있다.

를 가지긴 하였지만, 내륙의 개방된 대청마루보다는 폐쇄된 제주의 상방을 닮고 있다. 반면에 쓰임새를 본다면, 곡물을 보관하는 수장공간이라는 측면에서 볼 때, 제주의 삼방보다는 고팡을 닮고 있음을 알 수 있다. 제주의 삼방이 폐쇄된 구조를 가지고 있다는 것은 비와 바람의 영향으로 인한 환경적 요인으로 설명할 수 있을 것이다. 보편적으로 민가의 공간을 설명할 때, 온돌은 북방에서 전래된 폐쇄된 공간으로 여기고, 마루는 남방에서 전래된 개방된 공간으로 설명한다. 그런데, 남해 도서지방을 조사한 김광언은 도서지방의 마루공간이 개방된 구조를 가지고 있지 않다는 점에서, 마루가 남방에서 전파되었다는 설에 의문을 던지고 있다.[11] 그렇게 볼 때, 추자도의 가옥에서도 가옥의 앞뒤로 개방된 형태의 대청마루를 볼 수 없는 것은 문화적인 요인이기 보다는 자연환경인 비바람의 영향 탓으로 이해할 수 있을 것이다.

말리와 마루와 마리의 연관성은 혹 마루 널을 깔았다는 재료적 특성과 발음상의 유사성을 들어 개연적으로 이해할 수 있을 수도 있다. 하지만, 기능적으로 볼 때 수장공간인 말리와 담소공간인 마루를 동일선상으로 이해하기는 어렵다. 반면에 말리의 위치를 제주민가에서의 고팡과 비교해 본다면, 제주 겹집의 구조에 고팡은 큰 구들에 항상 붙어있고, 작은 구들은 정지에 붙어있다는 것을 볼 때, 큰방에 붙어서 대청과 말리가 있는 추자민가의 공간 구성이라는 것은 제주민가의 공간 구성과 유사성을 갖는다. 즉, [말리–대청–큰방]~[정지–작은방]이라는 일련의 공간구성은 [고팡–큰 구들–상방]~[작은 구들–정지]로 구성되어진 제주초가의 구성과 구성상 큰 차이가 없으며, 이때 말리는 제주의 대청마루라고 할 수 있는 상방보다는 곡물 수장공간인 고팡과 그 성격을 같이하고 있다.

11) 김광언, 전게서, p.404.

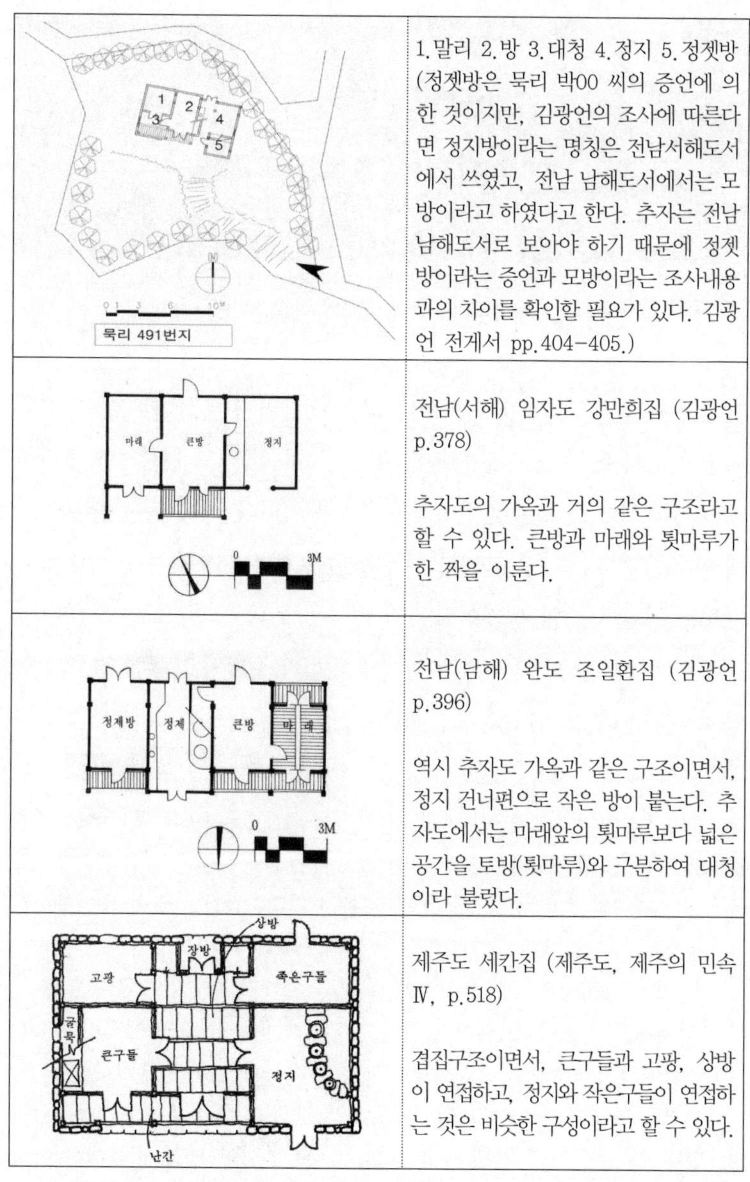

묵리 491번지	1. 말리 2. 방 3. 대청 4. 정지 5. 정젯방 (정젯방은 묵리 박00 씨의 증언에 의한 것이지만, 김광언의 조사에 따른다면 정지방이라는 명칭은 전남서해도서에서 쓰였고, 전남 남해도서에서는 모방이라고 하였다고 한다. 추자는 전남 남해도서로 보아야 하기 때문에 정젯방이라는 증언과 모방이라는 조사내용과의 차이를 확인할 필요가 있다. 김광언 전게서 pp.404-405.)
	전남(서해) 임자도 강만희집 (김광언 p.378) 추자도의 가옥과 거의 같은 구조라고 할 수 있다. 큰방과 마래와 툇마루가 한 짝을 이룬다.
	전남(남해) 완도 조일환집 (김광언 p.396) 역시 추자도 가옥과 같은 구조이면서, 정지 건너편으로 작은 방이 붙는다. 추자도에서는 마래앞의 툇마루보다 넓은 공간을 토방(툇마루)와 구분하여 대청이라 불렀다.
	제주도 세칸집 (제주도, 제주의 민속 Ⅳ, p.518) 겹집구조이면서, 큰구들과 고팡, 상방이 연접하고, 정지와 작은구들이 연접하는 것은 비슷한 구성이라고 할 수 있다.

창고에 마루 널을 깐다는 것은 섬과 같이 열악한 환경에서는 쉽지 않은 선택이다. 제주의 경우에도 더러는 고팡을 흙바닥으로 하는 경우

[그림 15] 묵리 491번지. 빈집. 좌측으로부터 말리-큰방-정자-정짓방의 공간배열이 보인다.

[그림 16] 묵리 491번지의 말리. 예전에 사용했던 쌀항아리가 있다.

가 없지는 않지만, 대개 안거리의 고팡에는 마루 널을 깔아놓은 것을 어렵지 않게 볼 수 있다. 하지만, 고팡이 단순한 허드레 창고에 불과하다면 마루 널을 깐다는 것이 상식적인 일은 아니다. 즉 고팡과 같은 창고에 마루를 깐다는 것은 특별한 이유가 있는 매우 의도적인 행동이 아니고서는 가능하지 않은 것이다.

묵리에서 만난 박00 씨의 부인에게 말리가 흙바닥으로 된 경우가 있었는지를 물어보았다.

> "아니, 다 마루 깔았어. 마루 깐 집. (마루를) 못하면은 옛날에는 세멘으로 콘크리트 딱 해놓고. 그렇게 깔고, 마루 깐 사람은 마루 깔고. 그러고는 깨끗하게 딱 하고, 명절 때는 쓸고 딱고. 간간이 말리 들어가서는 청소하고 그랬어요. 그래 깨끗하게 해 놓고..."
> "말리를 제삿방으로 사용할 때 지셋독, 도가지를 놔두고 했어요?"
> "지셋독을 나놨지. 보쌀하고 쌀하고 담아서 나놓고 그 앞에 상 차리고. 옛날에는 양식, 보쌀(보리쌀)을 먹으께, 식구가 열이 아홉이 살았으께, 보쌀을 찧고 도가지에다 담아놔야, 안 그러면 쥐가 말리로 풍풍 뛰어 당김시로, 안 허면 다 묵어버렸지. 가마니다 담아 노면... 그래서 지세독에다 담아 뚜껑 딱딱 덮어 쥐 못 묵게 했지. 쥐가 그때는 어른어른해서 방으로 알로 쌀항아리를 제사상 옆에 놓을 필요는 없잖아요?"
> "아, 도가지를? 양식 도가지를 말리에다 싸. 그럼. 제사상 채릴 데 만 냉겨 놓고 거기다 싸. 상관없지. 양식 담아놓고 먹은 도가지여."

그런데, 여기에서 의문스러운 것은 왜 추자도의 말리에서 제사를 지내게 되었는가 하는 점이다. 통념적으로 볼 때 창고라는 곳은 신성한 제의공간과는 의미적 연관성을 가지기 어렵기 때문이다. 필자는 말리라는 공간이 제의와 관련된 상징성, 혹은 신성성에서 그 이유를 찾기가 쉽지 않다고 판단하였다. 물론 제주의 고팡이나, 육지의 곳간에서도 민간신앙의 이유로 신성시하는 면이 없지는 않다. 하지만, 유교적 제사를 지낼 만큼의 분명한 상징적 이유를 논리적으로 끄집어내기가 용이한 일이 아니었다. 반면에 제주의 가옥과 비교하여 기능적인 이유를 따져본다면, 말리에서 제사를 지내는 것이 그들에게는 합리적인 선택이었다는 것으로 이해할 수 있다고 보았다.

[그림 17] 묵리. 현재도 제사공간으로 사용하는 말리의 모습

[그림 18] 예초리. 정지에 붙은 꼬방. 창고라는 기능은 비슷하지만, 말리와는 격이 다르다.

공간 구성의 면에서 본다면, 제주에서는 큰 구들의 뒤에는 항상 고팡이 있고, 고팡과 큰 구들은 상방에 면해 있는 구조를 가지고 있다. 반면에 추자에서는 말리는 대청에 면해 있고, 다시 대청은 큰방 옆에 놓이게 된다. 이러한 세 개의 공간만을 가옥에서 떼어서 본다면, [고팡-상방-큰 구들]이라는 연결 고리는 [말리-대청-큰방]이라는 연결고리와 매우 비슷한 형태를 하고 있음을 알 수 있다. 다만, 제주는 겹집구조를 가지고 있기 때문에 고팡과 상방을 앞뒤로 배치하는 것이 가능하지만, 홑집

구조인 추자에서는 말리와 큰방을 앞뒤로 배치하는 것은 큰방의 크기를 작게 만드는 이유가 되어서 그리하기는 곤란했을 것이다.

그러면 제사를 지내기 위해서는 어떠한 공간구조가 요구되는지를 생각해보자. 제사를 지내기 위해서는 제사상을 차리는 공간과 그것을 바라보는 사람들이 대기하는 공간이 구분되는 것이 일반적인 구조이다. 즉, 제사를 지내는 순간에는 공간적인 [성/속]의 공간구분이 있어야 하는데, 제의공간이 성스러운 공간이라면, 그것을 바라보는 관객들이 속한 공간은 세속의 공간을 의미한다. 때문에 제주에서는 큰 구들에서 제사를 지낼 때, 제관이 아닌 사람들은 상방에서 제사 과정을 지켜보게 된다. 그런데, 추자의 경우는 난방을 정지에서 하기 때문에 큰방 옆에는 정지가 딸려 붙는 구조를 가지고 있다. 때문에 정지가 있는 반대편으로 대청마루가 있어야 큰방에서 제사를 지내고 대청마루에서 제사 과정을 구경할 수 있는 구조가 되는데, 말리라는 수장공간이 큰방 옆에 붙어 있어야 한다는 기능적 요구와 충돌하게 되어, 대청마루를 크게 만들 수 없게 되는 것이다. 그래서 큰방 옆으로 말리를 두고 그 앞에 대청마루를 두어보니 홑집의 구조로는 큰방과 대청마루를 개방적인 형태로 만들 수가 없게 되는 것이다. 실재로 김광언이 조사한 전남 안좌도의 평면을 보면, 큰방에 대청마루가 붙어있고, 마래는 대청마루의 건너편에 위치하고 있는 구조를 확인 할 수 있다. 이는 큰방에서 제사를 지내고 대청마루에서 제사과정을 지켜보는 구조를 하고 있는 것이다. 이는 큰방과 접해있어야 하는 공간이 수장공간인 말리보다는 제사공간인 대청마루가 더 중요하게 여겨진 결과라고 할 수 있다. 추자도에서도 수장공간보다 제의공간이 더 중요하였다면, [큰방-대청-말리]가 일렬로 배열되면서, 큰방에서 제사를 지내고 대청에서 그것을 관람하는 구조가 되는 것이 당연하였을 것이다.

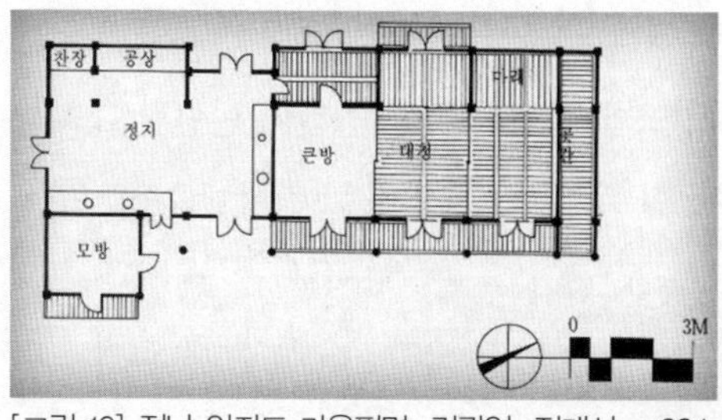

[그림 19] 전남 안좌도 가옥평면, 김광언, 전게서, p.384.

추자도의 가옥에서는 말리와 대청마루가 큰방에 같이 붙어있는 것은 수장공간으로서의 말리가 큰방 옆에 딸려 있어야 한다는 당위성이 제사를 지내기 위한 공간으로서의 대청 못지않게 매우 중요했기 때문이라고 할 수 있다. 이는 제주도에서 쌀항아리를 보관하는 고팡을 반드시 큰구들에 붙여 짓는 것이 전도에 걸친 원칙처럼 여겨질 만큼 중요했듯이 추자도에서도 곡식을 보관하는 말리가 큰방에 붙여서 지어져야 한다는 것이 매우 중요한 원칙이었음을 보여주고 있는 것이다. 추자도의 경우에도 쌀과 같은 곡물은 매우 귀했으며, 곡물창고라는 것은 한 톨의 쌀이라고 잘 보존해서 일 년을 버티기 위해서는 더 없이 중요한 공간이었던 것이다. 그래서 깨끗한 마루를 깔고, 호주가 기거하는 큰방에 붙여서 관리를 하였던 것이라고 할 수 있다. 이는 제주에서 고팡을 큰구들에 붙여서 시설하는 것과 같은 태도라고 할 수 있다.

5. 맺음말

추자도의 민가와 주생활을 이해하기 위해서는 기존의 문화적 잣대가 아닌 섬이라는 고립된 환경에서 생존해야하는 삶의 모습을 더불어 볼 필요가 있다. 추자도의 바람과 물이라는 것은 결코 감상적이고 낭만적인 바람이 될 수 없으며, 결코 풍요롭고 고맙기만 한 물이 될 수 없다. 그들의 삶의 모습은 망망대해에서 격한 환경과 싸워야하는 고독한 전쟁과 같은 것이었으며, 이는 폐쇄적 구조를 가지고 있는 가옥의 모습을 닮아있다. 식량을 보관하는 창고에 불과한 말리 공간이 단란한 대화를 나누는 대청마루보다 더 발달할 수 있는 요인이 거기에 있는 것이다.

[그림 20] 예초리 포구의 모습

추자는 오랜 시간을 전라도에 소속되어 있었으며, 전라도민들이 건너와 현재의 추자도민을 이루고 있다. 때문에 대부분의 언어와 문화가 전라도와 깊은 연관성을 가지는 것은 매우 당연하다. 추자도는 여전히 문화적으로 전라도권에 속한다는 의식이 강하다. 하지만, 문화를 형성하는 것은 문명화된 언어와 교육과 풍속만으로 설명되는 것이 아니다. 추자도가 가지고 있는 섬이라는 지역적 특수성은 제주도를 포함한 전라남도 해안의 도서와 공유하는 체질적 공통성이 있다. 그것을 필자는 농경사회가 보여주는 협업관계와는 다른 수렵사회에 가까운 강한 생존력에 기초하고 있다고 보아진다. 지금은 우리에게 아름답게 보이는 예초리의 저녁노을이 그들에게는 풍랑을 예고하는 경고로 보였을지도 모른다.

▌참고문헌

아모스 라포포트, 이규목 역, 1993, 『주거형태와 문화』, 열화당.

김광언, 1993, 『한국의 주거민속지』, 민음사.

신동길, 1979, 「남서해 도서민가건축에 관한 연구」, 홍익대 건축공학 석사학위논문.

김병성, 1996, 「추자도의 어업과 어촌 연구」, 고려대 지리교육학 석사학위논문.

김태일, 2002, 『제주의 마을공간조사보고서 '한림읍 협재리'』, 한국건축가협회 제주지회.

김석윤, 신석하, 1996, 「제주도민가」, 『제주의 민속 Ⅳ』, 제주도.

추자도의 음식 문화

허남춘

추자도의 음식 문화

허남춘

1. 머리말

추자도는 조선 전기까지 제주목 관할에 놓인 섬이었다. 『고려사』에는 탐라현을 서술하면서 추자도가 부속되어 있다고 했고[1] 『세종실록』에는 추자도를 주자도(舟子島)라고 하면서 대정현 소속으로 적고 있다.[2] 조선 중엽 효종 6년(1655) 기록을 보면 영암군 추자도라 적고 있고, 이형상의 『남환박물』(1704년)에서도 영암 추자도라 적고 있다. 추자도는 17세기 말부터 전라도 영암군 관할로 넘어간 것으로 추정된다.[3] 그러다가 조선말 고종조에 다시 제주도로 이속된다. "추자도는 본래 전라도 영암 관하에 있다가 제주에 이속되었는데……이 섬은 바다 한 가운데 있을 뿐만 아니라 땅은 척박하고 논도 없으므로 그곳 주민들은 고기잡이로

1) 『高麗史』 卷57, 志11, 地理 2.

2) 『世宗實錄』 卷151, 地理志, 全羅道 大靜縣.

3) 북제주군 편, 『추자도와 사수도(泗水島)의 역사적 고찰』, 2006, 20쪽.

살아간다. 논이 없는 고장에서 쌀을 바치자니 실로 어렵다."[4]에서 볼 수 있듯이, 영암에서 제주로 이속된다. 추자도가 세금을 바쳐 그것을 성균관 운영비로 쓰게 되었는데, 그 비용을 감당하는 방법이 쌀을 바치는 것이었음이 여기에서 드러난다. 이 섬은 척박하여 논이 없다고 했다. 쌀이 생산되지 않는데 쌀로 세금을 낼 수 없는 것이어서 이 법령은 폐기되고 예전처럼 생선을 바치게 되었다.

추자도는 오래 전부터 쌀농사가 안 된 까닭에 주식은 보리쌀이었다. 정조 때 대전별감이었다가 추자도에 유배 온 안조환은 여기서 유배가사 「만언사(萬言詞)」를 지었는데, "어와 보리가을 되었는가 전산 후산에 황금빛이로다 / 남풍은 때때 불어 보리물결 치는구나."라 하여 당시의 보리농사 풍경을 읊고 있다. 추자도의 식생활을 엿볼 수 있는데, 여타의 조사보고서에서도 주식이 보리밥 혹은 쌀을 조금 섞은 보리밥이고, 떡도 보리떡이었다고 한다.[5] 1990년대까지는 보리칼국수나 보리수제비가 일상식이었는데 이제는 찾아보기가 어렵다. 보리쌀로 지은 밥을 여기서는 보쌀밥이라 했고, 보리쌀을 갈아서 지은 밥을 가래밥이라 했는데 이것들 역시 이제는 볼 수 없다.

1934년 통계를 보면 농경지가 1,850반보인데 밭이 1,794반보, 논이 56반보였고 쌀이 48석, 보리가 1,190석, 기타 잡곡이 159석이었다고 한다. 그러다가 1990년대 초에 보리농사를 작파하고, 무 · 배추 · 마늘 등을 약간 재배하고 대부분의 경작지는 휴경되는 상황을 맞이한다. 경제적인 측면에서 수산업 분야에 집중하는 현상이 나타난 것이다.[6] 1999년 277척의 배가 있었고, 200여 척이 삼치 등 채낚기와 흑돔 · 다금바리 유

4) 楸子島本在靈巖地方 而移屬濟州…島在海中 土瘠無畓 居民漁採資活 無畓之米 實難辦備爲辭矣(『高宗實錄』 卷30, 30年 10月 丙子)

5) 제주도 민속자연사박물관, 『2006 추자도 학술조사보고서』, 2006, 19-20쪽.

6) 추자도지 편찬위원회, 『추자도』, 1999, 119-120쪽.

자망 어선이었고, 70여 척이 조기 유자망 어선이었다고 하는데[7] 2010년 현재 삼치 등 채낚기 어선은 100여 척이고 조기 유자망은 55척이 되었다. 수산물 수입은 참조기, 삼치, 방어, 멸치 순이다. 패류에는 소라, 전복, 홍합이 주종을 이루고 해조류에는 톳, 모자반, 천초 등이 주류를 이룬다.

정월 초하루 일종의 해신제인 '거린제'(거리제)를 드릴 때 창호지에 밥을 싸서 바다에 던지며 "멸치 많이 잡게 해주시오" "삼치 많이 잡게 해 주시오"라고 소원을 빌었다고 한다.[8] 조기는 서해 바다가 폐허화하고 청정지역인 추자 근처에서만 잡히게 된 1980년대 이후 중요한 어종이 된 듯하다.

2. 대표 어종

1) 삼치와 방어

추자의 삶을 이야기하려면 이곳의 어업으로 실마리를 풀어야 한다. 2010년 현재 1,266가구, 2,549명이 살고 있는 것으로 보고된다.[9] 주민 90% 이상이 수산업에 종사하고 있다고 한다. 어선은 200여 척이고 어업 혹은 낚시 배로 쓰이고 있다. 일제 때부터 추자도는 중요한 어장으로 각광받기 시작했다. 일본의 마루하라는 회사가 들어와 삼치와 방어 가두리 어망을 설치하여 이를 일본으로 수송했다고 한다. 해방 후에는 삼

7) 위의 책, 121쪽.

8) 위의 책, 239쪽.

9) 「2010 제 3회 추자도 참굴비 대축제」 종합안내 매뉴얼 참조.

[그림 1] 삼치잡이 배

치를 유자망으로 잡았는데, 5·16 이후에 삼치를 전략 어종으로 삼아 일본 수출을 재개했다고 한다. 최근에는 삼치와 방어를 채낚기로 잡는다. 대서리에서 낚시 어선을 하고 있는 원용순 씨(78세)는 1980년대 어느 크리스마스 경에 삼치 1kg을 2만 원~2만 5천 원 선에 수출했던 기억을 떠올리며, 지금은 7~8,000원 대로 떨어져 시름이 크다고 했다.

삼치와 방어를 잡는 채낚기 어선은 100여 척에 이른다. 일본 수출이 막히자 요즘은 국내 시판 쪽으로 눈을 돌리고 있다. 그래서 제주 시내에서 삼치 횟집을 자주 볼 수 있다. 제주시에서 처음 삼치 횟집을 낸 '추자 본섬'(김영종 사장)에서는 추자도 사람의 방식대로 삼치회를 즐길 수 있다. 굽지 않은 투박한 김에 삼치회와 파김치를 얹어 쌈을 싸 먹으면 회의

[그림 2] 잡아 온 삼치를 옮기는 모습

[그림 3] 삼치회

[그림 4] 삼치회는 김에 파김치와 함께 싸서 먹어야 제 맛이다.

부드러움과 파김치의 시원한 맛을 함께 느끼게 된다. 추자 모래밭에 산란을 하는 봄 삼치 때문에 봄에도 종종 삼치를 먹을 수 있다.

겨울 추자도 방어도 인기가 높다. 11월부터 이듬해 3월까지 대방어의 인기는 기존의 광어나 황돔을 뛰어넘은 지 오래다. 10kg이 넘는 방어는 부위별로 맛을 즐길 수 있다. 뱃살과 지느러미살이 압권이고, 방어와 신 김치를 함께 끓인 '방어 신김치찌개'가 겨울 입맛을 사로잡는다. 지느러미살은 쇠고기 육회와 색깔과 맛이 비슷하니 당연히 소금장에 찍어야 제 맛이다. 뱃살은 제주말로 '베지근한 맛'(기름기 있는 것이 맛이 돌아 구미를 당긴다는 의미)을 느낄 수 있어 최고의 인기를 누린다.

[그림 5] 방어

2) 조기

추자 사람들에게 물었다. 추자 사람이 느끼는 대표 어종이 무엇이냐고 했더니 조기, 참돔, 삼치, 방어 4종을 들었다. 그 중에서 무엇이 가장 맛있냐고 물었다. 돔이나 삼치는 여러 끼를 지속적으로 먹으면 물리지만, 절대 물리지 않고 맛있는 것이 바로 조기란다. 조기는 매운탕으로도, 구워먹어도 늘 맛있다고 한다. 2010년 현재 추자도 조기 유자망 어선은 55척이다. 가을에서부터 봄까지 조기어장이 형성된다. 대한민국 조기는 대부분 추자도산이다.

[그림 6] 조기 매운탕

전라도 칠산 바다에서부터 연평도에 이르는 조기어장은 이미 황폐화된 지 오래다. 인간들이 폐기물을 버리고 마구 바다를 오염시켜 조기는 서해로 회유하지 않는다. 추자도는 아직 깨끗하다. 조기들은 청정해역을 찾아 추자도에 내려와 이 근역을 벗어나지 않는다. 환경을 잘 지켜왔기 때문에 추자도는 미래의 땅이 되었다. 지금 추자도민은 4월 10일부터 8월 10일까지 자체 금어기간을 설정해 치어를 보호하고 있다.

그런데 아직도 영광굴비가 인기를 누리고 있지 않은가? 이것들이 모두 제주 추자도산이다. 추자도민은 굴비를 만드는 노하우도 없고 굴비를 만들 인력도 거의 없다. 그래서 조기 철이 오면 영광에서 장사꾼들이 추자로 몰려온다. 매일 10톤 트럭 몇 대씩 조기를 영광으로 실어 나른다. 거기에서 조기는 소금에 절여 바람에 통째 말려지고 굴비로 둔갑한다. 3년 이상 건조시킨 고급 소금으로 절여, 고급상품이 되어 백화점 등지로 팔려나간다. 추자도에서는 아직 냉풍 건조나 냉동으로 판다. 염장 기술이 부족해 빙장을 해서 팔다 보니 저급상품으로 싸게 유통된다. 그나마 추자도 대서리항에는 냉동시설이 부족하여 대부분의 배들이 한림항에서 하역 작업을 하고, 그것들이 바로 영광 등지로 팔려나간다. 추자도민이, 그리고 제주도정이 깊이 고민해야 할 일이다.

어릴 적 기억 속의 굴비는 늘 척이 넘었다. 그런데 요즘 굴비는 너무 작다. 보통 1호가 주로 팔리고, 3호(19~21㎝)는 23,000원 수준이다. 30㎝ 이상의 선특호 10마리는 70만 원 수준인데 2010년 7월 추자도 참굴비 축제장에서는 35만 원 선에서 거래되었다. 19~25㎝의 2년산도 드문 편이다. 결국 대부분이 1년산이다. 왜 이 지경에 이르렀는가. 큰 것들은 어디로 갔는가. 크기도 전에 싹쓸이를 했으니 1년산밖에 없다. 중국 어선의 남획도 큰 문젯거리다. 남이 가져갈까봐 작은 것이 크는 2~3년을 기다리지 못한다. 내가 잡으면 작은 것이라도 이익이라는 생각이 우리 시대 천민자본주의의 본질이다.

3. 항구와 축제

우리에게 낯설었던 추자도가 가까이 다가오고 있다. 역시 교통이 좋아졌기 때문이고, 거기에 아름다운 경치와 독특한 맛이 있기 때문이다.

몇 년 전부터 쾌속정인 컨티넨탈호가 다니다, 최근에는 핑크돌핀호가 다닌다. 223톤 급 핑크돌핀호는 1996년에 만들어져 다른 곳에서 운항을 하다 2005년부터 제주와 목포 간을 3시간 30분 만에 주파한다. 제주항에서는 9시에, 목포에서는 2시에 출발한다. 제주항 2부두에서 1시간 10분이면 상추자 대서리항에 닿는다. 제주와 완도 간을 운행하는 한일카훼리 3호는 제주에서 13시 40분에 출발하면 하추자 신양리에 15시 40분 도착한다. 뱃시간이 제주 사람 위주로 되어 있어 추자 주민들은 불만이지만 어쩔 수 없다. 세상은 힘 있는 사람들 위주니까.

[그림 7] 수채화와 같은 추자도 섬 풍경

서울 변두리 공장지대처럼 추자도 선원도 외국노동자로 채워지고 있다. 현재 중국과 인도네시아에서 온 선원은 약 200명 정도다. 처음에는 이들에게 욕설과 매질로 다루어 많은 노동자들이 떠나버렸다고 했다. 그런데 시간이 지나면서 인간적 대우를 하는 것이 오히려 수확이 좋다는 것을 알게 되었다. 그래서 요즘은 130만 원 정도 월급을 주고, 개인에 따라서 성과급도 주고, 1년이 지난 선원에게는 편도 항공권도 제공하여 5년의 체류기간을 채운다고 한다.(대서리 김용웅 씨, 70세) 남해안 끝자락 섬에서도 공존의 법칙을 알아가고 있다.

추자도 선주들은 한결같이 선창이 좁다고 불평했다. 샛바람이 불 때

[그림 8] 축제장의 참 굴비

는 특히 작업 공간에 제약된다고 했다. 조기철 4~5척이 배를 대고 작업을 하면 나머지 배는 제주도 한림항에 가서 작업해야 하고, 그런 배가 대개 40~50척이라고 했다. 추자에는 고기를 딸 인력(1척에 20-30명 정도)도 얼음도 없고, 냉동차도 미흡하다고 입을 모았다. 누가 보아도 추자도의 어획량에 비해 항구가 비좁았다. 특히 5,000톤급 크루즈가 정박할 항구를 설비해야 하는데, 추자도의 대서리와 신양리, 묵리, 예초리 등이 합의하지 못해 항구 사업이 표류하고 있었다. 우선 추자도의 중심지인 대서리에 앞쪽 방파제와 연결하는 간단한 공사만으로 크루즈 정박이 가능할 것이라는 뉴태성호 원용순 씨의 말에 공감을 했다.

[그림 9] 참굴비 축제 포스터

추자도의 가장 큰 항구는 상추자의 대서리에 있다. 2010년 7월 23일부터 25일까지 대서리에서 '참굴비축제'가 열렸다. 우리는 23일 대서의 절기에 걸맞게 푹푹 찌는 날 대서리에 들어갔다. 축제는 어한기(漁閑期)를 택해 이루어진다는 점에서 여유 있어 보였다. 추자도 바다는 7~8월에 제주 쪽에서 냉수대가 밀려와 어장이 형성되지 않는다고 한다. 그래서 가을부터 봄에 이르는 삼치와 조기 수확에 바빴던 심신을 쉬는 기간이다. 그런데 왜 축제가 복 더위에 이루어져야 하는지 의아했다. 조기축제라면 그물에서 조기를 뜯는 것도 보고, 부두에서 조기를 구워먹기도 하는 시기여야 하지 않은가? 싱싱한 조기를 맛보고 사갈 수 있는 조기 철에 축제가 있어야 하는데 참으로 의문투성이다. 그리고 주민들의 불만도 대단했다. 축제위원이나 추자면 사무소 직원들이 모든 것을 결정하고, 정작 선주와 생산자와 유통업자는 배제되고 있었다. 추자도에서는 굴비 만드는 노하우도 없어 냉풍건조를 하거나 냉동하여 축제에 상품을 내놓고 있었는데, 결국 냉동고 끝물 처분하기 수순에 불과했다. 축제의 시기와 판매 상품에 대해 새로 고려해 보아야 할 사안이다.[10)]

이번 축제에는 풍어제가 새롭게 선보였는데, 진도 단골들이 뱃고사도 지내고 씻김굿을 하면서 풍어를 빌었다. 예전에 추자도에서도 사적인 굿으로 곽머리씻김굿을 한 적이 있다.[11)] 추자도는 전

[그림 10] 씻김굿과 무녀 송순단

10) 2012년에는 6월 15일-17일에 축제를 거행했다. 이 또한 7월에 거행되었던 축제의 시기 문제와 별반 다르지 않다.

11) 1986년 김씨와 아내 이씨 부부가 고기잡이를 하던 중 아내가 물에 빠져 죽는 사고가 발생했다. 그래서 넋 건지는 굿을 하고 건져진 넋을 놋그릇에 담아와 장례를 치렀다. 이 굿이 바로 곽머리씻김굿이었다. (전경수, 「사자를 위한 의례적 윤간:추자도의 산다위」, 『한국문화인류학』 24, 한국문화인류학회, 1992, 307-308쪽.)

라도 문화권이기 때문이다. 국악 고수들의 반주를 곁들인 무형문화재(송순단)의 비념이 축제를 압도했다. 애초 추자도의 풍어제는 마을의 걸궁에 의해 이루어졌다. 대서리의 경우 산신제를 드리고 이어 최영 장군 사당에서 사당제를 한 후, 바닷가에서 해신제를 드리는 절차로 거행되었다. 이번 축제에는 걸영제 헌식을 하고 걸궁의 길트기가 선보였다.

[그림 11] 풍어제 상차림

추자도는 음력 섣달그믐에서부터 정월 초사흘까지 걸궁을 펼치는데, 이 내용을 들여다보면 한국 농악대굿의 원형으로 판단된다. 추자도에는 무당굿이 전해지지 않는 것으로 판단되고 다만 농악대굿이 풍농과 풍어 등 풍요를 기원하는 행사로 전해온다. 이 걸궁에는 풍물패와 탈을 쓰고 춤을 추는 양반탈, 곱추탈 등이 따르고 마을사람들이 함께 탈놀이를 벌이는데, 이것이 탈춤의 기원일 것으로 본다. 육지에서는 그 흔적을 발견하기 어려운 매우 희귀한 놀이라고 생각된다.

그 내용을 살펴보면 다음과 같다. 걸궁패는 25~30명 정도고, 12모리로 구성된다. 1. 얼림굿, 3~5 놀림굿, 6~7 길굿(제사), 11 단사리(獻食), 등 농악대굿의 원형을 보여준다. 이 놀이는 음력 정월 초사흘 밤에 밤굿으로 마무리된다. 저녁을 먹은 후 늦게 마을사람들 전체가 마을회관에 모여 탈(놀이)굿을 즐기는데, 여기에는 양반탈과 곱추탈 등이 있다고 한다.

모든 놀이의 출발은 최영 장군 사당이다. 고려 말에 최영 장군이 이 추자도에 들어와 고기를 잘 잡게 해주었다고 해서, 섣달그믐에 해신제를 드리고 '고기 부르는 걸궁'을 한 후, 정월 초하루 최영 장군 사당제로 걸궁이 시작된다. 2월 초하루에서 중순까지 최영 장군 사당 장군제가 별도로 거행된다.

본격적인 놀이에 앞서 길놀이를 하는데, 포수 3인이 각 집을 돌며 지신밟기를 주재한다. '덕담과 좌담'을 주고받으면서 마당과 부엌 등 집안의 지신을 밟고 돈을 받는다. 부엌에선 솥뚜껑 위에 돈을 올리는데, 마치 무속인처럼 빌어주는 주언을 왼다고 한다.[12)]

추자도의 숙박시설과 음식점은 대개가 낚시 관광객 위주로 짜여 있다. 숙박업을 하는 사람들은 낚시꾼들의 패턴에 맞춰 점심을 낚시장소까지 배달하기도 했다. 그래서 일반 관광객용 숙박시설이 미흡하고, 당일 여행객을 위한 음식점도 제대로 갖추어지지 못했다. 특히 2010년 6월 추자도 올레코스가 개장하였는데, 올레 탐방객을 위한 식당 등을 정비해야 할 것이다. 추자도의 주민 대부분이 생업인 어업에 종사하는 상황에서 추자도의 제철 해산물을 메뉴로 삼고 해산물을 관광 상품으로 개발해야 하는 과제를 안고 있다.

[그림 12] 추자도 올레꾼

12) 1차 조사(2006년 11월 3일 -4일)와 2차 조사(2010년 7월 23-25일 추자도 참굴비 대축제 시기)에 구술된 자료를 토대로 정리되었다. 제보자는 1994년부터 2004년까지 이장을 지낸 고광찬 씨이다.

4. 추자도의 사계절 맛

멀리 떨어진 섬의 음식은 특이하기 마련이고, 우리가 예상하기 어려운 특별한 음식이 있어 즐겁다. 추자도에서는 1970년대부터 1990년대까지 잔치음식으로 콩나물국을 끓였다고 한다. 섬이어서 해산물로 만든 국을 떠올리게 되는데 그런 예상을 깬다. 1960년대에는 방앗간 등에서 큰 솥에 밥을 지어 결혼식과 장례식 등 큰일을 치루는 데 제공하는 소위 '밥 공장'이 생겼다고 한다.[13] 이것들은 전통과 무관한 근대 산업사회의 한 산물일 뿐이다. 콩나물 공장에서 식재료를 손쉽게 사서 쓸 수 있게 되고, 집에서 감당하기 어려운 양을 공장에서 제공받는 근대적 변화를 외딴 섬도 경험하게 된 것이다. 자급자족의 식생활이 깨지고, 공장에서 가공되는 식재료를 사서 쓰는 자본주의적 식생활에 편입된 결과다. 섬 이외의 지역에서 생산되는 식재료에 대한 의존도는 갈수록 심해질 것이다.

로컬 푸드에서 글로벌 푸드로 바뀌고 전통적 음식이 사라지게 될 것이다. 그런 흐름에 내맡겨서 될 일이 아니다. 작은 추자도 같은 지역만이라도 로컬 푸드를 지키는 방향으로 선회하여야 옳다. 그런 반성과 각성이 근처 섬에서 일어나고 있다. 신안군 증도나 완도군 청산도는 최근 슬로시티로 선정되었다. 이들 섬은 슬로푸드를 실천하는 섬으로서 적정한 규모인데 추자도도 이런 조건에 부합된다. 버려진 휴경 밭에 작물을 심고 전통적인 먹을거리를 잘 보존한다면, 감성돔 낚시에 의존하는 추자도의 관광은 더욱 전망이 있다. 남을 위해서라기보다 주민들의 건강한 생활을 위해서 더욱 절실하다.

13) 문순덕, 『섬사람들의 음식 연구』, 학고방, 2010, 244-274쪽.

전통적 음식은 전통적 의례와 상관성이 깊다. 추자도는 설촌 자체가 최영 장군과 긴밀하게 엮여 있기 때문에 대부분의 의례가 최영 장군의 사당에서 시작된다. 최영 장군 사당에서 2월 초에 장군제를 지내는데, 예전에는 소 한 마리를 잡아 장군과 예하 부하 7명 등 8개의 상을 차렸다고 한다. 제숙은 조기 · 우럭 · 삼치 · 민어 · 농어 · 도미 두 종류 · 매비리(볼락) 등 7~8 종류를 준비하여 상 하나에 한 종류의 생선을 세 마리씩 쪄서 올렸다[14]고 한다. 이런 전통적인 제상에 쓰이는 생선을 중시할 필요가 있다.

안동은 유교 의례가 온전히 전하는 지역으로 이름이 높은데, 이 지역의 중요한 관광 상품이 '헛제사밥'이다. 전통적 제사 음식을 응용한 것인데, 전통을 중시하면서도 변용을 통해 관광객을 위한 향토음식이 재탄생한 것이다. 추자도도 이런 예를 본받는다면, 상에 7~8종류의 생선 한 토막씩을 올려 '최영장군 헛제사밥' 식단을 만들 수 있을 것이고, 이는 전통을 중시하면서도 관광산업에 기여하는 새로운 향토음식이 될 수 있을 것이다.

1) 봄

봄의 미각은 항각구국(엉겅퀴국)에서부터 시작된다. 추자도 엉겅퀴는 쑥보다 향이 진하고 깊은 맛을 지니기 때문에 오래 전부터 국을 끓여 먹었다. 엉겅퀴를 삶아 된장에 버무리고 갈치를 넣고 젓국으로 간을 맞춘 것을 항각구국이라 한다. 거문도에서도 즐겨 먹는 향토음식이다. 거문도 출신 소설가 한창훈이 소설 속에서 자랑하는 국이다. 국물이 시원

14) 문순덕, 위의 책, 256쪽. 여기서 매비리는 일본어 '메바루'(メバル)에서 온 말일 것이다.

[그림 13] 거북손

하기 때문에 가슴이 답답할 때나 전날 술을 먹고 숙취가 남아 있을 때 먹고자 하는 국이라 한다. 추자도에서는 삼치 등 생선과 함께 끓여 먹기도 하고, 엉겅퀴만 먹기도 한다.

보찰국도 봄의 특별한 음식이다. 추자도의 보찰(거북손)은 크고 연하기 때문에 삶아 회 무침을 하기도 하고, 국을 끓여 먹기도 한다. 오이를 썰어 냉국으로 먹는 것이 가장 맛있다고 자랑한다. 추자도의 따개비도 유명하다. 따개비는 회 무침을 하기도 하고, 익혀 먹기도 하고, 튀김으로 먹기도 한다. 제일 맛있는 요리는 국을 끓여 먹는 것인데 대말국이라 부른다. 자갈밭에는 바지락이 많이 나기 때문에 바지락국을 끓여 먹기도 한다.

홍합을 채취하여 젓갈을 담가 먹는데 담추젓이라 한다. 봄에서 여름으로 가는 때가 알이 배는 시절이어서 이때 젓갈을 담가 먹는다. 흔치 않기 때문에 대량으로 만들 수 없고, 집안에서 담가 먹는 정도다. 홍합은 구워서도 먹고 볶아서도 먹고, 미역을 함께 넣어 국도 끓여 먹는다. 봄 추자도에는 광어 · 돌돔 · 참돔 · 히라스(부시리)가 잡히는데, 네바리(조피볼락)[15]가 가장 대표적이다. 5월부터는 볼락이 잡히기 시작한다.

2) 여름

추자도는 가을에서 봄까지가 성어기다. 추자의 대표적인 조기와 삼치

15) 조피볼락인데, 빨간 우럭이라 부르기도 한다. 메바리(일본어 메바루에서 기원한 듯)를 네바리로 부른 듯하다.

도 역시 여름에는 맛볼 수 없다. 그렇다고 이것만이 다는 아니다. 여름 별미로 먹장어를 꼽는다. 조금 때 낚시를 하여 잡는데 고등어 반쪽을 미끼로 쓴다. 큰 것은 7~8kg이 넘고 힘이 세기 때문에 낚싯줄은 와이어 두꺼운 것을 쓰고, 바늘은 주먹만 한 것을 쓴다고 한다. 추자 주민들은 먹장어 한 마리는 끓여먹어야 여름날을 견딜 수 있다고 말한다. 삼복에 개 한 마리 잡듯이 추자에서는 7~8kg이 넘는 먹장어를 먹는 것이 뱃사람들의 관례라고 한다. 그 쓸개는 술에 담아 3일 후에 먹는데 한 잔 정도만 먹어도 남성들이 큰 효험을 본다고 한다. 2~3잔을 먹으면 힘이 불끈 솟는 느낌을 받는다고 하고, 그 이상 먹으면 설사를 한다고 한다.

농어는 멸치 떼를 따라 이동한다. 멸치 철이 되면 농어는 기름기가 그득하며 이때 가장 맛있다고 한다. 8월 포인트를 아는 사람은 1m 짜리 10마리는 거뜬히 잡는다고 한다(신양리 민중 씨). 농어든 삼치든 큰 것일수록 제 맛이다.

추자의 전복이나 홍합은 크기로 소문났다. 전복 큰 것은 부르는 게 값이고, 홍합은 어른 손바닥 크기로 여름 별미다. 홍합과 파래를 넣어 얼음을 띄운 '홍합 파래 냉국'은 보기에도 시원하다. 제주의 여름 맛은 물회인데 추자의 여름 맛은 냉국에서 찾을 수 있다.

[그림 14] 홍합국

추자에 낚시 오는 사람들을 이끄는 것은 감성돔과 돌돔이다. 여름에서 가을까지 추자도의 어종은 돌돔 · 참돔 · 벵에돔인데, 농어목 감성돔과에 속한 추자의 도미는 맛이 깨끗하고 쫄깃하다.

3) 가을

추자도 멸치잡이는 최영 장군이 가르쳐 주었다고 한다. 그래서 음력 7월 멸치 풍어 때에 최영 장군을 위한 장군제를 드렸었는데, 지금은 음력 2월 15일 경으로 옮겼다. 옮긴 이유는 바쁘기 때문이란다. 양력 8월부터 잡힌 멸치는 8~9월에 젓갈을 만든다. 두세 달 이후에는 김장용 젓갈로 전국에 팔려 나간다. 앞에서 제시한 추자도의 대표 어종은 삼치와 방어 그리고 조기였다. 삼치가 일제 이후에 각광을 받기 시작한 것이고 조기가 1980년대 이후 추자도에서 대량 수확된 것이라면, 애초 추자도를 대표하는 것은 멸치였다. 특히 추자도 멸치액젓은 그 맛으로 널리 정평이 나 있었다.

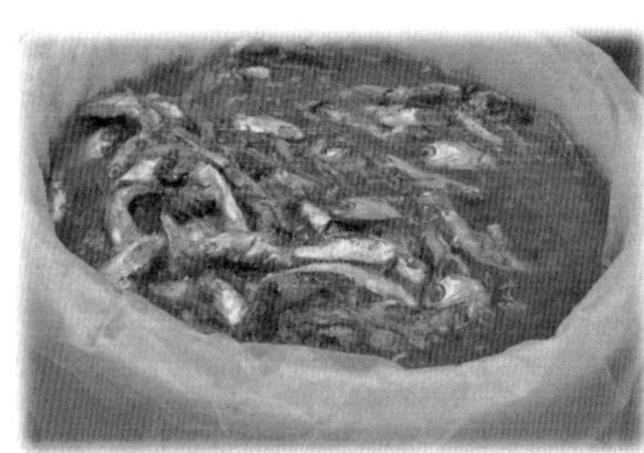
[그림 15] 멸치젓

[그림 16] 추자도 특산품인 멸치액젓

추자도에서는 음식 간을 할 때 된장을 잘 쓰지 않는다. 콩 농사가 잘 되지 않아서이기도 하고 전라도 식으로 소금 간을 한다. 그리고 간장 대신 멸치액젓을 쓴다. 멸치는 기름치와 꽃멸치가 있다. 손가락 세 마디 이상 크기의 기름치(대멸치)는 기장 멸치처럼 말려서 국거리를 한다. 세 마디 이하인 꽃멸치(중멸치)는 주로 젓갈을 담가 먹는다. 추자도 근역에서 주로 잡히는 것은 꽃멸치다. 두세 달 숙성시켜 젓갈로 판다. 3년 이상 된 것이 액젓으로 팔린다. 추자도에는 10년

넘은 액젓도 있는데 나물을 무칠 때나 국에 간을 할 때 쓴다. 다른 조미료 없이 이것 하나만 넣어도 대단한 맛을 낸다. 깊고 푸른 맛이어서 신비롭기까지 하다. 육지처럼 동굴이나 지하에 저장하지 않고 노지 상온에 저장한다. 600~1,000리터의 고무 통에 담아 발효시킨다. 예전에는 젓동이(옹기)를 썼지만 지금은 쓰지 않는다.

멸치액젓은 무침 요리에 넣어 밑반찬으로 먹는 방법이 있고, 김치를 담글 때 양념으로 넣어 먹는 방법, 뚝배기를 끓일 때 국젓을 넣어 먹는 방법, 각종 절임류와 해물탕의 간장 대용과 조미료 대용으로 먹는 방법 등이 있다고 한다.[16] 그러나 바로 잡았을 때 싱싱한 멸치로 멜국(멸치국)을 해 먹는 것이 최고이고, 그것에 버금가는 것이 무침이나 국에 조미료 대용으로 넣어 먹는 방식이다.

4) 겨울

추자도는 가을에서 겨울 사이가 가장 바쁘다. 겨울철로 들어서게 되면 본격적인 조기철이 된다. 삼치와 방어도 이듬해 봄까지 많이 잡힌다. 제주도에서 요즘은 귀하게 여기는 고등어를 별도로 잡으러 나가지는 않는 대신, 조기를 잡는데 따라와 잡게 된다. 잡어 취급을 하여 잡히는 대로 빙장하여 한림항으로 넘긴다.

추자도 겨울은 감성돔 낚시로 붐빈다. 선상에서도 하고 갯바위 낚시도 한다. 1호나 1.5호 낚싯대를 쓰고 크릴새우를 미끼로 수심 6~12 미터

16) 심의섭, 「추자 멸치젓의 어제와 오늘」, 『한국도서연구』 8, 한국도서(섬)학회, 1997, 13-15쪽. 그는 멸치젓을 숙성할 때 젓동이에 담아 17-18도를 유지한다고 했는데, 이제는 옹기를 쓰지 않는다. 동굴이나 지하에서 숙성한다고 했는데, 현지 주민들의 말로는 그런 방식을 쓰지 않고 그냥 노지 숙성시킨다고 한다.

에서 낚는다. 감성돔은 주로 겨울에 잡히는데 60~70㎝가 넘는 것도 있어 손맛을 아는 사람들을 유혹한다. 감성돔을 낚는 손맛 때문이기도 하거니와 회 맛 때문에 추자도의 최고 어종이다. 회를 뜨고 머리 지리(맑은탕)를 즐긴다. 주민들도 이따금 감성돔 낚시를 즐기지만 대부분은 조기 유자망과 삼치 · 방어 채낚기 어업에 집중한다. 나이 든 어른들은 소일거리로 학꽁치를 잡는다. 낚시를 하기도 하지만 뜰채로 뜨기도 한다. 11월부터 이듬해 2월까지 낚시용 밑밥을 뿌리면 뜰채로 뜰 정도로 많다고 한다. 회로 먹기도 하고 말려 간장 양념을 해서 맥주 안주로 먹으면 일품이다.

[그림 17] 돌돔회

겨울 추위를 이기기 위해 생선국을 많이 먹는데 민어와 장어탕이 좋다. 참돔 등 생선 매운탕이 풍부하다. 봄 미역을 말려 미역국을 끓여 먹기도 하고 생선과 함께 국을 끓이기도 한다. 봄철 음식으로 소개했던 항각구(엉겅퀴, 토종 민들레라고도 칭하고 있다)를 삶아 절구에 찧은 후 바로 냉동시켜 냉장고에 보관하다가 겨울 국으로도 먹는데 역시 맛이 최고라고 한다. 우럭과 참치 말린 것을 젓국으로 간을 하여 맑은탕을 만들어 먹기도 한다.

겨울 김장김치는 멸치젓으로 담그지만 통째로 염장한 조기젓을 쓰기도 한다. 추자도의 겨울 김장 중에는 역시 쪽파 김치가 으뜸이다. 삼치회와 쪽파김치를 함께 먹으면 좋다. 추자도의 겨울은 여러 계절 중 가장 풍성하다.

5. 환경과 공존, 그리고 추자도

유엔 환경계획(UNEP)의 녹색경제보고서가 공개됐다. 거기에는 바다와 물고기에 대한 이야기가 담겨 있었다. 초대형 선단이 온 바다를 싹쓸이하여 40년 뒤인 2050년에는 거의 모든 수산자원이 사라질 것이라고 경고하고 있다. 바다에 너무 많은 배들이 돌아다니고 있는데, 적정 규모의 150% 이상이라고 한다. 낚시를 하고 그물을 던지는 것에 국한하지 않고 그야말로 쌍끌이로 모든 물고기를 잡는 우리 시대의 이 놀라운 기술문명에 대해 경탄하지 않을 수 없다. 추자도민 박방규 씨(65세)는 "아지(전갱이)가 사라진 지 20~30년이 됐고, 부서(부세)는 7~8년 전에, 준어(준치)는 3년 전부터 보이지 않는다."고 하면서 안타까워했다.

옛날 사람들의 삶은 어떨까. 그저 남을 배려했고, 자연을 배려했고, 욕심내지 않았다. 공존하는 원칙을 지켰다. 『맹자』에는 "척(尺)이 넘는 물고기만을 시장에 내다 팔면 연못의 물고기를 늘 먹을 수 있게 된다"고 했다. 그러면서 3촌(寸)이 넘는 그물코를 허용했던 그네들의 '공존의 법칙'을 제시한다. 우리는 어떤가. 놀라운 기술력으로 촘촘한 그물을 만들어 멸치 새끼조차 빠져나갈 수 없게 하는 대단한 포획 능력을 자랑하고 있지 않은가.

추자도 박종일 씨(65세)는 그물코를 규제해야 한다고 제안했다. 현재 조기 유자망의 그물코가 50㎜인데 55㎜ 이상으로 넓혀야 한다고 했다. 추자면민들도 1년산을 싹쓸이하게 되는 현실을 아파하고 있었다. 법적으로 작은 어종을 보호하고 2~3년산을 잡도록 법적인 조치가 따르길 바랐다. 그런데 이것도 실효 가능성이 있을 것인가 의문이라며 한숨을 지었다. 중국 배가 추자도 인근 공해를 넘나들며 뜬그물로 크고 작은 것을 모두 싹쓸이하고 있다고 했다. 중국 배들이 저장과 수송 능력을 갖추면서 한국 어민들을 위협하는 수준에 이르렀다고 했다. 한중 어업 협정을 통해 반드시 짚고 넘어가야 할 문제라고 본다.

더 끔찍한 일이 있다. 15센티 정도의 1년산을 먹는 것은 그나마 다행이다. 그것들이 부화하기 전인 알을 즐기는 일이다. 조기는 알이 밴 봄 조기가 맛있다고 말한다. 조기 한 마리가 수만 개의 알을 낳는데, 사람들은 알이 탱탱한 암컷들을 즐겨 먹으며 엄지손가락을 치켜 올린다. 마음껏 먹으려면 조금 기다려 알을 낳은 뒤에 먹으면 되는데, 무슨 놈의 식도락이 이리도 천박하단 말인가.

알이 밴 생선을 시장에 내다 팔지 못하게 해야 한다. 생선 알 혹은 알을 가공한 식품을 시장에 내다 팔지 못하게 해야 한다. 알을 파는 자와 먹는 자에게는 벌금을 부여하고 감옥에 보내야 한다. 알탕이나 알젓을 먹으면 경범죄로 처벌하거나, 시청 앞에 빨간 줄을 치고 그 안에 가두어 손을 들고 하루 동안 반성하게 하면 어떨까?

[그림 18] 고등어회와 양념장

최근 제주도에서 유행하기 시작하여 전국적인 인기를 누리는 회가 바로 고등어와 갈치회다. 고등어와 갈치회를 유행시킨 물항식당의 주인이 바로 추자 출신이다. 고등어와 갈치는 성질이 급한 놈들이어서 끌어내면 바로 죽기 때문에 그 회맛을 보기 힘들다. 그래서 잡자마자 냉장고에 2~3도로 선동을 시켜 보관하면 횟감으로 가능해진다. 그것만이 아니다. 간장에 고춧가루와 참기름과 파 등을 넣어 만든 '추자도 소스'가 있어야 제격이다. 고등어 횟감이 품귀 현상을 보이자 요즘에는 고등어를 가두리 양식장에서 키워 살아 있는 것을 공급하게 되었다. 흔해 빠져 개도 먹지 않았다던 제주 고등어의 과거를 떠올리면 참으로 많이 변했다. 양식 광어에 이어 양식 고등어가 세인들의 관심에서 밀려날 날도 멀지 않았다. 그러나 추자도에서는 아직 모든 것이 자연산이다.

[그림 19] 억발장군

추자의 대표 4종 '삼치, 방어, 참돔, 조기'뿐만 아니라 돌돔, 감성돔의 참맛을 보려면 추자에 가야 할 것이다. 더구나 대서리에서 출발하여 추자교를 건너, 묵리와 신양리와 예초리를 돌아오는 17㎞의 추자 올레길[17)]

17) 올레길 답사에서는 추자도의 문화 유적을 두루 돌아볼 수 있다. 대서리 추자항을 출발하여 0.4킬로미터 지점에는 최영장군사당, 2.5킬로미터 지점에는 순효각, 2.7킬로미터 지점에는 박씨처사각, 3.1킬로미터 지점에는 나바론 절벽, 3.3킬로미터 지점에는 등대전망대, 4.2 킬로미터 지점에는 추자교, 6.2킬로미터 지점에는 처녀당, 9.3킬로미터 지점에는 황경헌의 묘, 11.6킬로미터 지점에는 엄바위 장승, 12킬로미터 지점에는 일본군이 파 놓은 해안동굴 등을 볼 수 있다.

은 섬 여행의 진미를 선사할 것이다.

최근에는 하추자의 대왕산 산책로를 주민들이 개설하였고, 올레길도 보수하여 더욱 다양한 산책을 즐길 수 있게 되었다. 두 살짜리 아이가 살아나게 된 기적적인 이야기와 엄바위 아래 억발장군 이야기, 해녀들이 버려두고 와 죽게 된 애기업개를 위한 처녀당 이야기, 고기 잡는 법을 가르쳐 준 최영 장군 이야기를 들으면서 어릴 적 추억의 맛을 기억해 낼 수 있을 것이다.

[그림 20] 처녀당

▌ 참고문헌

高麗史

高宗實錄

世宗實錄

1차 조사(2006년 11월 3일 - 4일)

2차 조사(2010년 7월 23 - 25일 추자도 참굴비대축제 시기)

「2010 제 3회 추자도 참굴비 대축제」 종합안내 매뉴얼.

문순덕, 2010, 『섬사람들의 음식 연구』, 학고방.

북제주군 편, 2006, 『추자도와 사수도(泗水島)의 역사적 고찰』.

심의섭, 1997, 「추자 멸치젓의 어제와 오늘」, 『한국도서연구』 8, 한국도서(섬)학회.

전경수, 1992, 「사자를 위한 의례적 윤간: 추자도의 산다위」, 『한국문화인류학』 24, 한국문화인류학회.

제주도 민속자연사박물관, 2006, 『2006 추자도 학술조사보고서』.

추자도지 편찬위원회, 1999, 『추자도』.

해안특공기지와 일본군 주둔

조성윤

해안특공기지와 일본군 주둔

조성윤

1. 머리말

추자도 사람들에게 일본 제국주의는 어떤 존재였을까? 추자도는 일본 제국주의가 조선을 지배하는 동안 중요한 어업 전진기지였기 때문에 행정 관리들과 어업에 종사하는 일본인들이 다수 거주했었고, 일본에서 건너와 추자도를 거점으로 일정 기간 활동하다가 돌아가던 어선도 많았다. 일본인이 세운 소학교도 있었고, 나중에는 신사(神社)도 세워졌다. 전쟁 끝 무렵에는 일본군도 들어와 주둔했다. 그러나 60년이 지난 지금 일본 제국주의의 식민지 지배 기간 동안 추자도에서의 일본인 활동에 대한 기록이 거의 남아 있는 것이 없고, 이것을 기억하는 추자 사람들도 많지 않다. 일본의 지배가 끝나고 오랜 세월이 흘렀기 때문에 이제는 대부분 잊혀졌고, 나이든 분들의 기억 속에서도 아득하기만 하다. 그렇지만 여전히 일본군대를 생각나게 만드는 흔적이 남아 있으니, 그것은 다름 아닌 일본군들이 남겨 놓고 간 전쟁관련 시설물이다.

추자도를 한 바퀴 돌다 보면, 예초리 바닷가의 굴들이 눈에 들어온다. 이 굴은 자연동굴이 아닌 인공갱도로서, 태평양전쟁 말기인 1945 경에 일본군들이 미군과의 전투를 대비해서 해안 특공정 은닉호를 조성하다가 미완성인 채로 버려둔 것이다. 이밖에도 산 중턱에 있는 마을 주민들이 '칠자굴'이라고 부르는 일본군들이 남겨 놓은 인공갱도가 있다. 그밖에도 다른 굴들이 더 있었지만 해방 후에 매몰되었다고 한다. 이 굴들이야말로 제국 일본이 추자도에 남겨 놓고 간 전쟁준비의 대표적인 상징물이다. 일본군들이 바닷가와 산중턱의 굴을 왜 어떤 용도로 사용하려고 팠는지 아직 정확하게 밝혀지지는 않았지만, 미군이 쳐들어올 것에 대비해서, 말하자면 전쟁 준비의 일환으로 구축된 것임에 틀림없다. 그러나 추자도에 미군이 상륙하는 일은 일어나지 않았다. 그리고 전쟁이 끝난 다음 일본 군대는 철수했고, 그러고는 이 굴에 대한 생각은 잊혀져 갔다.

추자도 해안의 굴과 일본군의 주둔 활동에 관해서는 그동안 여러 사람들이 확인, 조사했고, 여러 차례 보고가 있었다. 우선 고영철, 오성찬의 조사 결과 주둔했던 일본군의 실태가 일부 밝혀졌다.[1] 이어서 제주도 동굴연구소가 조사한 결과를 보면, 주민들의 증언을 토대로 추자초등학교 교사 장상보 씨가 하추자 예초리의 8곳과 흑검도에 1곳의 동굴을 확인했다.[2] 2007년에는 일제강점하 강제동원 피해 진상규명 위원회 조사팀의 조사 결과가 간행되었다.[3] 최근에는 이윤형 기자가 작성한 '일제전 적지를 가다'의 133회째 특집에서 추자도 일본군 기지를 다루었다.

1) 추자도지편찬위원회, 1999, 『楸子島』, 楸子島誌編纂推進委員會.
2) 제주도 동굴연구소(2001: 60쪽), 이 자료는 나중에 제주도가 펴낸 『제주도 근대문화 유산 조사 및 목록화 보고서』 2003에 다시 실렸다.
3) 일제강점하 강제동원 피해 진상규명 위원회, 2007, 『제주도 군사시설 구축을 위한 노무 · 병력동원 진상조사』, 동위원회, 269~273쪽.

제목은 〈제3부: 군사요새로 신음하는 제주-51-'섬 속의 섬' 추자도〉였다(『한라일보』 2009년 9월 10일자). 이 두 보고를 통해 윤곽을 파악할 수 있었다. 이렇게 여러 차례 각자 답사한 결과를 보고했지만 그 내용이 간략하여, 좀 더 상세한 조사가 필요하다고 생각되었다.

나는 2011년 7월과 11월 두 차례에 걸쳐 현장을 답사할 기회가 있었는데, 대학원생들과 함께 방문했던 11월 13일에는 이강업 씨(1926년생, 신양리 주민)와 면담했다. 그 밖의 다른 제보자들을 수소문해 보았지만, 적당한 분을 찾기가 어려웠다. 이 글은 그동안의 연구 성과와 이윤형의 글, 그리고 이강업 씨의 증언을 바탕으로 작성했다.

2. 남아 있는 해안가와 산중턱의 굴

일본군이 조성한 해안가 굴은 예초리 바닷가에 남아 있다. 이것은 깎아지른 듯한 바닷가 절벽 밑에 조성된 인공갱도이다. 모두 9개가 있는데, 특공정(特攻艇)을 숨겨 놓기 위해 조성한 특공정 은닉호(隱匿壕)라고 생각된다. 태평양전쟁 막바지가 되자, 후퇴를 거듭하던 일본군은 밀려오는 미군에 맞서 본토결전(本土決戰)을 준비하고 있었다. 그러나 일본군은 이미 갖고 있던 항공기와 전함을 거의 다 소모해 버린 상태였기 때문에 더 이상 대항할 무기가 없었다. 이때 고안해 낸 것이 바로 특공대(特攻隊)였다.

특공대란 병사들이 직접 폭탄을 실은 비행기나 어뢰, 또는 보트를 몰고 적의 함대에 가서 부딪치는 방식으로 전투를 준비하고 있던 부대였다. 이 중에서 우리에게 잘 알려진 부대는 '가미카제'라는 이름의 항공공격대였다. 그런데 이에 못지않게 대규모로 준비가 이루어진 것이 바로 해상공격대였다. 해군 특공대가 사용한 특공정은 카이텐(回天)과 신요(震洋)가 대부분을 차지한다. 그런데 카이텐은 신요보다 길이가 훨씬 길어서 이를 숨기기 위해서는 적어도 굴 길이가 10미터를 넘어야 한다. 물론 신요와 비슷한 크기의 자살 보트가 육군에도 있었는데, 흔히 '마루레'라고 부른다.

[그림 1] 바닷가에서 바라 본 해안가의 굴들

굴의 크기와 규모를 볼 때, 카이텐을 숨기기 위한 것이라고 보기는 어렵고, 신요나 마루레를 이용한 특공대를 배치하기 위해서 조성하던 것이 아닐까 생각한다. 제주도에 조성된 특공정 은닉호들이 대부분 부서지기 쉬운 암석을 뚫고 만들어진 것인데,4) 이와 비교한다면 추자도의 굴들은 단단한 화강암을 깨부수고 만든 것이라 조성하는 과정에서 매우 어려운 과정을 거쳤을 것이라 짐작된다. 깊이가 긴 것은 10미터를 넘지만 대부분 5~6미터 정도이다. 폭은 3.4~5.5미터이며 굴과 굴 사이의

4) 제주대학교 탐라문화연구소 · 한라일보사, 2008, 『일제하 제주도 주둔 일본군 군사유적지 현장조사 보고서 I』, 보고사, 44~48쪽.

거리는 대략 20~50미터 떨어져 있다.[5] 제주도의 경우 직선형 해안 갱도가 대부분 10미터 안팎이고, 긴 것은 20미터를 훨씬 넘는 것과 비교된다. 대부분 깊이가 5~6미터밖에 되지 않는 이유는 공사를 진행하던 도중에 전쟁이 끝났기 때문이라고 생각된다.

[그림 2] 그 중 하나의 굴로 깊이는 5미터 정도이다.

[그림 4] 칠자굴

5) 일제강점하 강제동원 피해 진상규명 위원회, 2007, 위의 책, 269쪽.

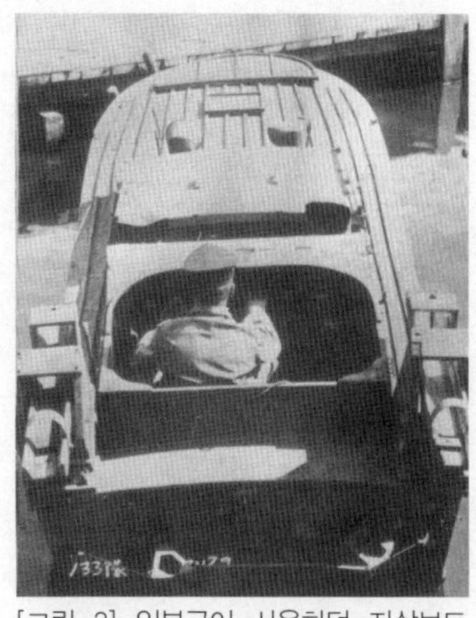

[그림 3] 일본군이 사용하던 자살보트 신요(震洋). 이 자살보트가 추자도 해안특공기지에 배치될 예정이었다.

굴 안에 들어가 보면 내부 바닥과 벽면에는 굴착 과정을 엿볼 수 있는 흔적이 생생하게 남아있다. 남쪽 끝에 있는 소규모 갱도는 내부 벽면과 바닥에 30여 개나 되는 착암기 구멍 자국이 숭숭 뚫려 있다. 또한 18미터 길이의 갱도 바닥에는 금방 폭발한 것처럼 보이는 다이너마이트 발파 흔적을 볼 수 있다. 벽면에는 착암기 구멍들이 뚜렷하다. 입구에는 시멘트를 바른 석축 흔적이 무너지다 만 채 일부만 남아있다. 나머지 갱도들 역시 비슷하다(이윤형, 2009).

일본군이 남겨 놓은 또 다른 굴은 산중턱에서 발견할 수 있다. 신양초등학교에서 예초리로 넘어가는 산길에서 비탈길 20여 미터를 꺾어 오르면, 산중턱에 긴 쪽이 6~7미터 들어가고 짧은 쪽은 2~3미터 들어가는 굴이 있다. 굴은 입구가 두 군데이며 두 입구가 서로 연결되어 있는 모습을 하고 있다. 이 역시 화강암으로 된 곳이라 다이너마이트로 발파 작업을 해야만 조성이 가능했을 것이다. 주민들은 이 굴을 칠자굴이라고 부르고 있다. 한 입구를 들어가 5~6미터 진행하면 우측으로 2~3미터 앞에 10시 방향으로 다른 입구가 보인다. 여름에는 잡목이 우거져 잘 보이지 않지만, 겨울에는 신양항이 잘 내려다보인다. 손인석은 이 굴을 '관측소'일 것이라고 추정했다(손인석, 2004 : 46). 그럴 가능성도 충분히 있으므로, 이 지역 주둔 일본군 관측병이 평소에 이곳에서 관측을 하다가 비행기가 보이면 공습을 피하기 위해서 조성한 방공용 피난굴이라고 생각하기로 하자.

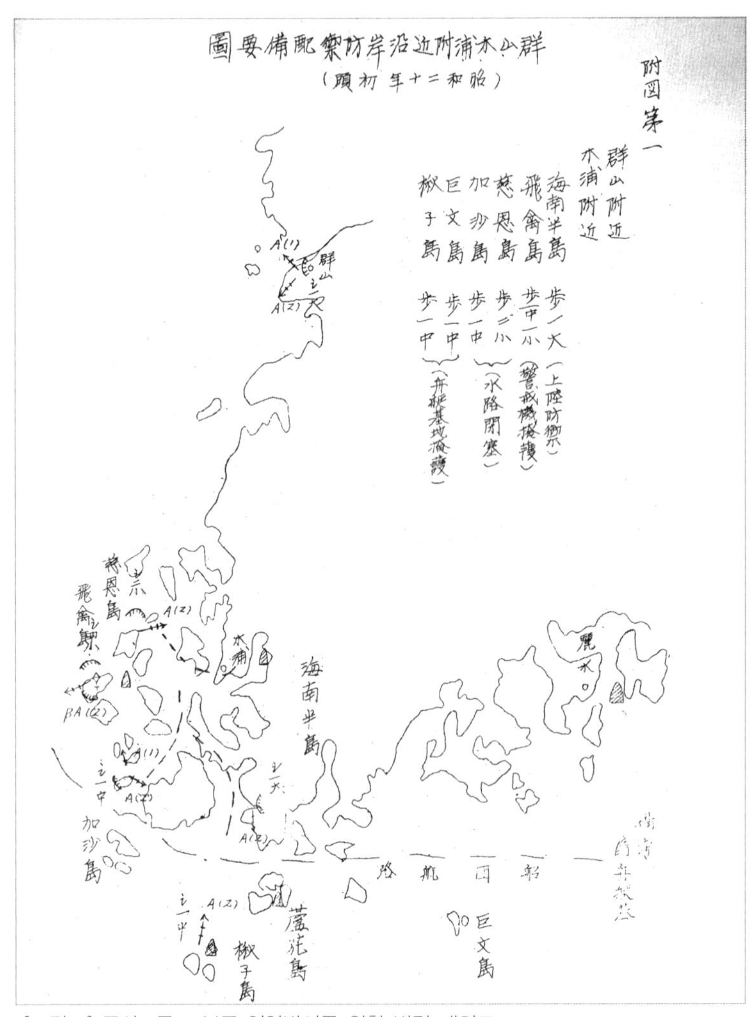

[그림 5] 군산·목포 부근 연안방어를 위한 병력 배치도

그밖에 매립해 버려서 지금은 없어진 다른 굴이 있었다고 한다. 이강업 씨는 "(일본군이) 국민학교 뒤 언덕에 굴을 세 군데를 팠데요. 파 가지고는, 만약에 미군들이 와서 폭격을 하면, 그 굴 안으로 전부 들어가서 있을 걸로 그렇게 팠습니다. 그걸 우리가 알아요. 깊은데 지금은 다 메사자(메워져) 버렸데요."라고 했다. 그리고 해방 후에 "길다운 선생님이

여기에 굴이 파졌는디, 이것이 무너지면 곤란하니까. 여기를 메꾸고 거기다가 보기가 싫으니까 꽃을 심자고 그래서 그 선생님이 그렇게 해 가지고. 꽃도 언덕에다 쭉 비러마게(비스듬하게) 심었는데"라고 학생들의 안전사고를 막기 위해서 굴을 메웠다고 증언했다. 지금의 신양초등학교 교사에는 일본군 부대가 주둔하고 있었으므로, 그 부대가 자신들의 방공용 대피소로 이용하기 위해 학교 뒤편에 굴을 세 군데 팠다고 생각된다.

상추자도에도 일부 흔적을 찾아볼 수 있는 곳들이 있다. 그중 하나는 추자도 등대 전망대 능선에 있다. 이 갱도는 절벽 중턱을 4~5미터 정도 파고 들어간 작은 굴로 얼핏 보면 자연적으로 형성된 것처럼 보인다. 이곳은 바로 바다 앞으로 해안 관측용 또는 감시용으로 구축한 것으로 생각된다. 외부 사람들은 대부분 그냥 지나갈만한 장소이지만, 지역 주민들은 이 장소들을 잘 알고 있었으며, 어릴 때 놀이터였다고 기억하고 있었다.

3. 추자도에 주둔한 일본군 부대

[그림 5]를 보자. 이 지도는 일본 육군이 1942년초(昭和12年初頭)에 작성한 '군산 · 목포부근 연안방비를 위한 병력 배치도(群山木浦附近 沿岸防禦配備要圖)이다.[6] 그리고 지도에 기재되어 있는 해남반도(海南半島)와 5개 섬의 병력 배치 상황을 따로 정리한 것이 〈표 1〉이다. 이 지도가 보여주는 내용이 계획인지, 아니면 이미 배치된 현황을 보여주는 것

6) 「朝鮮에서의 戰爭 準備」, 宮田節子 編 · 解說, 『朝鮮軍 概要史』, 247쪽.

인지는 알 수 없다. 그런데 이강업 씨의 말에 따르면 일본군이 추자도에 상륙한 것은 전쟁이 끝나기 2년쯤 전, 그러니까 1943년부터 주둔하기 시작했다고 한다. 그 전까지 추자도에는 어업에 종사하는 일본인들과 교육 및 행정과 관련해서 일본인들이 거주하고 있었지만 일본군대는 상륙하지 않았다고 했다. 따라서 이 지도가 이미 배치된 현황이라면 1942년 초 부터 추자도에는 1개 중대의 병력이 들어와 있었다고 보아야 할 것이지만, 만약 이 지도가 계획을 말하는 것이라면 배치가 늦어져서 1943년이 되어서야 배치된 것으로 해석할 수도 있다.

〈표 1〉 군산 · 목포 부근 연안방비 병력 배치상황

兵力配置 位置	兵力 규모	
海南半島	步兵 1개 大隊	上陸防禦
飛禽島	步兵 1개 中隊, 1개 小隊	警戒機 掩護
慈恩島	步兵 2개 小隊	水路 閉塞
加沙島	步兵 1개 中隊	
巨文島	步兵 1개 中隊	舟艇基地 掩護
楸子島	步兵 1개 中隊	

1999년 간행된 『楸子島』에는 일본군 본부가 주둔해 있던 건물 사진과 함께 다음과 같은 기록이 남아 있다.7)

> 전쟁 말기 께가 되면서 이들은 바다로부터 쳐들어오는 연합군의 함대에 대비한 굴을 예초리 해안 등지에 구축하기도 한 것이 지금까지도 그 자취가 남아 있다. 당시 상추자의 김만근씨 집에는 전투부대인 아까스까다이 부대의 본부가 있었으며, 하추자 신양분교 자리에는 공병대대인 가도다이 본부가 있었던 것으로 알려지고 있다. 그리고 지금의 영흥리 큰 산 정상 레이더가 있는 곳에는 그때 이미 감시대가 있었다는 것이다.

7) 추자도지편찬위원회, 1999, 『楸子島』, 46쪽. 건물 사진은 74쪽.

작은 예초에 천막을 치고, 예초공회당 자리에는 〈신댕이〉의 굴을 파는 부대가 주둔하고 있었으며, 신양항 앞바다에서 일본군 수송선 3척이 연합군의 비행기 폭격을 맞아 침몰한 적도 있다고 했다.

이 기록은 고영철 · 오성찬 두 분의 노력으로 이루어진 것인데, 당시 상황을 잘 알고 있던 주민들의 증언을 토대로 한 것이다. 이 기록을 토대로 하면서 이강업 씨와의 면담과정에서 확인한 부분들을 정리해보자.

우선 확인 가능한 것은 추자도에는 2 종류의 부대가 주둔했다는 것이다. 하나는 전투부대인 아까스까다이 부대이고 다른 하나는 공병대인 가토다이 부대이다. 하나씩 정리해 보자. 먼저 아까스까다이 부대는 이강업씨도 아까스까다이 부대로 기억하는데, 이 표기를 일본어로 옮겨보면, '赤塚隊'라고 할 수 있다. 보통 부대장 이름을 따서 부대명칭을 부르는 것이 당시 일본군의 관행이므로, '아까스까'라는 장교가 지휘하는 부대라고 추정할 수 있다. 하지만 이 부대가 어느 정도 규모인지, 어떤 임무를 띠고 있었는지는 알려진 바 없다. 그런데 참고할 것은 비슷한 명칭의 부대가 거문도에 이미 여러 해 전부터 주둔하고 있었다는 점이다. 이 부대는 아까스키다이(暁部隊)라는 이름의 전투부대였다. 거문도에 주둔하던 부대가 규모가 더 큰 부대였는지는 알 수 없다. 그렇지만 만약 같은 부대라면 거문도 부대의 예하 단위 부대가 추자도에 파견 나와서 주둔한 것으로 추정할 수 있다. 이 부대는 포구를 중심으로 대서리의 상추자항 일대와 신양항 일대에 주둔하고 있었다. 본부는 상추자의 김만근 씨 집이었고, 하추자에는 신양리 포구 앞에 있는 가정집을 빼앗아 20명 정도가 주둔했다.

거문도에 주둔했던 부대가 육군부대로 선박과 관련한 임무를 맡았다 (일제강점하 강제동원 피해 진상규명 위원회, 2006: 16). 그러므로 이 부대는 선박과 관련된 임무를 담당할 뿐만 아니라 추자도 지역의 해안

경계와 영흥리 큰 산에서 전파탐지 역할을 담당하던 육군부대로 보는 것이 타당할 것이다.

다른 부대는 공병대로 가토다이(加藤隊)라고 부르던 부대였다. 이 부대는 신양리 포구 앞의 신양초등학교를 접수해서 본부를 차렸다. 이강업 씨는 "가토부따이 부대가 그 당시는 국민학교라고 했죠. 신앙초등학교. 거기를 점령해가지고 학생들은 야외에 다니면서 공부를 시키고. … 가또오 부대원들이 저 신대산 너머에다가 굴을 팠어요 굴을 판 게 어떤 식으로 하는가 하니 바닷가에 굴을 몇 개 판디…"라고 증언했다. 이 부대는 아까츠끼 부대보다 추자도에 늦게 들어왔으며, 주 임무가 해안가에 특공부대가 주둔하면서 특공정을 감추어 둘 굴을 파는 것이었다.

이 부대는 약 100명 정도로 하추자에만 주둔했는데, 본부가 신양초등학교였고, 예초리에도 부대원들의 막사가 있었다. 이강업 씨는 이 시기에 굴에서 다이너마이트를 터뜨리며 발파 작업을 하는 소리를 자주 들었으며, 작업 현장까지 음식을 운반하던 병사들의 모습을 기억했다.[8] 추자도 주민들 중에 노동력으로 활용 가능한 사람들은 제주 지역의 축성 작업에 동원되어 나간 상태였고, 당시 추자도 해안굴 축성 작업은 가토부대 병사들에 의해 이루어지고 있었다. 그리고 그 부대 식사 준비 역시 사병들이 했는데, 그 부대원들이 한국말을 하더라는 이야기에서 가토부대가 조선인 병사들이 포함되어 있던 부대였음을 알 수 있다.

그렇다면 이 시기 왜 추자도에 일본 육군들이 배치되었고, 그들의 임무는 무엇이었는가 생각해보자. 당시 조선 전반을 책임지는 부대는 조

8) "가또오부다이 대원들이 그곳으로 밥을 점심식사를 보낸다고 해서 통에다 담고 둘이 들쳐 미어요. 그건 지금 생각해보면 일본놈들이 아니고 우리나라 사람들이야. 부대원들이 긴 나무에 통을 달아서 미고. 얼마나 배가 고팠는가, 앞에 가는 사람들은 고만 있는디 어느 틈에 집어서 먹어요. 배가 고프면 염치가 없습니다. 가다가 교대를 하지 않습니까? 앞뒤로. 그러면 앞에 간 사람은 못 먹죠. 뒤에 가는 사람이 또 그런 식으로 해서 먹고 가는 것도 저가 봤습니다. 저가 18세 땐디."

선군 사령부였으며, 주력 부대는 경성과 평양으로 나뉘어 있었다. 한편 해군은 진해에 본부를 두고 주로 남쪽 지방을 책임지고 있었다. 그렇지만 오랫동안 조선은 전쟁터와는 멀리 떨어져 있었다. 제2차 세계대전의 일환인 태평양전쟁이 발발해서 한창 진행된 단계에서도, 전쟁은 태평양 바다와 섬들을 무대로 벌어졌을 뿐이다. 약간의 임무라면 그것은 중국에 나가 있는, 그리고 소련군과 대치하고 있는 일본군의 병참기지 역할 정도였다.[9)]

그러나 전쟁이 막바지에 접어들면서 전쟁은 일본군이 수세에 몰렸다. 괌, 사이판을 비롯해 남양군도가 미군 손에 넘어가고, 필리핀에서의 전투, 이오지마에서의 길고긴 싸움도 끝이 났다. 마지막에는 결국 미군이 일본 본토에 쳐들어오는 단계에 이르렀다. 이때 그리고 나온 것이 바로 본토결전(本土決戦) 계획이었다. 추자도는 제주도 수비 지역에서 제외시켜 본토에 포함시켰는데, 여수지역사령관의 지휘 하에 들어갔다.

4. 맺음말

추자도에 주둔한 부대는 둘 다 육군부대였다. 그 중에서 전투부대이면서 포구의 선박 경비 등을 담당하는 아까스끼부대(暁隊) 약 1개 중대 병력이 들어와 본부는 상추자도 대서리에 두고, 하추자도 신양항 앞에 가정집을 접수해서 20명 정도가 주둔했다. 총 인원은 100명 내외였을

9) 조선에 주둔했던 일본군 자신은 "조선으로서는 주로 대동아 전쟁에 대해 사단 및 군 직할부대의 다수를 남방으로 파견하는 동시에 군수 자재의 수송 · 보급 · 군수 생산의 증강에 매진하고, 특히 조선에서의 천연자원 · 전력 · 노무 방면의 풍부한 인적 · 물적 전력은 전쟁 수행의 원동력으로써 공헌하는 바가 커서 절대적인 것이었다."고 (「朝鮮에서의 戰爭 準備」, 宮田節子 編 · 解說, 『朝鮮軍 概要史』, 144쪽.)

것이다. 그리고 이 부대가 지금의 레이더 기지가 들어선 자리에 전파탐지기를 설치해 놓고, 오고가는 미군기를 관찰하는 감시대도 운영했다고 생각된다.

한편 여수지역 사령관 지휘 하에 들어간 이후인 1945년이 되면서 뒤늦게 육군 공병대인 가토부대가 들어왔다. 신양리에 살던 이강업씨가 1945년 초에 전남 강진으로 갔다가 약 3개월 만에 돌아와 보니 가토부대가 들어와 주둔하면서 발파에서 굴을 파는 공사가 진행되고 있었다고 했음을 미루어볼 때, 시기는 1945년 봄일 것이다. 이 부대의 가장 중요한 임무는 해안가에 특공정을 감추어 둘 은닉호를 만드는 작업이었다. 이것은 일본군의 본토결전 계획의 일환이었고, 제주도와 남해안 지역에서부터 서해로 북상하려는 미군 함대가 추자도에 접근할 경우를 대비해서, 해상 특공부대를 배치하기 위한 준비였다고 생각된다. 다이너마이트를 이용해 발파를 실시하면서 작업을 진행시켰는데, 완성하지 못하고 작업 도중에 해방을 맞이한 것으로 보인다. 공사 작업에 지역 주민들은 동원하지 않았다. 그러나 가토부대 구성원 중에 상당수는 육지 다른 지방에서 징집한 조선인들이 많이 섞여 있었다고 한다.

1945년 8월 일본의 항복으로 전쟁은 끝났다. 따라서 추자도에서 추진되고 있던 미군과의 전투에 대비한 준비 작업도 모두 중지되었다. 그리고 일본군 병사들은 일본으로, 강제 징집되었던 조선인들도 고향으로 돌아갔다. 만약에 전쟁이 좀 더 오래 끌었더라면 제주도에도 미군이 쳐들어왔을 것이고, 남해안과 목포, 군산을 잇는 항로의 요충지였던 추자도에도 틀림없이 미군이 상륙하려 했을 것이다. 그랬다면 추자도에서의 일본군과 미군의 전투도 피하기 어려웠을 것이며, 그 와중에 추자도민들이 얼마나 피해를 입었을지는 상상하고 싶지도 않다.

그렇지만 그들이 전쟁 준비를 하다 말고 방치한 해안가 굴이나 칠자굴 등의 시설을 통해 전쟁 없는 추자도, 평화로운 추자도에 대해 생각해 볼 기회를 가졌으면 한다.

▌참고문헌

손인석, 2004, 「제주도에 구축된 일본군 진지동굴 구조적 유형과 병력 – 제주도의 전쟁유적」, 『동굴연구』 제3호, 제주도 동굴연구소.

이윤형, 2009, "제3부:군사요새로 신음하는 제주-51-'섬 속의 섬' 추자도", '일제전적지를 가다' 133회, 『한라일보』 2009년 9월 10일자.

일제강점하 강제동원 피해 진상규명 위원회, 2006, 『거문도 군사시설 구축을 위한 주민 강제동원 진상조사』, 동위원회.

일제강점하 강제동원 피해 진상규명 위원회, 2007, 『제주도 군사시설 구축을 위한 노무 · 병력동원 진상조사』, 동위원회.

제주대학교 탐라문화연구소 · 한라일보사, 2008, 『일제하 제주도 주둔 일본군 군사유적지 현장조사 보고서 I』, 보고사.

제주도, 2003, 『제주도 근대문화유산 조사 및 목록화 보고서』.

제주도 동굴연구소, 2001, 『濟州島 一帶 構築된 日本軍陣地洞窟 및 陣地調査研究報告書』, 동연구소.

「朝鮮에서의 戰爭 準備」, 宮田節子 編 · 解說, 『朝鮮軍 概要史』.

추자도지편찬위원회, 1999, 『楸子島』, 楸子島誌編纂推進委員會.

|찾아보기|

ㅇ

ㅈ

ㅊ

ㅋ

ㅌ

ㅍ

ㅎ

기타

|저자 약력|

조성윤

제주대학교 사회학과 교수이며, 전공분야는 사회사와 종교사회학이다. 저서로 『제주지역 민간신앙의 구조와 변용』(공저), 『일제말기 제주도 일본군 연구』(엮음), 『빼앗긴 시대 빼앗긴 시절-제주도 민중들의 이야기』(공저)가 있다.

허남춘

제주대학교 국문학과 교수이며, 탐라문화연구소장, 한국학협동과정 주임을 역임하였고, 일본 동경대학, 고베대학 객원연구원을 지냈다. 저서로는 『제주도 본풀이와 주변신화』(제주대 탐라문화연구소, 2011), 『황조가에서 청산별곡 너머』(보고사, 2010), 『제주의 음식문화』(공저) (국립민속박물관, 2007) 외 다수가 있다.

주강현

역사민속학자. 제주대학교 석좌교수로 있으며 주로 바다의 생활사와 해양사를 연구하고 있다. 여수세계박람회 전략기획위원들 지냈으며 국립등대박물관 운영위원장, 사단법인 우리민속문화연구소장을 겸하고 있다. 주요 저서로 『제국의 바다 식민의 바다』, 『관해기』, 『돌살-신이 내린 황금그물』 등 50여 권이 있다.

정광중

니혼대학(日本大學) 대학원 이공학연구과를 졸업(이학박사)하였으며, 현재 제주대학교 교육대학 초등교육과 교수로 재임 중이다. 저서로는 『제주지리론』(2010, 공저), 『제주학과 만남』(2010, 공저), 『제주학 산책』(2012, 공저), 『탐라이야기』(2012, 공저) 등이 있다.

양성필

1996년 중앙대학교 건축학 석사, 2006년 제주대학교 철학 석사, 제주대학교 대학원 한국학협동과정에서 박사과정을 수료하였다. 제주에서 건축사사무소 아키제주의 대표를 역임하고, 건축설계 실무를 하고 있다. 관심 분야는 민간건축이며, 제주도에서 하도리, 덕수리, 하가리의 민가 조사를 수행하고, 제주대학교 탐라문화연구소에서 가파도의 민가를 조사했다. 저술로는 『신화와 건축공간』(2012)이 있다.

정희종

제주대학교 대학원 한국학협동과정 석사 과정을 마치고 현재 박사과정 중에 있다. 석사 학위 논문은 「제주도 농촌사회 상례 문화 특징과 변화 연구」이며, 제주도 민속문화 및 지하수 자원이용 등에 관심을 갖고 연구하고 있다.

윤순희

제주대학교 대학원 한국학협동과정 석사 과정을 마치고 현재 박사과정 중에 있다. 석사 학위 논문은 「제주도 와산리 멩감제 연구」이며, 주요 관심 분야는 생태관광, 민속문화, 생활사 등이다. 한국연구재단의 '2012년 인문학대중화사업'으로 제주도내 고등학생을 대상으로 한 '청소년인문(학)여행학교'를 진행하였다. 현재 제주생태관광㈜에서 일하고 있다.

김윤정

제주대학교 대학원 한국학협동과정 석사과정을 수료하였으며 주요 관심 분야는 제사문화와 통과의례, 민간신앙 등이다. 현재 제주지역을 중심으로 '기제사 문화와 남녀 역할구조 관련성'에 대하여 연구를 진행하고 있다.

고미

제주대학교 관광경영학과를 졸업하고 제주대학교 대학원 한국학협동과정 석사 과정을 수료하였다. 제민일보의 문화 · 경제 · 사회 · 교육 · 정치부 기자를 거쳐 현재 경제부장으로 재임 중이다. 2005년부터 대하기획 잠녀기획팀으로 활동하였으며, 2007(제주잠녀) · 2009(독도를 지킨 제주잠녀들) · 2010(희망나무 등) 제민일보 기사 대상(취재부문), 2005 전국지방신문협의회 보도대상 우수상(제주잠녀), 한국언론정보학회 2006 올해의 기획보도상(지역부문. 제주잠녀)을 수상하였다.